ISBN 978-0-243-36444-2
PIBN 10608558

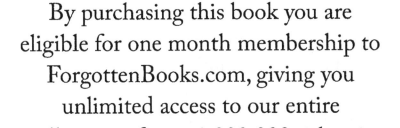

English
Français
Deutsche
Italiano
Español
Português

www.forgottenbooks.com

Mythology Photography **Fiction**
Fishing Christianity **Art** Cooking
Essays Buddhism Freemasonry
Medicine **Biology** Music **Ancient
Egypt** Evolution Carpentry Physics
Dance Geology **Mathematics** Fitness
Shakespeare **Folklore** Yoga Marketing
Confidence Immortality Biographies
Poetry **Psychology** Witchcraft
Electronics Chemistry History **Law**
Accounting **Philosophy** Anthropology
Alchemy Drama Quantum Mechanics
Atheism Sexual Health **Ancient History**
Entrepreneurship Languages Sport
Paleontology Needlework Islam
Metaphysics Investment Archaeology
Parenting Statistics Criminology
Motivational

Trennung

von

Kirche und Staat.

Eine Schrift zur Aufklärun für das katholische Volk

von

Redakteur F. Mack

Generalsekretär des Luxemburger Katholischen Volksvereins.

Trier 1910.

Druck und Verlag der Paulinus-Druckerei, G. m. b. H.

Die kirchliche Druckerlaubnis
wird hiermit erteilt.

Trier, 1. April 1910.

Bischöfliches Generalvikariat
Reuss.

Vorwort.

Die vorliegende Schrift erlebt hiermit eigentlich ihre **zweite Auflage.** Die fortgesetzte, außerordentlich heftige Propaganda der luxemburger Freidenker zu Gunsten der sogenannten „Trennung von Kirche und Staat" hatte mich veranlaßt, im März vorigen Jahres eine eingehende Aufklärungsschrift über diesen Gegenstand zu ver= öffentlichen, die vor allem für luxemburgische Zwecke zugeschnitten war. Infolge der wütenden Agitation der Antiklerikalen war das öffentliche Interesse für die Trennungsfrage so rege geworden, daß sozusagen die ganze Auflage in den ersten sechs Wochen nach ihrem Erscheinen im Großherzogtum Luxemburg abgesetzt war.

Auf das Drängen zahlreicher Freunde hin entschloß ich mich, der Schrift ihren speziell luxemburgischen Charakter zu **nehmen** und sie auch den **deutschen** Katholiken vorzulegen. Das Material wurde bedeutend erweitert, die neuesten Ereignisse verzeichnet und auch die Fachliteratur weiter berücksichtigt, sodaß das Ganze eine neue Gestalt erhalten hat.

Das Schlagwort, daß die „Trennung" einen „Fortschritt", eine „notwendige Forderung des modernen Kulturstaates", eine „Hebung des nationalen Wohlstandes" bedeute, daß sie die „Freiheit der Ge= wissen" bringe und ein „schiedlich=friedliches Verhältnis" zwischen Kirche und Staat anstrebe, schien mir eine eingehende Widerlegung herauszufordern.

Die **These,** die ich klarzustellen und durch Beweise zu er= härten gesucht habe, läßt sich in folgenden Leitsätzen zusammenfassen: Die Trennung nach **französischem** Muster, wie sie von den An= hängern einer kulturkämpferischen Politik herbeigesehnt wird, ver= letzt in schroffster Weise die öffentliche Gerechtigkeit und Freiheit und **bedeutet eine richtige Verfolgung von Kirche und Religion.** Mit dem **französischen** Trennungssystem kann der Katholizismus nie Frieden schließen, wenn er nicht Selbstmord begehen will. In an= deren Ländern (Nordamerika, Genf usw.) steht die „Trennung" in schärfstem Gegensatz zu dem modernen Kulturkampf in Frankreich.

Zum Studium der Frage bienten mir, neben einer Reihe fran= zösischer Werke (die ich zum Teil zitiert habe), vor allem die Presse (besonders der „Univers" aus den Jahren 1905 und 1906); auch habe ich Gebrauch gemacht von einer Anzahl Artikel, die ich in den

beiden genannten Jahren über die Trennungsdebatten in der katho=
lischen Presse Deutschlands und des Auslandes veröffentlicht habe.

Ein **Volksbuch** wollte ich schreiben; der ungeheure Stoff
sollte also tunlichst zusammengefaßt und in klarer, packender Form
um einige große Gesichtspunkte, die das Volk leicht erfaßt, gruppiert
werden. Zitate, Beweise, Erörterungen, die der Uebersichtlichkeit und
Gemeinverständlichkeit geschadet hätten, mußten, soweit möglich, ver=
mieden werden. Andererseits sollte die Schrift aber auch streng
wissenschaftlich sein und in all ihren Ausführungen auf soliden
Tatsachen fußen. Ob es mir gelungen ist, diese beiden Forderungen
— Popularität und Wissenschaftlichkeit — mit einander zu verbin=
den, muß ich freilich dem Urteil der Leser überlassen.

Für etwaige Verbesserungen, Zuweisung neuer Quellen u w.
wäre ich sehr dankbar.

Habe ich nötig hinzuzufügen, daß ich in der Kritik der anti=
klerikalen Pläne und Politik Niemanden — weder Person noch
Nation — verletzen wollte? Eine populäre Aufklärungsschrift über
ein so einschneidendes Thema muß naturgemäß manches Urteil fällen,
das auf den ersten Blick etwas herb erscheint. Doch glaube ich,
mich nicht einen Augenblick von der nötigen Sachlichkeit entfernt zu
haben.

Luxemburg, im März 1910.

Der Verfasser.

Einleitung.

Laßt Euch warnen!

„Die Trennung von Staat und Kirche, die Frankreich prokla=
„miert hat, bildet das Hauptereignis unserer Zeit.

„In der Geschichte Frankreichs findet sich seit einem Jahr=
„hundert keine Tatsache, die in sich selbst und in ihren Folgen ver=
„hängnisvoller wäre, als eben diese Trennung.

„Sie schleudert das Land in eines der gefährlichsten Abenteuer,
„indem sie es aus seinen Ueberlieferungen herauswirft, ihm seine
„innere Ruhe und seine äußere Größe raubt; sie eröffnet eine lange
„Periode von heftigen Krisen, wo der gesellschaftliche Körper schweren
„Schaden erleiden wird; sie wirft die Kirche Frankreichs in eine
„Lage, die äußerst unsicher und wahrscheinlich auch äußerst schmerz=
„lich sein wird".

Mit diesen Gedanken beginnt der verdienstvolle französische
Akademiker und Deputierte Graf Albert de Mun sein Buch
„Gegen die Trennung" (Poussielgue, Paris, 1906).

Wir glauben, daß diese inhaltschweren Sätze, aus denen der
ungeheure Schmerz eines warmen katholischen Herzens herauszittert,
nur zu sehr der Wahrheit entsprechen.

Wir sind ferner der Ueberzeugung, daß die „Trennung von
Kirche und Staat", wie sie Frankreich eingeführt hat, nicht nur ein
Unglück für die Heimat de Muns, sondern auch ein universelles
Unheil, eine Weltkrisis bedeutet.

So wie die Umsturz=Ideen der großen französischen Revolution
von 1789 alle zivilisierten Länder durchflogen und das neunzehnte
Jahrhundert unter das Joch des Liberalismus beugten, aus dem
die Nationen sich nur langsam und unter den bittersten inneren
Kämpfen befreiten, so wird auch der Gedanke der „Trennung" alle
Staaten durcheilen, die durch Glauben und Geschichte mit einer
christlichen Kirche, vor allem mit dem Katholizismus, verknüpft sind.

Der international organisierte Religionshaß, besonders die Frei=
maurerei und der Sozialismus, werden sich der Trennungsidee immer
mehr bemächtigen und dieselbe als „modernsten Fortschritt" ins Land
hinausposaunen.

Der ewig alte und ewig junge Widerstreit zwischen dem Chri=
stentum und dem Materialismus, zwischen Glaube und Unglaube,

wird sich in Zukunft immer mehr konzentrieren in dem einen Programmpunkt: Für oder wider die „Trennung".

Keine christliche Nation, wo bis jetzt Staat und Kirche Hand in Hand arbeiteten, wird diesem furchtbaren Kampf entgehen. Keine darf sich in dieser Hinsicht einer Täuschung hingeben.

In einer solch völkererschütternden Bewegung, die mit 16 Jahrhunderten Weltgeschichte aufräumen will, kann nur Aufklärung helfen. Heute mehr denn je sind es ja allein die Ideen, die die Menschheit fortreißen.

Unsere Zeit ist „demokratisch". Die Ideen reiten schnell im Zeitalter der Presse, des Verkehrs und der öffentlichen Agitation; das Volk selbst, d. h. die öffentliche Meinung entscheidet immer mehr über öffentliches Wohl und Wehe.

Diese Volks=Ideen, die öffentliche Meinung ist aber nicht Etwas, das mit fataler Vorherbestimmung eintrifft, wie Sommer und Winter im Kreislauf des Jahres; die Volksstimmung ist immer beeinflußt, im guten oder schlechten Sinne.

Die „Trennung" in Frankreich ist nur das Resultat einer jahrzehntelangen Korruption der Volksgesinnung, wie wir gleich im ersten Teile unserer Schrift nachweisen werden.

Wollen wir die Trennung nach freimaurerischem Muster, die ein Verbrechen und eine Misere wäre, von unsern eigenen Grenzen fernhalten, so hilft kein Totschweigen, keine zur Schau getragene Verachtung gegenüber der Freidenker= und Sozialisten=Propaganda. Hier hilft nur ganzer, allseitiger Volks=Unterricht, der den Mut hat, die Tatsachen der französischen Trennung in ihrer ganzen brutalen Häßlichkeit und Ungerechtigkeit den breiten Schichten des Volkes vor Augen zu führen.

Nageln wir besonders die Wahrheit über den neuesten Kulturkampf in Frankreich fest, so schützen wir auf diese Weise auch am besten unser eigenes Vaterland gegen diesen modernsten aller Angriffe auf unsere ererbten christlichen Güter, gegen die „Trennung von Kirche und Staat."

Erster Teil.

―⁓―

Trennung von Kirche und Staat in Frankreich.

Geschichte der Trennung.

I. Wer hat die Trennung vorbereitet?

A. Entfernte Vorbereitung.

Das ganze christliche Mittelalter dachte sich Staat und Kirche als einen enggeschlossenen Verband; das Prinzip, das diese beiden Gesellschaften innerlich zusammenkittete, war die einheitliche Weltanschauung, das Christentum, dessen Grundsätze das ganze öffentlich-rechtliche Leben beherrschten. Der Protestantismus löste die Verbindung zwischen Staat und Kirche nicht, wenn er auch ein furchtbares Element der Zersetzung in den allgemein anerkannten, christlichen Gedanken hineintrug.

Die „Trennung von Kirche und Staat" in einem Lande, das, wie Frankreich, 15 Jahrhunderte katholischer Geschichte hat, ist eine staatliche Absage von Gott und seiner sichtbaren Gesellschaft auf Erden, der Kirche. Sie bedeutet an letzter Stelle eine nationale Apostasie, einen öffentlichen Abfall der Gesellschaft.

Die ungläubige, voltairianische Philosophie des 18. Jahrhunderts hat vor allem diese „Säkularisation" (Entchristlichung) der Gesellschaft vorbereitet. Die Idee dieser Säkularisation hat sich dann nach der französischen Revolution von 1789 im Laufe des 19. Jahrhunderts langsam, aber stetig in den Geist der französischen Nation eingenistet und festgebohrt.

Es fällt nicht in den Rahmen dieser Schrift hinein, alle die Schriftsteller und Politiker, die der „Trennungs"-Idee vorarbeiteten, im einzelnen hier vorzuführen. Wir müssen uns mit der Aufzählung einiger bekannterer Namen begnügen.

Der Philosoph Jean-Jacques Rousseau (gest. 1778), der die große französische Revolution hauptsächlich vorbereitete, wollte zwar von einer Trennung zwischen Staat und Religion nichts wissen; die Existenz Gottes und die Pflichten gegen Gott sollen auch für den Staat ein Grundgesetz sein. Doch mußten die revolutionären Ideen dieses Mannes unfehlbar auf eine Feindschaft des Staates gegen das positive Christentum hinarbeiten.

Voltaire (gest. 1778), der cynische Hasser der katholischen Kirche und Hauptvertreter der ungläubigen Aufklärung innerhalb der Weltliteratur, bahnte jener Art von Antiklerikalismus den Weg, die für die Gebildeten und Besitzenden religiöse „Freiheit" d. h. Unglaubensfreiheit verlangt, dabei „aber dem Volke die Religion erhalten" lassen will, weil sie zur Ruhe der Gesellschaft unentbehrlich ist. Der Staat soll sich von der Kirche nicht trennen, sondern vielmehr wie ein Despot sich die Kirche unterwerfen. Auch diese Haltung muß konsequenterweise einmal zur endgültigen Spaltung zwischen Staat und Kirche führen; denn bei einer solchen halben, gekünstelten Trennung bleiben die Völker, die sich dem voltairianischen Geiste anschließen, nicht stehen.

Kant (gest. 1804), der Schrittmacher der modernen deutschen Philosophie, hat zwar den öffentlichen Gottesdienst für ein wahres Staatsbedürfnis erklärt; aber er hat dem Trennungsgedanken doch insofern vorgearbeitet, als er der Kirche kein festes Eigentumsrecht auf Grund und Boden, sondern nur die einstweilige Benutzung desselben einräumte; die Kirchengüter könnten unter gewissen Umständen aufgehoben werden. Im Prinzip soll der Staat nicht zum Unterhalt der Kirche beitragen, wohl aber ein allgemeines Oberaufsichtsrecht über die religiösen Gemeinschaften ausüben. (S. Rothenbücher, Trennung von Kirche und Staat, München 1908, S. 55.)

Im 19. Jahrhundert trat besonders der schweizerische Protestant Alexander Vinet (gest. 1847) für den Trennungsgedanken ein; es war aber nicht Feindschaft gegen die Religion, sondern ein übertriebenes Ideal der religiösen und kirchlichen Freiheit, das ihn leitete.

Auch Lamennais (gest. 1854), der schwärmerische Priester, der später vom Katholizismus abfiel, hat schon zu jener Zeit, wo er mit glänzenden Geistesgaben für den Katholizismus kämpfte, die Trennung von Kirche und Staat gefordert; aber auch dieser Mann ließ sich blenden durch das Gaukelbild einer absoluten Freiheit der Religion von allem staatlichen Zusammenhang; seine Ideen wurden von der Kirche verworfen.

Die Freimaurerei war es zum guten Teil, die in der zweiten Hälfte des vorigen Jahrhunderts durch langsame, aber stete Minierarbeit den Gedanken einer gänzlichen Lostrennung des Staates von jeder Religion und jeder Kirche in den Geistern verbreitete. Niemand versteht es ja besser, als eben die Loge, eine Art Halbdunkel um die Geister zu breiten durch das Ausstreuen von schillernden Phrasen, die sich in das Gewand der Menschenfreundlichkeit und des Fortschritts kleiden, und die schließlich immer auf die Scheidung der Menschheit von Gott und allem Göttlichen hinzielen.

Der revolutionäre Sozialismus in Frankreich entlehnte die Trennungsidee der Loge. Schon im Jahre 1867 bildete die „Trennung von Kirche und Staat" mit der Abschaffung der stehenden Heere das Hauptprogramm der französischen Revolutionsmännner (de Mun, S. 83).

Der Kommunismus, der in die Parlamente eindrang, wurde dann immer mehr der Vorkämpfer der „Trennung"; vergessen wir nicht, daß die Hauptführer des französischen Sozialismus zum größten Teil aus der Freimaurerschule hervorgingen!

Schon vor 25 Jahren glaubte die Loge einen energischen Vorstoß in der Richtung zur „Trennung" wagen zu können, besonders als im Jahre 1879 die antiklerikale „republikanische" Partei ans Ruder kam. Der bekannte Naturwissenschaftler und Politiker Paul Bert, der 1881 und 1882 Unterrichtsminister im Ministerium Gambetta (das den heutigen Antiklerikalismus in Frankreich begründen half) war, legte am 31. Mai 1883 der Pariser Deputiertenkammer eine sehr wichtige Arbeit über die „Trennung" vor. In der Kammer hatte man damals eine „Konkordats-Kommission" eingesetzt, in der ein Teil der Deputierten direkt auf das Trennungsgesetz lossteuerte. Der Abgeordnete Jules Roche hatte einen vollkommenen Antrag „über die Säkularisierung der Kirchengüter und die Trennung von Kirche und Staat" ausgearbeitet, der am 15. Mai 1882 dem genannten Ausschuß überwiesen wurde. Paul Bert war Berichterstatter dieser Kommission; in seinem Rapport kam er zu der Schlußfolgerung, eine vollständige Trennung sei einstweilen unmöglich, weil sie „voll von Gefahren" (nämlich für die antiklerikalen Politiker) sei; er schloß mit der Bemerkung, man müsse die Trennung vorbereiten, indem man „das Milieu ändere, das einstweilen noch ein Hindernis zur Verwirklichung des logischen Trennungs-Grundsatzes sei".

Das „Milieu", das der „Trennung" im Wege stand, war kein anderes als das Volksgewissen, der katholische Glaube der französischen Nation.

Hier haben wir also das ganze infernale Geheimnis, das der Loge zum schließlichen Siege verhalf; man nahm dem Volke durch freimaurerische „Aufklärungs-", d. h. Verdummungsarbeit seine lebendige christliche Ueberzeugung, man betäubte mit lügnerischen Schlagworten langsam, aber sicher sein Gewissen, und die „Säkularisation" des Staates mußte schließlich der Freimaurerei als reife Frucht in den Schoß fallen.

Zur „Aenderung des Milieus", d. h. zur Gottentfremdung des Volkes schritt man etappenweise vor.

Von Zeit zu Zeit ließ die Loge, die immer dafür sorgte, daß sie eine gute Anzahl von ihren Anhängern in der Abgeordnetenkammer hatte, ein Gesetz votieren, das das bürgerliche und das religiöse Leben des Volkes ein wenig mehr von einander „trennte".

Durch die Gesetze vom 17. Juni 1881 und 28. März 1882, die den Zwangsunterricht einführten und die Staatsschulen entchristlichten, warf man die Religion aus den Schulen heraus. Das war der wichtigste und folgenschwerste Schritt auf dem Wege zur Trennung.

Mit System und Berechnung bildete man dann ein Korps von Primärlehrern heran, die als „anticurés" (Gegner des Pfarrers) regelrecht von der „ligue de l'enseignement" ausgebildet wurden. Dieser freimaurerische Unterrichtsbund hielt z. B. vom 29. Sept. bis 1. Okt. 1904, kurz nach dem berüchtigten Pariser Freidenkerkongreß, eine Generalversammlung in Amiens ab, die von 1200 Lehrern und Lehrerinnen besucht war. Unter der Führerschaft des Ober= freidenkers B u i f f o n verlangte man dort, daß die Schule konsequent „laizisiert", d. h. entchristlicht werde.

Es wurde immer mehr Mode, mit dem Wort „L a i e n t u m" (laicité) um sich zu werfen; man sprach nur von Laienstaat, Laien= schule, Laienmoral; das Land wurde förmlich betäubt durch diesen Wortschwall, dessen ganzen Sinn die Wenigsten erfaßten.

Verbannung aller Religion aus dem Leben, Verachtung der Gottesidee und jedes übernatürlichen Glaubens, Selbstanbetung des Menschen, namentlich des menschlichen Verstandes, der allein und frei sich selbst Gesetze geben und sein eigener Gott sein soll, das war die Quintessenz des „Laiengeistes", den man dem fran= zösischen Volk Tag für Tag einimpfte.

Auch die E h e wurde immer mehr „verweltlicht". Man erleich= terte auf jede Weise die Ehescheidung. Am 13. Dez. 1904 wurde — um ein Beispiel aus der neuesten Zeit anzuführen — im Senat der Art. 298 des „Code civil" abgeschafft, der einer verheirateten, ehebrecherischen Frau verbot, mit dem Mitschuldigen sich zu ver= mählen. Der Geist der Gesetzgebung strebt immer mehr dem Ideal der „freien Liebe" zu, wie sie Bebel predigt.

Die „Laizisation" schritt weiter. Die Kruzifixe wurden aus den G e r i c h t s s ä l e n entfernt, man wütete durch Spitzelei und Terroris= mus gegen den katholischen Geist in der A r m e e und M a r i n e .

Wer noch den Mut hatte, die Kirche zu besuchen, seine Kinder in die katholische Schule zu schicken, kam in der Karriere nicht mehr weiter.

Dann mischte man sich selbst in die i n n e r e Verwaltung der Kirche. Im Oktober 1904 wurden die Sulpizianer, eine Reihe aus= gezeichneter Professoren, die einen großen Teil des französischen Klerus erzogen, aus 23 S e m i n a r i e n herausgeworfen, und dies ohne Warnung, ohne Möglichkeit einer Verteidigung.

Jede Woche entzog man damals einer Anzahl von Geistlichen die 6 oder 9 Hundert Franken G e h a l t , die der Staat ihnen zu ihrem Einkommen schuldete. Der Vorwand zu dieser Maßregel war bald der Gebrauch der bretonischen Sprache beim Katechismusunterrichte, bald die Anklage eines Lehrers oder Bürgermeisters, der Geistliche habe in den Wahlen gearbeitet, bald eine Predigt, in welcher der Priester nur seine Pflicht getan.

Eine der bedeutendsten Freimaurer=Heldentaten war in dieser Hinsicht neben der Entchristlichung der Schule der K l o s t e r s t u r m (nach dem Gesetze vom 1. Juli 1901) von 1902 und 1904, durch den man Tausende von Ordensleuten ihres Eigentums beraubte und ihnen den Aufenthalt in ihrer Heimat unmöglich machte — nicht anders, wie man es vier Jahre später mit der Kirche als solcher selbst tat.

Alles dies war die stufenweise Ausführung des großen Freimaurer=Programms, das man mit dem Worte „Laizisation" bezeichnete. Ein Stück des öffentlichen Lebens nach dem andern wurde laizisiert, die Schule, die Ehe, die Justiz, die Beamtenwelt, die Klöster, die Spitäler.

Das alles waren schnödeste Verletzungen des Konkordats von 1801. Der Staat hatte diesen Friedenspakt längst tatsächlich als nicht bestehend behandelt, ehe er auch staatsrechtlich durch das Trennungsgesetz abgeschafft wurde.

Nachdem dann das öffentliche Leben, die Volksstimmung, immer mehr von antikatholischem Geiste beherrscht war, und der Staat in hundert Einzelheiten schon tatsächlich sich von der Kirche und ihrem Geiste getrennt hatte, stieß man schließlich den ganzen Friedensvertrag selbst, durch den Staat und Kirche verbunden waren, mit einem Gewaltstreich um. Man trennte alles endgiltig.

Das bisherige Bundes=Verhältnis zwischen Staat und Kirche war wie ein verfallenes Gebäude, das die Freimaurerei, im Verein mit dem Sozialismus, an zehn Stellen in Bresche geschossen hatte; die „Trennung" war nur mehr der letzte Stoß, der die langsame Zerstörungsarbeit vollendete.

Das war die entfernte Vorbereitung der französischen „Trennung von Kirche und Staat".

*   *   *

Ehe wir an die Ereignisse herantreten, die die Katastrophe in Frankreich unmittelbar herbeiführten, erwähnen wir noch einige Tatsachen, die jeden aufmerksamen Beobachter erkennen lassen konnten, wohin die Reise ging.

Im Jahre 1885 wurde das Kultusbudget um fast 5 Millionen verringert (1880 betrug es 54 Millionen), auch in den folgenden Jahren wurde es immer mehr vermindert.

Am 20. Oktober 1902 wurde in der Deputiertenkammer ein Antrag von Ernst Roche auf Kündigung des Konkordats einer Kommission überwiesen. Diese Vorschläge tauchten immer wieder auf; aus Opportunitätsgründen redeten die Minister einstweilen noch dagegen. Ein am 18. Juni 1903 ernannter Trennungsausschuß, der sich zu Beginn seiner Arbeiten mit 17 gegen 15 Stimmen für den Grundsatz der Trennung aussprach, wählte den Sozialisten Aristide Briand zum Berichterstatter (S. Rothenbücher, S. 240). Damit war jener Mann in den Sattel gehoben, auf dessen Schultern das ganze Gebäude dieses modernsten Kulturkampfes vornehmlich ruhen sollte.

Von den verschiedenen Gesetzesvorschlägen, die einzelne Deputierte ausarbeiteten, reden wir weiter nicht, weil sie wenig Interesse bieten. Neben dem Trennungsprojekt der Kommission legte das

Ministerium Combes am 10. November 1904 einen Entwurf vor; aus beiden Anträgen zusammen wurde dann jenes Projekt her-gestellt, das im neuen Kabinett der Kultusminister Bienvenu-Martin am 9. Februar 1905 der Kammer unterbreitete, das dort die Debatten durchmachte und schließlich zum Gesetze wurde.

B. Die nähere Vorbereitung.

Ehe man die definitive „Trennung von Kirche und Staat" ein-führen konnte, mußte man das Konkordat, d. h. den Vertrag, der seit Napoleon I. Kirche und Staat verband, umstürzen — man mußte den Bruch mit dem Papste bewirken.

Dieser Bruch — das sei hier sofort gesagt — wurde nicht von Rom gewünscht; er wurde ganz allein durch das höchst unloyale und verletzende Benehmen der französischen Regierung her-beigeführt.

*　　*　　*

Brandmarken wir hier zunächst eine Verleumdung, die unzäh-lige Male bei den Trennungsdebatten von den Knechten der Logen gegen Rom geschleudert wurde. „Der Papst", hieß und heißt es immer wieder, „war immer **gegen die Republik**, seine Politik war gegen die heutige Staatsform in Frankreich gerichtet, und darum trägt er selbst die Schuld an dem schließlichen Krach."

Nichts ist weniger wahr, als diese Behauptung.

Mit peinlicher Genauigkeit und skrupulöser Gewissenhaftigkeit hat Rom stets am Konkordat festgehalten; es hat den französischen Staat immer loyal behandelt, einerlei ob es mit der Monarchie oder der Republik es zu tun hatte.

Wer wüßte nicht, wie Leo XIII. bei allen Gelegenheiten die französischen Katholiken aufforderte, **ohne Rückhalt die republi-kanische Regierungsform anzuerkennen?** Zahlreiche Schwierig-keiten erwuchsen dem Papste aus dieser seiner Haltung; unaufhörlich wurde sie von zähen Monarchisten in verschiedenen Blättern, wie „Autorité", „Figaro" usw. bekämpft; royalistisch gesinnte Familien, die früher durch reiche Geldspenden die finanzielle Lage des päpst-lichen Stuhles besserten, ließen nach diesem Ruf zum „Ralliement" (Anschluß an die Republik) ihr Geld in andere Kassen fließen.

Nichts konnte den Papst abhalten, alle zur Anerkennung der Republik aufzufordern. Und das tat er alles aus Liebe zum Frie-den, um nicht auch nur den Anschein zu erwecken, als wünsche er eine Trennung vom Staat.

Wir zitieren hier nur einige Belege für die Haltung der kirch-lichen Autorität. Im November 1890 hielt in Algier der hochange-sehene Kardinal Lavigerie seinen berühmten Toast auf das Wohl der Kirche und der Republik. Am 28. November desselben Jahres gab der Kardinal-Staatssekretär dem Bischof von Saint-

Flour auf eine Bitte um Verhaltungsmaßregeln die Antwort, sich an die bestehenden Staatsformen zu halten; der Brief wurde auf Befehl von Rom veröffentlicht. Am 16. Januar 1893 gaben die französischen Kardinäle (denen sich beinahe alle Bischöfe anschlossen) ein Kollektivschreiben heraus, worin sie unter den Pflichten eines Katholiken auch den freien und loyalen Anschluß an die existieren= den staatlichen Einrichtungen (Republik) aufzählten. Am 16. Februar 1893 erschien die große päpstliche Encyklika an den französischen Klerus und die katholische Laienwelt; die Franzosen wurden darin aufgefordert, der weltlichen Gewalt in der bestehenden Staatsform Achtung und Gehorsam zu erweisen. Am 3. Mai folgte ein neuer päpstlicher Brief mit demselben Inhalt an die Kardinäle.

Die Loyalität der kirchlichen Politik wurde übrigens wiederholt von großen französischen Politikern anerkannt, so von Waldeck= Rousseau (Deputiertenkammer 17. Dezember 1901), vom Minister des Innern Constans (Rede zu Toulouse am 4. Juni 1893), vom Präsidenten des Senats Jules Ferry (27. Februar 1893), vom Präsidenten der Republik Felix Faure (Brief an den Papst vom 5. Febr. 1896) usw. Alle näheren Details findet man im vatikanischen Weißbuch, das zu Neujahr 1906 erschien, Kapitel 5, verzeichnet.

Die französische Regierung selbst und sie allein hat die Konkordatskündigung herbeigewünscht.

Combes sprach schon gleich, als er den Ministerstuhl in Besitz nahm, den Gedanken der Trennung offen aus; nur erklärte er am 21. März 1903 im Senat, zuvor müsse das französische Volk darauf vorbereitet sein. Dieselbe Aeußerung wiederholte er in der Kammer= sitzung vom 14. Januar 1905 und in einer längeren Zuschrift an die Londoner „National Review" (März 1905).

Am 14. Januar 1905 — um nur diesen Ausspruch zu zitieren — sagte der Ex=Seminarist wörtlich: „Ich bin immer Anhänger der Trennung von Kirche und Staat gewesen. Aber als ich die Ge= walt übernahm, war ich der Ansicht, daß die öffentliche Meinung erst ungenügend auf diese Reform vorbereitet war. Ich glaubte, es sei notwendig, die öffentliche Meinung bis auf diesen Standpunkt zu bringen . . . ." (Zitiert im vat. Weißbuch, Kap. 1.)

Mit Recht bemerkt das vatikanische Weißbuch, daß Combes um jeden Preis die Trennung forderte, nur hatte er sie nicht sofort auf sein Arbeitsprogramm gesetzt, **weil er zuvor durch Kniffe und Ränke aller Art den Papst für die Konkordatskündigung ver= antwortlich machen wollte.**

Seine diesbezügliche Politik gipfelte darin, im französischen Volk die Meinung zu erwecken, die „Halsstarrigkeit Roms", die „Uebertretung der Konkordatsbestimmungen durch den Papst" haben allein die Trennung herbeigeführt.

Auch hier, bei dem Feldzuge gegen den Papst, handelten die französischen Gewalthaber nach echt freimaurerischen Grundsätzen. Mit unheimlicher Sicherheit schritt man von einer Beleidigung zur andern; und als dann schließlich der Zwiespalt zwischen Rom und der Regierung ausbrach, stellte letztere unter heuchlerischer Entrüstung sich vor das Volk hin, setzte die unschuldigste Miene der Welt auf und beteuerte: „Wir können für nichts! Der Papst ist an allem schuld!"

Doch lassen wir die Tatsachen reden!

Die Ernennung der Bischöfe.

Einen ersten Konflikt beschwor Combes herauf in den Jahren 1902 und 1903, als er sich einen ungebührlichen Einfluß auf die Ernennung der französischen Bischöfe aneignen wollte (der sog. „Nobis nominavit"=Streit).

Das Konkordat hatte der weltlichen Gewalt große Rechte in der Bischofsnomination zugestanden. Doch war dort festgelegt, daß die neuen Kirchenfürsten schließlich doch ihre kirchliche Gewalt nur vom Papste erhalten könnten. Im Dezember 1902 ernannte Combes drei Bischöfe, ohne die Genehmigung des Papstes abzuwarten. Er wollte wohl sein eigener Papst sein. Rom konnte natürlich da nicht mehr mitmachen.

In öffentlicher Senatssitzung am 21. März 1903 warf der Ex=abbé dem hl. Vater in bitteren Worten unter heftigen Drohungen vor, er habe durch die Weigerung, den von der Regierung ernann=ten Bischofskandidaten die kanonische Institution zu geben, das Konkordat offenkundig verletzt. Mithin falle ganz allein auf Rom die schuldbare Verantwortung für die Trennung von Kirche und Staat.

Im 7. Kapitel hat das „vatikanische Weißbuch" diesen Vorwurf als Ungerechtigkeit zurückgewiesen. Wer die Einzelheiten dieser Episode genau kennen lernen will, lese dort das weitere nach. Die Tatsachen beweisen, daß gerade Combes allein durch sein willkür=liches Verfahren bei der Ernennung nicht bloß die althergebrachte Praxis verkannt, sondern sich nicht im geringsten an die betreffenden Konkordatsabmachungen gehalten hat.

Die fruchtlosen Verhandlungen zwischen dem Minister des Aeußern Delcassé und dem Nuntius dauerten fort bis zum 23. April 1903, wo ihnen durch die Reise Loubets nach Rom ein jähes Ende bereitet wurde. (Anfang 1906 waren bis 15 Bischofssitze infolge des „Nobis nominavit"=Streites in Frankreich unbesetzt.)

Die Reise Loubets nach Rom.

Am 25. März 1904 votierte die Pariser Deputiertenkammer einen Kredit von 450 000 Franken, damit der Präsident der Republik, Loubet, dem König von Italien einen Besuch im Quirinal=Palast zu Rom mache.

Diese Reise Loubets war ein Schlag ins Gesicht des Papstes.

Seitdem im Jahre 1870 die ewige Stadt, das Eigentum und die Heimat der Päpste, vom italienischen König mit Waffengewalt geraubt wurde, hat nie das Oberhaupt einer katholischen Nation in Rom selbst den König von Italien offiziell besucht, weil darin eine Anerkennung des Raubes am Kirchenstaat gelegen hätte. Die mächtigsten protestantischen Fürsten (Kaiser Wilhelm II. von Deutschland, König Eduard VII. von England) erwiesen, wenn sie am Tiberstrand erschienen, dem Papst königliche Ehre und erkannten seinen Rang als Souverän offen an.

Der „ältesten Tochter der Kirche“, wie die Franzosen ihr Land früher mit Vorliebe nannten, war es vorbehalten, den Nachfolger Petri in der Stadt Petri selbst zu beschimpfen.

Vom 24. bis 28. April 1904 hielt sich Präsident Loubet in Rom auf als fürstlicher Gast des Königs Viktor Emmanuel; den Papst Pius X., der erst kurz vorher erwählt war, ignorierte er; auf einem kurzen Spaziergang schritt er an einem dieser Tage am Vatikan und der Peterskirche vorüber und betrachtete staunend — nur von ferne — die überwältigende Majestät dieser heiligen Stätten, wo das Herz der katholischen Christenheit schlägt. Eine andere Rücksicht auf den hl. Stuhl wurde nicht genommen.

Einen Papst kannte das Oberhaupt der Franzosen damals nicht; dem Papst kehrte damals schon das unglückliche Land in aller Form den Rücken.

Die Reise Loubets wurde überall, in Rom, in Neapel, in Paris, von der Freimaurerei ausgebeutet, um Stimmung gegen die katholische Kirche zu machen. „Es lebe Combes! Es lebe das antiklerikale Frankreich! Nieder mit dem Vatikan!“ schrie der aufgewiegelte Pöbel auf den öffentlichen Plätzen.

Dieses folgenschwere Ereignis war wirklich das Werk Combes', jenes Ministers, der in seiner Jugend einmal Seminarist gewesen, und der dann später, von Renegatenhaß und brennendem Ehrgeiz gestachelt, sich bis zur Verkörperung der Kirchenfeindschaft fortbildete.

Combes hatte Loubet nach Rom geschickt, weil er mit dem Papst brechen wollte. Er mußte sehr wohl, daß der Papst gegen den ihm zugefügten Schimpf protestieren mußte. Combes wollte eben diesen Protest herbeiführen; er sollte ihm als Mittel zum Zwecke dienen.

Naive Leute behaupteten später, die französische Regierung hätte die Ansichten des Papstes nicht genau gekannt. Das ist eine offenbare Verdrehung der Tatsachen.

Sobald man (im Juli 1902) von der Reise Viktor Emmanuels nach Paris zu reden anfing, verfehlte der päpstliche Nuntius nicht, den Minister des Aeußern auf die außerordentliche Bedeutung eines Gegenbesuches Loubets in Rom aufmerksam zu machen.

Im Juni 1903 (also beinahe ein Jahr vor dem Besuch) hatte Papst Leo XIII. durch seinen Staatssekretär Rampolla bei der französischen Regierung gegen die geplante Romreise energisch Verwahrung eingelegt und auf die Folgen aufmerksam gemacht. Damals hatten die Machthaber in Paris das päpstliche Schriftstück sein

säuberlich in ihren Mappen versteckt und kein Wörtchen davon nach
außen verlauten lassen. Erst das vatikanische Weißbuch, das Papst
Pius X. später nach dem Bruche veröffentlichte, hat über diese Per=
fidie der Logen=Regierung volles Licht verbreitet. (Vatik. Weiß=
buch, Kapitel 8.)

Uebrigens hat der französische Minister des Aeußern, Delcassé,
am 27. Mai 1904 auf das Drängen des katholischen Deputierten
Groussau die Existenz des ersten Protestes Leos XIII. selbst in der
Kammer zugegeben.

Es war also kein Mißverständnis, das in dieser fatalen Affäre
obwaltete, es war schlaue Berechnung.

Pius X. ließ, wie er es der Kirche und seiner Würde schuldig
war, durch seinen Staatssekretär Kardinal Merry del Val einen
Protest gegen die Beleidigung, die sich Loubet gegenüber dem Papst=
tum erlaubt hatte, einreichen. Dieser Protest — den die französische
Regierung durch ihren päpstlichen Gesandten am 6. Mai ablehnen
ließ — wurde (am 17. Mai) zuerst im Blatte des soz. Abgeordneten
Jaurès („L'Humanité") veröffentlicht (auch ein bedeutsames Zeichen!),
und dann entbrannte in der ganzen Kulturkampfpresse ein wahrer
Höllenspektakel, ein richtiger Hexensabbath: „Der Papst hat Frank=
reich herausgefordert! Sofort muß das Konkordat gekündigt werden!"

Dahin wollte ja eben Combes kommen. Die internationale
Freimaurerei, die den ganzen Schachzug mit der Präsidentenreise
organisiert hatte, triumphierte!

Ohne Verzug berief am 22. Mai 1904 Minister Delcassé den
französischen Gesandten am Vatikan von Rom ab; dem Papst
wurde nichts von diesem Schritte mitgeteilt; alle üblichen diplomati=
schen Formalitäten wurden außer acht gelassen.

Und immer weiter spieen die Freimaurer=Blätter Feuer und
Flamme gegen Rom! — —

Die Bischofsaffäre von Laval und Dijon.

Das war der erste Akt der Tragödie, der erste Husarenritt, der
das Konkordat, den Friedensvertrag mit dem Papst, über den
Haufen werfen sollte!

Der französische Botschafter war vom Hofe Pius' X. abberufen,
aber die Botschaft selbst war noch nicht abgeschafft. Es wäre
also immer noch möglich gewesen, die alten Freundschaftsbande wie=
der anzuknüpfen.

Combes wollte nicht; er suchte nach der Gelegenheit, wo er das
Tischtuch zwischen Rom und Frankreich endgiltig entzwei schnei=
den könnte.

Die leidige Affäre der beiden Bischöfe von Laval und
Dijon kam dem Intriganten gerade recht.

Es war für den hl. Vater Pius X., der die Milde in Person
darstellt, gewiß sehr schmerzlich, als er die beiden genannten Kirchen=
fürsten auffordern mußte, in Rom vor seinem Richterstuhle zu er=

scheinen, um sich wegen gewisser Unregelmäßigkeiten vor ihrem Ober=
haupt zu verantworten.

Man hätte meinen sollen, es könne nie jemandem einfallen,
dem Papst das Recht zu bestreiten, einen Bischof zu sich zu zitieren.
Oder sollte heute nicht mehr, wie bereits vor 1900 Jahren, der Nach=
folger Petri die Obergewalt über die katholische Kirche ausüben?

Combes, der Mann, der dem Papst Urfehde geschworen, sprang
sofort in die heikle Angelegenheit ein. Er behauptete, der Papst
dürfe nicht ohne Einwilligung der französischen Regierung einen
Bischof Frankreichs zu sich berufen. Um diese lächerliche Zumutung
zu stützen, berief sich der Kulturkämpfer auf einen längst vergessenen
Satz der sog. „organischen Artikel", die Napoleon I. eigenmächtig
dem Konkordats=Vertrag angehängt hatte, und die nie von der
Kirche anerkannt worden waren.

Jeder verständige Mensch lachte über diesen kindischen Ausfall
Combes'. Sogar Clemenceau, den gewiß niemand einer Sympathie
für die katholischen Interessen für fähig halten wird, spottete damals
über den politischen Schildbürgerstreich eines Combes.

In Paris hatte der päpstliche Nuntius mit dem Minister Del=
cassé eine Unterredung über diese Bischofsaffäre. Delcassé schien
nachzugeben; der Nuntius hatte bereits in diesem Sinne nach Rom
berichtet. Ein Monat verging. Der Papst hielt die Schwierigkeit
für überwunden und ließ die beiden Prälaten von Dijon und Laval
nochmals vor sich bescheiden.

Da geschah das Unglaubliche! Am 30. Juli teilte die Regierung
dem Vatikan mit, daß die offiziellen diplomatischen Beziehungen
abgebrochen seien, und daß man die Mission des päpstlichen Nuntius
in Paris für beendet halte; am 1. August 1904 veröffentlichte das
„Journal officiel" zu Paris ein Ultimatum, das die Regierung an
den Papst gerichtet hatte. Pius X. wurde darin aufgefordert, inner=
halb 48 Stunden seinen Befehl an die Bischöfe zurückzunehmen;
sonst werde die Regierung einschreiten, weil der Papst das „Kon=
kordat verletzt" habe.

Ist das nicht eine vollendete Heuchelei, ein verabscheuungswür=
diges Ränkespiel?

Also weil der Papst einen ganz selbstverständlichen Gebrauch
von seiner Gewalt macht, verletzt er das Konkordat, obwohl dieses
gegen eine solche Handlung im Grunde gar nichts einzuwenden hat?

Aber der Schein mußte doch erweckt, der Lug in die Welt gesetzt
werden, daß niemand anders als der Papst das Konkordat zer=
rissen habe!

Combes wußte sehr wohl, daß der Papst sein Ultimatum nie
annehmen werde; Pius X. konnte doch die Ehre und Würde der
Tiara nicht der Mißachtung preisgeben!

Der Papst hat weder Soldaten noch Kanonen zur Verfügung;
tritt man ihm mit dem Faustrecht entgegen, so ist er machtlos. —
Und Combes wollte schon im August alle Verbindung mit der Kirche

sprengen, damit im Oktober die Deputiertenkammer vor einer **vol=
lendeten Tatsache** stehe und die „Trennung" nicht mehr um=
gangen werden könne.

Vergebens versuchte der Papst, mit allen Mitteln die Katastrophe
aufzuhalten. Zu spät! Der Minister antwortet, daß alle Beziehun=
gen zwischen Papst und Frankreich von nun an aufhören würden.

Und immer weiter trieb Combes den Kampf gegen die Kirche!

Am 18. Januar 1905 wurden die beiden Generalvikare von
Dijon, die bisher als Vertreter des abgedankten Bischofs Le Nor=
dez die Diözese verwaltet hatten, durch einen Beschluß des Präsi=
denten der Republik abberufen (wie es scheint, im Einverständnis
mit dem früheren Bischof, den die Regierung noch immer als Ober=
haupt der Diözese behandelte).

Dijon hatte jetzt keinerlei geistiges Oberhaupt mehr. Das Kon=
kordat war durchbrochen.

Nun gab es wenigstens ein Bistum in Frankreich, wo die
Trennung von Kirche und Staat schon tatsächlich eingeführt war,
ehe überhaupt die Beratung des Gesetzes in den legislativen Kör=
perschaften begonnen hatte.

Ein Redakteur des „Figaro" hatte damals den Apostaten
Combes befragt, warum er denn so hastig (es war sogar unmittel=
bar vor Veröffentlichung seiner Abdankung als Minister) einen solch
folgenschweren Schritt getan habe. Die Erklärung, die der Exabbé
abgab, zeichnet ihn von neuem als Ränkeschmied, der von einem
unbändigen Kirchenhasse, wie von einer fixen Idee, vollständig be=
sessen ist. Combes sagte:

„Ich glaubte damals und ich glaube noch, daß die Trennung
von Kirche und Staat die notwendigste Reform sei. Ich verheim=
liche nicht, daß ich meine Nachfolger vor eine **vollendete
Tatsache**, vor eine teilweise Durchführung dieser Trennung
stellen wollte. Die Kirche ist nun vom Staat geschieden im Bis=
tum Dijon. Es gibt dort keine gesetzlich anerkannte kirchliche
Auktorität mehr ... Keine Zahlung der geistlichen Gehälter ist
mehr möglich; denn die Angestellten der Kirche können nur ein
Gehalt empfangen, wenn der Bischof oder sein Stellvertreter,
der vom Kultusminister angenommen ist, seine Visa gegeben
hat. Es gibt also in einer französischen Diözese kein Konkor=
dat und kein Kultusbudget mehr. Ich war glücklich, daß ich
am letzten Tag meiner Regierung im großen Reiche des Kon=
kordats einen kleinen Bezirk, wo das Konkordat aufhört, schaf=
fen konnte .... Dieses Werk ist ein großes Ereignis ...."

Wirklich gab der offiziöse „Matin" in jenen Tagen die Ver=
sicherung, daß das Ministerium Rouvier keinen Ausweg mehr wisse
aus der Schlinge, die Combes ihm gelegt hatte. Msgr. Le Nordez
ward noch immer von der Regierung als Bischof angesehen, da
man seine Demission nicht annehmen wollte; er aber konnte an der
Verwaltung nicht mehr Anteil nehmen, da er vom Papst seine Ent=

lassung erhalten hatte, also nicht mehr der rechtmäßige kirchliche Oberhirte war. Der „Matin" erklärte nun, das neue Kabinet Rouvier wolle die Sachlage einstweilen lassen, wie sie sei; daraus mußte sich die Schlußfolgerung ergeben, daß die ganze Verwaltung aufgehoben sei, und die Gehälter der 900 Priester des Bistums nicht zur Auszahlung kommen könnten.

Die ganze Presse, die ganze Politik in Frankreich beschäftigte sich in jenem Augenblick mit dieser Affäre. Die Combisten suchten den letzten Streich ihres Führers nach Kräften auszunutzen, um die definitive Trennung so schnell als möglich herbeizuführen.

Am Freitag, den 10. Februar 1905, interpellierte der radikale Abgeordnete Morlot die Regierung „über die Maßnahmen, welche sie zu treffen gedenke, um die konkordatäre Verwaltung der vakanten Bistümer zu sichern und schon jetzt die Trennung vor= zubereiten". Der Streich war geglückt, die alte kulturkämpfe= rische Mehrheit hatte sich zusammengefunden und nahm mit der er= drückenden Majorität von 386 gegen 111 Stimmen eine feste Tages= ordnung an, worin sie die Regierung aufforderte, baldigst den Gesetzentwurf für die Trennung der Kirche vom Staate durchzuführen.

Wie friedliebend auch damals noch der Papst war, beweist der Umstand, daß er dem abgesetzten Bischof Le Nordez kurz nachher für einen Augenblick seine oberhirtliche Gewalt zurückgab und ihn ermächtigte, einen neuen Generalvikar einzusetzen. Im Ministerrat vom 24. Februar wurde derselbe sogar anerkannt und der konkor= datäre Zustand in Dijon wieder hergestellt. Doch das Rad war einmal im Rollen; das Verhängnis der Trennung konnte nicht mehr aufgehalten werden. — —

Das ist die Sprache der Geschichte.

Wie plump nimmt sich gegenüber diesen ehernen Tatsachen das Manöver aus, dem Papst die ganze Schuld am Bruche mit Frank= reich aufzubürden.

Es wird wohl für alle Zeiten in antiklerikalen Hetzreden und Hetzblättern die Geschichtsfälschung weiterspuken, Combes habe sich gegenüber dem Papst nur in einem Zustande berechtigter Notwehr befunden. In jenen Tagen bekam ja das betörte französische Volk durch den Mund seiner sozialistischen Schreier und seiner Logenpresse nichts anderes zu hören.

In der luxemburger Kammer hat beispielsweise ein antikatho= lischer Politiker folgenden Satz vorgetragen:

„In Frankreich hat Pius X., wenn ich nicht irre, heißt er so", (!!) „eine große Dummheit begangen, als er die von Napoleon gemach= ten Konkordate brechen wollte." (Abg. Mark, Sitzung vom 28. Januar 1909.)

Man weiß wirklich nicht, worüber man sich bei einer solchen Behauptung mehr wundern soll: über die Dreistigkeit und Geschmack= losigkeit, womit sie vorgetragen wird, oder über die Vergewaltigung der geschichtlichen Wahrheit, die darin enthalten ist.

Ein anderer, der derartige Pygmäen von Politikern hundert=
mal überragt, der französische Abgeordnete R i b o t, hat am 10. Fe=
bruar 1905 von der Tribüne der Pariser Deputiertenkammer die Fäl=
schungsmanöver der Combisten in der richtigen Weise gebrandmarkt.
Ribot ist kein grundsätzlicher Gegner der „Trennung", kein „Kleri=
kaler", er ist sogar Protestant; aber die Atmosphäre von Lug und
Trug, die man um den Bruch des Konkordats breitete, entrüstete
diesen intelligenten Mann so sehr, daß er mit aller Wucht den
Jakobinern den Vorwurf ins Antlitz schleuderte: „Verlangen Sie
nicht von mir, daß ich in die **historische Lüge** einstimme, die da
behauptet, der schlechte Wille sei auf Seiten des Papstes!"

Ja, eine historische Lüge! Das ist das richtige Wort!

Nicht der Papst trägt die Schuld an dem offiziellen Abfall
Frankreichs; die Verantwortung fällt allein auf die Häupter jener
Logenmänner zurück, die in der „Trennung" die Krönung ihrer
25jährigen Sektiererpolitik sahen.

II. Die „trockene" Guillotine.

Im Jahre 1906 sollten große W a h l e n für das französische
Parlament sein.

Auf jeden Fall wollte die Regierung und die kulturkämpfe=
rische Kammermehrheit verhindern, daß die wichtigen Debatten über
das Trennungsgesetz in den Wahlkampf hineinfielen.

Darum wurde schon im März 1905 jenes Werkzeug, das mit
Recht damals die katholische Presse eine „trockene, unblutige Guillo=
tine" nannte, in Bewegung gesetzt — der **P a r l a m e n t a r i s m u s.**

Gewiß sind auch wir Katholiken demokratisch genug gesinnt,
um mit Freuden dem Volke selbst den größten Teil an seiner eige=
nen Regierung einzuräumen. Das Volk sendet seine Vertreter in
die gesetzgeberischen Kammern und diese beschließen dann, was sie
nach Recht und Gewissen als das Wohl ihres Vaterlandes er=
kennen.

Wenn aber diese Deputiertenkammern ihre Macht mißbrauchen,
um blindlings, in rasender Hast, ohne Gefühl und Rücksicht, die
Rechte von Millionen Menschen, die sich zum Unglück eben in der
Minderheit befinden, einfach niederzusäbeln, die Verhandlungen zu
erwürgen, auf keine Beweise und Warnungen zu hören — so ist
das eine wirkliche G u i l l o t i n e, die zwar ohne Blutvergießen,
darum aber nicht weniger furchtbar wütet.

Am 23. März begann in der Pariser Abgeordnetenkam=
mer die Generaldebatte über die Trennungsvorlage. In 8 Sitzungen
war diese Generaldebatte erledigt; sie wurde am 7. April bereits
geschlossen, obwohl noch viele eingeschriebene Redner nicht zu
Wort gekommen waren.

Und dann gings mit Windeseile immer weiter, weiter!

Am genannten 7. April verlangte der Abg. Buisson, der Papst in der künftigen Laienreligion, in seiner Ungeduld, vorwärts zu kommen, sogar eine Supplementssitzung für Samstag, den 8. April, der frei gewesen wäre! Selbstverständlich hat der Kulturkampfblock mit 319 gegen 245 Stimmen ihm diesen Gefallen erwiesen.

Der Kultusminister Bienvenu=Martin ging am selben Tage sogar so weit, zu beantragen, von da ab keine Interpellation mehr zuzulassen und alle Zeit ausschließlich auf die Trennung zu ver= wenden; erst als die „Genossen" Sembat und Dumont, die gewiß wütende Separatisten waren, gegen diese Zumutung protestierten, zog der Trennungs=Minister seinen Antrag zurück.

Die Blockleute, die sich sonst nie laut genug als Anbeter des „Volkswillens" und gehorsame Knechte des allgemeinen Stimmrechts proklamieren können, hatten früher bereits abgelehnt, ein Refe= rendum (Volksabstimmung) über die grundsätzliche Frage der Trennung zu veranstalten, oder die Kammer aufzulösen und die Wähler in dieser Sache durch Neuwahlen entscheiden zu lassen.

Am Samstag, den 8. April, verwarfen diese Leute, die das souveräne Volk befragen, wenn es ihnen gefällt, auch den Antrag des Abg. Berthoulat, der dahin gelautet hatte, man möge we= nigstens in den Osterferien, also ohne Zeitverlust, die Generalräte und die Gemeindeverwaltungen über die Trennung befragen. Bekanntlich haben ja gerade die Gemeinden die Folgen der Neuerung beinahe ganz allein zu tragen; der Vorschlag Berthoulats war also durchaus gerechtfertigt, doch diese netten „Demokraten" schoben ihn kalt beiseite mit 339 gegen 236 Stimmen. Das ist eben die Taktik dieser Art Vertreter der „Volkssouveränität": sie repräsentieren die schlimmste der Tyranneien, die Demagogie.

Noch mehr! Briand, der Vater der Reform, verlangte jetzt auch noch (am selben 8. April) die Dringlichkeit für den Ent= wurf (sodaß dieser also nur eine Lesung in der Kammer durch= zumachen brauchte). Man entgegnete ihm, daß ein solcher Beschluß eine Herausforderung, ein Schlag ins Gesicht für alle ruhig Den= kenden wäre; denn ein Projekt, das an Tragweite alles übertreffe, was man seit hundert Jahren in Frankreich getan, dürfe nicht übers Knie gebrochen, müsse reiflich überlegt und besprochen werden. Was antwortet das Freimaurer= und Sozentum darauf? Man lese fol= gende Erklärung, die der Minister des Innern Etienne im Na= men der Regierung sofort mit unerhörtem Zynismus abgab:

„Die Regierung bittet die Kammer inständigst, die Dringlichkeit zu beschließen. Das Gouvernement hat die klare Einsicht, daß, wenn man an ein Ende kommen (!) und das Gesetz zu rechter Zeit (näm= lich vor den Wahlen. D. Verf.) votieren will, im eigensten Interesse des Landes (?) die Dringlichkeit angenommen werden muß. (Sehr gut! auf der Linken.) Die Dringlichkeit verwerfen, hieße darin einwil= ligen, daß die Reform ins Unendliche aufgeschoben werde (!!). Die

Regierung würde zu einem solchen Spiel nie ihre Hand leihen!"
(Lebhafter Beifall auf der Linken.)

Liegt darin nicht ein Hohn auf alle Gerechtigkeit, auf die vielge=
rühmten, aber wenig bewährten „republikanischen" Grundsätze? Diese
ministerielle Erklärung lautet in gewöhnlichem Deutsch doch ganz
klar also:

„Es ist hohe Zeit, daß wir voranmachen mit der Trennung,
sonst könnte das Volk erwachen, das öffentliche Gewissen könnte
alarmiert werden und seine Rache fordern! Darum Tag und Nacht
an die Arbeit, ehe der Groll der dupierten Massen sich Bahn bricht!
Vorwärts, vorwärts! Wir, die Logen= und Sozialistenkoterie, wollen
um jeden Preis die Trennung; aber wir müssen uns sagen, daß sie
nie eingeführt wird, wenn wir Schritt für Schritt, wie sonst bei sol=
chen wichtigen Dingen gebräuchlich, vorgehen und die Sache spruch=
reif werden lassen! Darum muß sofort die letzte Zugbrücke aufge=
zogen werden!" —

Und die alte Blockmehrheit, gehorsam und blind und aller
Billigkeit unzugänglich wie immer, beschloß die Dringlichkeit mit 342
gegen 232 Stimmen.

Wenn man bedenkt, daß höchstens 130—140 von den beiläufig
600 Abgeordneten bei den letzten Wahlen zur Trennungsfrage
Stellung genommen hatten, daß die breite Masse der Nation die
Schwere des Konflikts mit dem Vatikan, die Folgen der Scheidung
noch gar nicht übersah, daß das Gros der Franzosen noch nicht
einmal eine klare Idee davon hatte, was denn die vielgenannte
Trennung eigentlich sei, und daß dennoch mit dieser ruhelosen Eile,
die beinahe den Schein von Ueberlegung nicht einmal mehr wah=
ren will, in der Kammer verfahren wurde, fällt es einem schwer,
dieser Verschwörung gegenüber in den „parlamentarischen Grenzen" zu
bleiben — und bittere Entrüstung treibt eine heiße Blutwelle zum Herzen!

Die Kulturkampf=Mehrheit hatte eine Art Nervosität an sich,
die sie wie wahnsinnig immer vorwärts trieb; ruhige Ueberlegung
war ausgeschlossen; fieberhaft überstürzte man sich; Kammer, Kom=
mission, Parteibureaus, alles das arbeitete simultan mit einer Hast,
die Grauen einflößte, man hörte kaum auf die Beweise der Feinde
der Trennung; die Kommission verwarf Dutzende von Amendements,
ganze Gegenprojekte in einem Atem, so daß man zweifeln muß, ob
das Material durchdacht, ja nur durchlesen war; nur weiter, weiter,
damit noch im Jahre 1905 die Sache zur Wirklichkeit werde und
der Streit nicht in die Wahlen von 1906 hineinreiche. Die Kammer
machte, aus der politischen Vogelschau gesehen, den Eindruck, als
ob mit dem Herbste des Jahres 1905 ein großer Krieg, ein feind=
licher Einfall zu gewärtigen sei, und man bis dahin alle Brücken
und Zugangspässe versperren und auf allen Wegen das schwerste
Verteidigungs= und Vernichtungsgeschütz auffahren müsse.

Oder ist dieses Urteil zu hart, wenn man bedenkt, daß in 8
Sitzungen die ganze Generaldebatte über das einschnei=

denste, folgenschwerste, verderblichste Gesetz, das Frankreich seit der Revolution geschmiedet, abschloß?

Die größten Staatsmänner, auch kirchenfeindlicher Richtung Ferry, Gambetta, Waldeck-Rousseau, haben nicht einmal gewagt, das Thema nur anzuschneiden, manche der entschiedensten Ungläubigen und Freidenker verlangten auch jetzt noch größere Ruhe und Ueberlegung, die Katholiken waren in den letzten Wochen brutal überrumpelt, der Papst hundertmal aufs schwerste beleidigt und verleumdet worden, die Kirche selbst plötzlich ohne jeden Schein von gerechtem Anlaß, trotz ihrer Nachgiebigkeit, in ihrer Existenz bedroht, in einen Kampf auf Leben und Tod geworfen worden — und doch, der Block gab keinen Pardon!

Zwei Genies, Bonaparte und Kardinal Consalvi, haben am Konkordat von 1801 gearbeitet, dasselbe hat ein Jahrhundert lang den religiösen Frieden aufrecht erhalten und das französische Staatsleben allenthalben durchdrungen und ihm Vorteile gebracht; — ohne mit einer Wimper zu zucken, schritt die Kammermehrheit von 1905 darüber hinweg!

Der „Matin" und die „Lanterne" schlugen damals, unmittelbar vor der Karwoche, in allem Ernste vor, gar keine parlamentarischen Osterferien zu halten, sondern bis zum endgültigen Votum des ganzen Gesetzes in Permanenz in der Kammer zu tagen.

Die radikal-sozialistische Linke hatte bereits in einer Fraktionssitzung den Antrag angenommen, welcher die sofortige Fortsetzung der Debatten bis zum definitiven Abschluß verlangte, „in anbetracht, daß es notwendig ist, zu guter Zeit zu einem Ende zu kommen". Sie forderte alle Gruppen der Linken auf, sich ihr anzuschließen, und knüpfte daran die heuchlerische Begründung, daß sie die Verwirklichung der Arbeiterschutzgesetze wünsche! Ja, vor der Trennungsvorlage, da wurde das Arbeitergesetz ohne allen Skrupel auf die lange Bank geschoben, und man rief nur nach dem Kulturkampf; jetzt, wo man der Kirche möglichst schnell den Garaus machen sollte, brachte man die soziale Gesetzgebung, womit man das Volk schon zwanzig Mal geködert hatte, wieder aufs Tapet, und man wollte nicht einmal mehr die Osterferien einhalten!

Der famose Briandsche Kommissionsbericht, der von „historischen Lügen" (Ribot) strotzte, und auf dessen Argumente sich damals beinahe alle Blockredner stützten, war nachgewiesenermaßen in sehr kurzer Zeit zusammengestoppelt worden; und doch räumte er mit dem 1400 Jahre alten Werke eines Chlodwig und Remigius, mit dem offiziellen katholischen Frankreich auf!!

*　　*　　*

Die Kammer hatte den wahnsinnigen Vorschlag, keine Osterferien einzuhalten, verworfen! Der Antrag war allzu gehässig; es fand sich dafür keine Mehrheit.

Immerhin tagte das Haus bis Karsamstag abends. Dann trat Waffenstillstand ein bis zum 14. Mai.

Diese Gelegenheit benützten die Katholiken, um Bittschriften gegen das Projekt in Umlauf zu bringen. Bis zur nächsten Sitzung des Abgeordnetenhauses waren nicht weniger als 4 Millionen Unterschriften gesammelt. In den nächsten Monaten stieg diese Zahl noch um einige Millionen, wovon allein 4 400 000 Wähler!

Das alles konnte den Drang der Kulturkämpfer nicht hemmen! Wohl war es manchem Kirchenstürmer, in dessen Wahlkreis über die Hälfte der Wähler gegen die Trennung petitioniert hatte, etwas unheimlich zu Mute. Diese Kundgebung bewog auch wohl den Block, das Gesetz in manchen Bestimmungen (Benutzung der Kirchen, Prozessionen usw.) zu mildern. Doch wie ein Verhängnis ging das Drama, dessen Szenen in ihrer furchtbaren Tragik sich so schrecklich rasch aufeinanderfolgten, seinem Ende entgegen.

Am **Montag, den 3. Juli,** nachts um 11 Uhr nahm die Deputiertenkammer mit 341 gegen 223 Stimmen das Gesetz an. Das war ein Tag der Trauer für die Katholiken der ganzen Welt. Alle Elemente des Umsturzes triumphierten damals und stießen ein unbändiges Jubelgeheul aus; — sie fühlten wohl, daß mit der feierlichen Religions-Kündigung Frankreichs auch die staatliche Ordnung einen schweren Schlag erhalten hatte.

*   *   *

Dann ging es an den Senat!

„Väterchen" (le petit père) **Combes** blies zur Attacke! Am 3. Sept. 1905 präsidierte er einem großen politischen Bankett im Eispalast zu Lyon, wo alle „republikanischen" (lies: antiklerikalen) Verbände des Rhonegebietes vertreten waren.

In seiner Rede kam der Er-Seminarist mit dem Renegatenhaß natürlich auf seinen Lieblingsstoff zu reden, auf die „Trennung von Kirche und Staat", die allezeit der Gegenstand seiner leidenschaftlichen Wünsche gewesen sei, die er als „das natürliche Ende seines grundsätzlichen Streites gegen den Klerikalismus" angesehen habe. Er drohte dem Ministerium Rouvier, dessen Allüren ihm einiges Mißtrauen einflößten, mit der Entziehung seiner Gunst, wenn Rouvier nicht sofort mit den Parteien des Zentrums, den Progressisten, breche; er forderte nachdrücklichst die Inkraftsetzung der „Trennung" für den 1. Januar 1906.

Am 9. November begann im Senat die Verhandlung über die Trennungsvorlage. Der Senator de Lamarzelle verlangte die Vertagung der Beratung bis nach den Wahlen im Jahre 1906. Natürlich lehnten die ehrenwerten Boten des Volkes eine solche Zumutung mit 174 gegen 101 Stimmen ab. Die Generaldebatte ward bereits am 18. November in der hohen Versammlung geschlossen.

Die Dringlichkeit des Entwurfes (die also eine zweite Le=
sung ausschließt) wurde am selben Tage mit 171 gegen 107
Stimmen beschlossen. Dieses Votum gab einen sicheren Einblick in
die Lage; diese Mehrheit von 64 Stimmen stand der Regierung
unbedingt zur Verfügung. An dem Ausgange des Kampfes konnte
also nicht mehr gezweifelt werden.

Die letzte Rede, die der wackere katholische Senator De Cha=
maillard unmittelbar vor dieser Abstimmung hielt, zeichnete die
Sachlage unübertrefflich sein: „Sie wollen das Land vor eine vol=
lendete Tatsache stellen. Für alle wichtigen Vorlagen haben Sie
zwei Lesungen zugelassen. **Wenn es sich aber darum handelt,
die Religion zu bekämpfen, so sind Sie, meine Herren, immer
von Eile getrieben.**"

Ja, Eile, Eile! Der Berichterstatter Maxime Lecomte hatte
seinen Rapport in Eile hergestellt, die „historische Lüge" von der
Schuld Pius' X. am diplomatischen Bruch und die Hunderte von
längst verrosteten Schlagwörtern über „die Umtriebe des Klerus
gegen die Republik" wurden auf neue Art zusammengruppiert, die
Kommission stimmte in serviler Unselbständigkeit die Zusatzanträge
nieder, man hörte mit überlegener Ruhe, die wie stumme Resigna=
tion aussah, die feurigen Reden der katholischen Führer in der Ge=
neraldebatte an, dann stieg Lecomte auf die Tribüne (man nannte
ihn „l'homme qui rit" wegen seines süßelnden Lächelns und des
pathetischen Zitterns seiner Stimme), er pflanzte vor den andächtigen
Blockarden die Puppenfigur der Republik auf, die angeblich die
Katholiken schon 30 Jahre lang erwürgen wollten — das alte, abge=
blaßte Schema, das jeden Rechtschaffenen anwidert —, und dann war
mit der Abstimmung am Schluß wieder ein Aufzug dieses Schauspiels
geschlossen, das in der Form eine Posse, für die Kirche Frankreichs
aber in den Folgen eine Tragödie ist.

Wir müssen gleich hier beifügen, daß die Vertreter der kirch=
lichen Freiheit in den Parlamenten ihre Schuldigkeit getan haben.
Die Senatoren de Lamarzelle, Vidal de Saint=Urbain und andere
haben Meisterstücke von Beredsamkeit, von Ueberzeugungstreue, von
Beweiskraft geliefert. Sie wollen ihre Gegner widerlegen, auf die
Gefahr aufmerksam machen und eine reifliche Beratung herbeiführen;
umsonst! Eile, Eile! Für Weihnachten wollen alle „Separatisten"
roter oder blauer Färbung das große „Trennungsbankett" halten;
da durfte also nicht mehr gezögert werden.

Unter Hochrufen auf die Republik wurde am **6. Dezember 1905**
das Trennungsgesetz mit 181 gegen 102 Stimmen definitiv angenommen.

Dieses Resultat konnte nach all dem, was vorausgegangen war,
natürlich nicht mehr überraschen. Die Block=Separatoren beug=
ten sich ja nur dem Befehl der Loge, indem sie deren Vorschlag
zum Gesetz erhoben. Am 11. Dezember veröffentlichte das „Journal
officiel" die Reform, die **vom 9. Dezember datiert** ist. Damit war
diese rechtskräftig geworden. — —

20 Monate waren verflossen, seitdem Loubet nach Rom ge= gangen war — eine kurze, aber inhaltsschwere Spanne Zeit!

Durch den Blätterwald der liberalen Presse aller Länder sauste ein Sturm ungestümer Freude. —

Wenn es dem Leser schien, als ob wir die Ereignisse dieser 20 Monate etwas zu sehr im Detail geschildert — mehr, als dies eigentlich in den Rahmen einer Volksschrift passe, — so geben wir ihm zu bedenken, **daß man die blutige Unbill, die in dieser An= gelegenheit der Kirche zugefügt wurde, nur dann in ihrer gan= zen Ungeheuerlichkeit erfaßt, wenn man ihre Geschichte kennt.**

Nie wird man in den Geist eindringen, der diese traurige „Reform" schuf, wenn man nicht vorher die treibenden Kräfte am Werke gesehen.

Religionsfeindschaft, Kirchenhaß und Freimaurerintriguen haben an der Wiege des Trennungsgesetzes gestanden. Daraus ist schon von vornherein klar, daß diese „Trennung" **kein Werk des Frie= bens,** sondern eine furchtbare, zweischneidige Waffe war, die den **Katholizismus** in Frankreich ins Herz zu treffen bestimmt war.

Bedeutung der Trennung.

Man kann sich auf allerlei Weise von jemandem „trennen":
Ein Freund trennt sich vom Freunde unter warmem Abschied und unter der Beteuerung unentwegter Treue für die Zukunft.

Zwei Fremde, die sich nur zufällig kennen gelernt, trennen sich unter höflichem Gruße und empfinden dabei weder Liebe noch Haß.

Ein Mörder, der sein schwaches Opfer in den Hintergrund gelockt hat, „trennt" sich von demselben, indem er das arme Menschenkind vielleicht erdrosselt, ausraubt und in den erstbesten Fluß wirft.

Das Wort „Trennung" kann also sehr dehnbar ausgelegt werden.

Solcher Worte, denen man einen vielfachen Sinn unterschieben kann, gibt es eine große Anzahl. Da nennen wir nur die Phrasen „Religion ist Privatsache", „Fortschritt", „Aufklärung", „Freiheit" (und hundert andere), die dem lesenden und hörenden Publikum jeden Tag um die Ohren schwirren.

Für diese vielsinnigen Schlagwörter haben vor allem die „wahren Jakobe" im politischen Leben, jene Leute, deren Charakter nicht auf der soliden Grundlage einer abgeklärten Weltanschauung und festen Ueberzeugung fußt, eine rührende Vorliebe, ein brennendes Bedürfnis, weil sie damit ihre lichtscheuen Pläne bequem verdecken und im Trüben fischen können.

Zu diesen elastischen Gummiwörtern gehört — wie gesagt — auch die „Trennung von Kirche und Staat".

In Frankreich, das zum Versuchskaninchen für diese neueste Form des Kulturkampfs dient, können wir es mit Augen sehen und mit Händen greifen, was jenes vielgenannte Wort eigentlich bedeutet.

Die Trennung von Kirche und Staat, wie sie das unglückliche Frankreich vollzogen, umschließt ein dreifaches Element:
1) einen offiziellen Abfall von Gott und der Kirche;
2) einen Raub am Kirchengut;
3) eine Knechtung der Kirche.

Nehmen wir uns diese drei Gedanken einzeln vor!

I. Offizieller Abfall von Gott und Kirche.

Das Wort „Trennung von Staat und Kirche" besagt eigentlich nur die Hälfte des Inhaltes, der in der Neuerung liegt. Um vollständig zu sein, müßte die Bezeichnung des Gesetzes lauten: „Trennung des Staates von Religion (oder von Gott) und Kirche".

Staat und Gott.

Nach der Absicht ihrer Urheber und nach ihrem ganzen Inhalte bedeutet die „Trennung" eine **offizielle Apostasie, einen staatlichen Abfall von der christlichen Gottesidee und als solche einen Rückfall ins Heidentum.**

Es liegt in dieser Maßnahme von seiten des Staates eine letzte, unwiderrufliche Absage an einen höchsten Beherrscher und Lenker aller Völker; die französische Nation soll in ihren Gesetzen, in ihrem politischen, gesellschaftlichen, bürgerlichen Leben jeder Religion abschwören.

Ein richtiger staatlicher Nihilismus, eine gesetzliche Gottesleugnung.

Man sage nicht, daß der Staat sich nur von der Kirche, d. h. einer bestimmten, geschlossenen Konfessionsgesellschaft trenne, daß die Religion als solche, d. h. das Verhältnis zu Gott hier gar nicht in Betracht komme!

Der französische Freidenkerpapst Buisson hat es einmal ausgesprochen, ein Jahr, ehe das Trennungsgesetz geschaffen war, daß er mit seinen Freunden zuerst stufenweise die Schule, die Justiz, das Spital von Gott getrennt habe, daß dies aber alles nur Stückwerk gewesen, und wenn auch das letzte Kloster aus Frankreich verschwunden sei; worauf es ankomme, sei den Staat selbst von Gott zu trennen, nachdem die einzelnen öffentlichen Dienstzweige von ihm losgerissen seien (De Mun: „Contre la séparation", S. 95.).

Das war es, was man anstrebte! Diese Forderung enthält nichts anders, als was die Sozialdemokratie in dem geflügelten Worte ausdrückt: „**Religion ist Privatsache**". Jedermann weiß, daß die „Genossen" mit dieser „Privatsache" nur eine tönende Phrase als Programm aufstellen; denn in Wahrheit und in der Praxis bedeutet dieser rote Grundsatz nichts anderes als: „Verfolgung und Vernichtung der Religion ist sozialistische Parteisache!"

Die Phrase von der Religion als „Privatsache" ist übrigens kein Alleingut des Sozialismus; sie ist nicht einmal von ihm zuerst gebraucht worden. Der radikale Liberalismus, der Materialismus überhaupt, vertritt diese lächerliche, in sich unmögliche Forderung ebenso gut, wie die Sozialdemokratie.

Durch die „Trennung" soll auch für den Staat als solchen die Religion „Privatsache" sein; er soll dieselbe nicht mehr kennen, weder für noch gegen sie auftreten! Wir werden weiter unten den

Nachweis führen, daß auch hier der Staat in der Wirklichkeit die Religion und die Kirche nicht ignoriert, sondern sie unter dem Deckmantel dieses Schlagwortes knutet und unter gehässiges Ausnahmerecht stellt.

* * *

Doch, abgesehen von dieser Perfidie, darf denn **wirklich der Staat von aller Religion einfach absehen?**

Nach der christlichen Idee ist Gott der Herr j e g l i c h e n Dinges; jedes Wesen muß ihm den Tribut der Verehrung zollen; seine Gewalt erstreckt sich über jede Einrichtung. In Ihm liegt die letzte Quelle jedes Rechts und jeder Auktorität, auch der staatlichen; Er bildet die letzte Instanz, an die der Mensch von menschlicher Justiz und menschlicher Gesetzgebung appellieren kann.

Leugnet der Staat Gott, tritt er Seine Rechte mit Füßen, so benimmt dieser Staat sich selbst seine Kraft und seine Obergewalt über die Bürger. Denn wenn die Anarchie, die Auflehnung G o t t gegenüber als Staatsrecht proklamiert wird, mit welchem Rechte darf dann der Staat sich beklagen, wenn die Bürger auch i h m den Gehorsam versagen und den Umsturz der menschlichen Gesellschaft betreiben? Wenn der Staat als höchste, idealste menschliche Institution das Prinzip der Auktorität in seiner heiligsten Form in Trümmer schlägt, darf man sich dann wundern, wenn die Bürger auch die Staats-Oberhoheit verlachen und sich lächelnd über alle Gesetze hinwegsetzen, solange die Polizeigewalt ihnen nicht im Nacken sitzt?

Das Christentum hat eine „neutrale", religionslose Staatsidee, wie sie der „Trennung" zu Grunde liegt, immer verworfen.

In der Enzyklika „Vehementer Nos" vom 11. Februar 1906 hat übrigens Papst Pius X. obige Grundsätze klar und präzis aufgestellt, in jener abgeklärten ruhigen Form, wie sie nur der evidenten Wahrheit zur Verfügung steht. Er schreibt:

„1. Daß Staat und Kirche von einander getrennt werden müßten, ist ein g a n z f a l s c h e r und h ö c h s t v e r d e r b l i c h e r I r r t u m. Denn zunächst beruht diese Ansicht auf dem Grundsatze, der S t a a t brauche sich durchaus nicht mit der R e l i g i o n zu beschäftigen, und enthält daher eine große Beleidigung gegen Gott. Denn wie Gott der Schöpfer und Erhalter der einzelnen Menschen ist, so ist er auch der Urheber der menschlichen Gesellschaft und muß daher nicht bloß von den Einzelnen, sondern auch von der Gesellschaft verehrt werden.

2. Ferner bedingt die genannte Behauptung die direkte L e u g nung der gesamten übernatürlichen Ordnung. Denn die jenen Satz verteidigen, engen die Tätigkeit des Staates auf die irdische Wohlfahrt ein, die doch nur den nächsten Zweck der Gesellschaft bildet, während der letzte Zweck des Menschen, die ewige Glückseligkeit, die nach diesem kurzen Leben ihm verheißen ist, als ganz

und gar außerhalb der Tätigkeit des Staates liegend bezeichnet wird. Und doch dürfte der Staat, wie nun einmal der Lauf der Dinge ist, die Erreichung jener höchsten Güter nicht nur nicht hin=dern, sondern müßte dieselben fördern.

3. Auch verletzt jene Behauptung die von Gott in höchster Weisheit gesetzte Ordnung, welche ein einträchtiges Zusammen=wirken beider Gesellschaften, der religiösen und der bürgerlichen, verlangt. Denn da beide, wenn auch jede in ihrer Sphäre, über die nämlichen Menschen ihre Auktorität ausüben, so muß es Dinge geben, die beide zusammen zu entscheiden haben. Wenn nun aber Staat und Kirche von einander getrennt sind, so wird es in jenen Dingen leicht zu heftigen Kämpfen kommen, welche das Urteil ver=wirren und die Gemüter ängstigen.

4. Endlich fügt jene Behauptung der bürgerlichen Gesell=schaft selbst schweren Schaden zu; denn diese kann nicht lange blühen oder bestehen, wenn die Religion vernachlässigt wird, welche die höchste Führerin und Lehrerin ist, damit der Mensch seine Rechte verteidigen und seine Pflichten treu erfüllen kann.

5. Daher haben die römischen Päpste es nie unterlassen, je nach den Umständen und Zeitverhältnissen die Lehre von der Tren=nung des Staates und der Kirche zurückzuweisen und zu verurteilen. Besonders unser erlauchter Vorgänger Leo XIII. hat wiederholt vor=trefflich auseinandergesetzt, in welchem Verhältnis, nach Grundsätzen christlicher Weisheit, die beiden Gesellschaften zu einander stehen müßten.“

* * *

Das ist die christliche Idee über das Verhältnis von Staat und Religion! — —

Ist überhaupt das Programm, daß Religion für den Staat „Privatsache“ sein soll, schon je vorher in Frankreich verwirk=licht worden?

Wenn wir von den paar Jahren absehen, wo die französische Revolution von 1789 in den Paroxismus der Schreckensherr=schaft ausgeartet war, müssen wir diese Frage verneinen. — Aber selbst diese Revolution hat anfangs das gerade Gegenteil beabsichtigt.

Sogar die berühmte Erklärung der „Menschenrechte“ vom 26. August 1789, die die Grundlage aller „liberalen“ Staats=verfassungen bilden soll, beginnt mit den Worten: „Die National=versammlung anerkennt und erklärt, **in Gegenwart und unter den Auspizien des höchsten Wesens,** folgende Rechte des Menschen und Bürgers . . .“

Als am 13. Februar 1790, also mitten in der genannten Revo=lution, aus der Mitte der „Konstituante“ (konstituierenden National=Ver=sammlung) der Abgeordnete Gerle den Antrag stellte, die neue französische Staatsgesellschaft solle beschließen, daß die Religion der katholischen, apostolischen und römischen Kirche für immer die Religion der Nation

ſei und bleibe, ging die Verſammlung über dieſen Antrag zwar zur
Tagesordnung über. Aber aus welchem Grunde? Weil man es
für ſelbſtverſtändlich hielt, daß die Ehrfurcht der „Konſtituante"
für die katholiſche Religion feſtſtehe. Man nahm damals die Re=
ſolution des Herzogs de La Rochefoucauld an, die erklärte, „daß
die Anhänglichkeit der Nationalverſammlung an den katholiſchen,
apoſtoliſchen und römiſchen Kultus nicht **in Zweifel gezogen wer=
den könne"**. (de Mun, Contre la séparation, Seite 101).

So hat ſogar die „große" Revolution von 1789, wenigſtens
im Anfang, die enge Verbindung zwiſchen dem modernen Staat
und der Religion als ein unerſchütterliches Prinzip anerkannt.

* * *

**Iſt es überhaupt möglich, daß ein Land wie Frankreich
die Religion einfach in ſeinem öffentlichen Leben** ignoriere?
Wir behaupten: Nein.

Fünfzehn Jahrhunderte Vergangenheit laſſen ſich nicht durch
einen trockenen Geſetzestext auslöſchen.

Dieſe Nation wurde in den Armen der Kirche gewiegt, ſie war
über ein Jahrtauſend lang bis auf das Mark der Knochen von
katholiſchem Geiſt durchdrungen.

Auch heute, wo die ſogenannte „Aufklärerei" die Hälfte des
Volkes dem religiöſen Indifferentismus ausgeliefert hat, hat das
Land ſeinen katholiſchen Charakter. Auch heute noch hat Frank=
reich ein ganzes Arſenal von katholiſchen Traditionen. Niemand
beklagt mehr als wir, daß das warme religiöſe Leben, die eifrige
kirchliche Praxis in ganzen Gegenden großenteils verſchwunden iſt;
**aber darum den chriſtlichen Charakter der Nation durch Staats=
geſetz leugnen, die Unreligion als Fortſchritt, als Ideal offiziell
feſtlegen, widerſpricht den tatſächlichen Verhältniſſen, iſt alſo ein
Unding, eine Unmöglichkeit.**

Es iſt undenkbar, daß der Staat als ſolcher in Frankreich
völlig „neutral" in Religionsſachen ſei; verſucht er dies, ſo muß
dieſe Neutralität in einen Kampf **gegen** die Religion, in eine **offene
Kirchenverfolgung** ſich auswachſen.

Aus innern Gründen, die mit Naturnotwendigkeit wirken, kann
auch hier die Religion nicht „Privatſache" ſein. „Wer nicht für
mich iſt, iſt wider mich." —

Die offene Religionsfeindſchaft des franzöſiſchen Tren=
nungsſtaates erkennt übrigens auch derjenige moderne Schriftſteller,
der die Verhältniſſe vom ſogenannten „unparteiiſchen" Standpunkt
aus am genaueſten ſtudiert hat und für die katholiſche Staats=
kirchenlehre keinerlei „Voreingenommenheit" zeigt, Dr. Rothenbücher.
Er ſchreibt u. a. (S. 265) (der Fettdruck rührt von uns her): „Es wird
ſich bei der Darſtellung des materiellen Rechtes zeigen, daß die
franzöſiſche Rechtsordnung über jene . . . . Neutralität hinaus
beſtrebt iſt, **die hiſtoriſchen Religionen,** insbeſondere das Chriſten=

tum und den Katholizismus, **aus dem öffentlichen Leben nach**
Möglichkeit verschwinden zu lassen. Der laizisierte (franz.) Staat
ignoriert — im Gegensatz zum amerikanischen Rechte — die historische Religion überhaupt, oder **will** sie wenigstens ignorieren . . . .
Die Darstellung des materiellen Rechts wird zeigen, **daß die völlige**
Ignorierung der bestehenden Weltanschauungen sich in der Ord-
nung des Staatslebens nicht durchführen läßt, daß vielmehr
eine Anzahl staatlicher Einrichtungen durch die jeweils herr-
schende Weltanschauung in ihrem Wesen bestimmt wird . . ."

Die „jeweils herrschende Weltanschauung" in Frankreich ist
augenblicklich die Freidenkerei, der Atheismus, der Kirchenhaß; diese
„R e l i g i o n" des Unglaubens ist heute S t a a t s r e l i g i o n, und
die Freimaurer=Loge ist Staats k i r c h e geworden, — ob man es eingestehen will oder nicht.

Staat und Kirche.

Durch die „Trennung" hat also zunächst der Staat sich von
Gott, von jeder positiven Religion losgesagt, nicht so zwar durch
eine neutrale Zurückhaltung, sondern durch eine direkte Gottesleug=
nung und Religionsfeindschaft.

Zu diesem ersten Element tritt dann ein zweites, die Trennung
von der katholischen Kirche als solcher.

Staat und Kirche sind zwei große Gesellschaften, die in einem
ganz eigenen Verhältnis zu einander stehen.

Sie bestehen beide aus denselben Mitgliedern; derselbe Mensch,
der sich z. B. als Katholik zum großen Vereine der römischen Kirche
bekennt, ist zugleich ein Glied jenes anderen Verbandes, den man
Staat nennt.

Wenn man das Gebahren mancher Leute sieht, sollte man sagen,
Kirche und Staat seien sich mit N o t w e n d i g k e i t gegenseitig f e i n d;
der Staat habe keine vornehmere Aufgabe, als die Tätigkeit der
Kirche mit Argusaugen zu verfolgen und sie mit aller Gewalt zu
bekämpfen, damit sie ja nie die Sphäre ihrer Wirksamkeit überschreite.
Dem alten, antiklerikalen Liberalismus steckte diese fixe Idee in den
Knochen, sie war ihm in Fleisch und Blut übergegangen.

Diese Ansicht ist irrig. Kirche und Staat sind k e i n e geborenen
Gegner; sie sind im Gegenteil durch ihre Natur B u n d e s g e n o s s e n.
Ein und dasselbe Menschenkind soll von beiden glücklich gemacht
werden; in der Arbeit an dem Wohle der Menschen sollen sie sich
gegenseitig u n t e r s t ü t z e n; sie sind sogar vielfach der eine auf die
Hilfe des anderen angewiesen.

Jene Leute nun, die immer einen gewissen Zwiespalt zwischen den
beiden Gewalten geschürt haben, die ihre Genugtuung darin fanden,
wenn an den gemeinsamen Reibflächen eine Entzündung stattfand,
haben heute zur Vermeidung jeden Konfliktes zwischen den beiden
Einrichtungen ein Allheilmittel ausgeheckt, das eine Reibung für

alle Zeiten überhaupt unmöglich machen soll; das Mittel lautet eben: „Trennung von Kirche und Staat". —

Die Trennungsfanatiker vergessen, daß das, was sie verlangen, eben unmöglich ist. Denn solange ein und derselbe Mensch Mitglied der zwei Gesellschaften ist, werden in diesem Menschen die beiden sich auch immer begegnen und berühren, unter Umständen sogar mit einander in Konflikt kommen.

Nicht „trennen" sollten sich die beiden Verbände, sondern sich einigen und den Menschenfrieden und die Menschenseligkeit gemeinsam anstreben.

Wenn sich der Staat von der Kirche „trennt", so ist dies verfehlt, ein Verbrechen, weil er dann eigentlich erklärt, der Mensch habe nur ein irdisches Wohl anzustreben, und weil er ihn so auf die Stufe des Tieres erniedrigt.

Die „Trennung" entfernt aus dem öffentlichen, sozialen Leben jede Beziehung auf ein ewiges Ziel und bringt dadurch den einzelnen Menschen sehr oft in Gewissensnot, weil er eben den beiden Gebieten angehört und die beiderseitigen Interessen wahren muß. —

Man hat in Frankreich sehr oft das Verhältnis zwischen Kirche und Staat als eine Ehe bezeichnet.

In der Ehe vereinigen sich Mann und Weib, um das Kind, jenes Wesen, das ihnen beiden gemeinsam gehört, zu einem rechtschaffenen, glücklichen Bürger zu erziehen, ebenso, wie auch Staat und Kirche sich in der Erziehung des einzelnen Menschen zusammenfinden.

Zwischen Mann und Weib tritt wohl immer, eben weil die Charaktere nie vollständig gleichartig sind, hie und da ein kleiner Konflikt, eine Meinungsverschiedenheit ein. Wäre es da logisch, wenn man daraus schlösse, in jeder Ehe sei die Scheidung, die Trennung das Ideal?

Hier heißt es eben nicht, mit allen Mitteln die Dinge, die einen Konflikt herbeiführen können, zu vergrößern, zu verschärfen; die Verständigung, der Friede, die Eintracht sind es, die das Familienleben angenehm machen, und die allein eine gute Erziehung des heranwachsenden Geschlechtes gewährleisten können.

Ebenso ist auch zwischen Kirche und Staat nicht die Scheidung, die Trennung das Prinzip, das auf alle Fälle angestrebt werden muß, und das die beste und endgültige Lösung darstellt; — nein, auch hier muß, wenn man die Dinge richtig auffaßt, der Friede, die Verständigung der beiden Gesellschaften als das einzig Richtige angestrebt werden.

Die „Trennung von Kirche und Staat" kann nur unter ganz bestimmten, sehr seltenen Umständen als zulässig angesehen werden, nämlich, wo sie das mindere Uebel ist. Wir werden darauf weiter unten zurückkommen.

Eine solche Verständigung zwischen der kirchlichen und der staatlichen Gewalt in Frankreich war eben das Konkordat vom 15. Juli 1801. Nach der Revolution, die unter der Schreckens=herrschaft gleichsam alle äußeren Spuren der Religion vom Erdboden weggefegt hatte, war dieses Konkordat eine äußerst wertvolle Eini=gung zwischen Napoleon und dem Papst Pius VII. Durch gegen=seitiges Nachgeben war es nach langwierigen, mühsamen Unter=handlungen gelungen, sich auf der Mittellinie zu einigen.

Gegen dieses Konkordat ist wohl von der Freimaurerei viel gekämpft, aber auch von manchen Katholiken oft geklagt worden. Den ersteren war der staatliche, offizielle Schutz der Religion ein Dorn im Auge; die letzteren fanden, daß das Konkordat allzuhäufig von der Staatsgewalt mißbraucht wurde, um der Kirche schwere Wunden zu schlagen.

Und doch war die Einigung von 1801 eine ungeheure Wohltat für Frankreich. Nach der Absicht des Papstes, der das Konkordat abschloß, sollte dieses vor allem ein Friedensvertrag sein. Wirklich hat auch diese Verständigung den beiden kontrahierenden Gesellschaften immense Vorteile gebracht.

Der Kirche, dem religiösen Leben war durch diese Konvention eine gesetzliche Existenz, ein öffentlicher Rechtsschutz garantiert; der Staat hinwiederum war aus dem Sturm der Religionskriege, die das Herz der Nation zerfleischten, herausgerissen und konnte auf dem Fundamente des religiösen Friedens das Werk der sozialen Restau=ration energisch und erfolgreich in die Hand nehmen.

Freilich darf man nur von einem relativen Frieden reden. Das Jahrhundert des Konkordats weist manche Reibungen zwischen Kirche und Staat auf. Schon im Jahre 1809 führte Napoleon offenen Krieg gegen den Papst, nahm ihm den Kirchenstaat weg und schleppte ihn ins Gefängnis; der hl. Vater belegte ihn dafür mit dem Kirchen=bann! Also offener Krieg unter dem Konkordat!

Und doch, **wer trägt die Schuld** an diesem Widerspruch? Der berühmte Korse hat den Papst immer wieder mit unerhörter Gewalt zu überrumpeln versucht. Erst fügte er dem Konkordat ganz eigen=mächtig die sog. „organischen Artikel" an, die eine Reihe von kirchlichen Rechten schwer verletzten, und die der römische Stuhl nie anerkennen konnte; dann folgte eine napoleonische Gewaltforderung und Willkürmaßregel der anderen. Der Papst gab nach bis zum äußersten. Aber was half's? „Es kann der Frömmste nicht im Frieden bleiben, wenn es dem bösen Nachbar nicht gefällt", um mit Schiller zu reden.

* * *

Das vatikanische Weißbuch, das Neujahr 1906 erschien, enthält gerade über die **Frage der organischen Artikel**, über die noch heute von liberaler Seite viel Falsches dem Volke vorgetragen wird, sehr wichtige Angaben, die wir hier — zur allgemeinen Aufklärung — kurz skizzieren wollen.

Das zwischen Pius VII. und Napoleon abgeschlossene Konkor=
dat datiert, wie schon bemerkt, vom 15. Juli 1801. Dasselbe ward
jedoch erst am 18. April 1802 durch Bonaparte publiziert, und zwar
in Begleitung eines Ausführungsgesetzes (sog. Organische Artikel),
das die französische Regierung **aus eigener Machtvollkommenheit
und ohne Zustimmung des Papstes** erließ.

Inhalt und Geist dieser Artikel v e r n i c h t e n beinahe das Kon=
kordat und bringen Kirche, Gottesdienst und Geistlichkeit in v o l l =
s t ä n d i g e A b h ä n g i g k e i t des Staates. Die Regierung wußte
wohl, daß Pius VII. niemals einem derartigen Gesetze seine Zustim=
mung erteilen werde. Sie griff deshalb zu einem f ö r m l i c h e n B e =
t r u g, indem sie den gesetzgebenden Körperschaften Konkordat und
organische Artikel als ein Dokument vorlegte und b e i d e als „Ver=
trag mit dem Papste" veröffentlichte.

Bei dieser Sachlage war ein förmlicher P r o t e s t Roms nicht
einmal notwendig, aber er blieb nicht lange aus. Zuerst legte der
Papst durch die Allokution im Konsistorium vom 24. Mai 1802
Verwahrung ein. Am 18. August 1802 überreichte Kardinal=Legat
Caprara dem Minister des Aeußeren einen neuen Protest Pius VII.,
weil die Artikel o h n e V o r w i s s e n u n d T e i l n a h m e des hl. Stuh=
les verfaßt seien. Auch in der Folgezeit hat Rom niemals die Gül=
tigkeit der organischen Artikel anerkannt.

Auf Grund dieser Tatsachen weist das vatikanische Weißbuch
den Vorwurf zurück, der hl. Stuhl habe das Konkordat nicht be=
obachtet, weil er — die organischen Artikel nicht anerkannt habe.

Hier müßte der Spieß gerade umgedreht werden! — —

* * *

In den letzten 30 Jahren (seit 1879), seitdem der Antiklerika=
lismus die Zügel der Regierung in Frankreich an sich gerissen, hat
freilich der kirchliche Friede wieder schwer gelitten. Stück um Stück
riß die Freimaurersippe die katholischen Einrichtungen und Freihei=
ten ab; es war ein 30jähriges Martyrium, ein langsamer, aber un=
gemein zäh verfolgter Kulturkampf.

Wenn da die schöne Einheit zwischen Kirche und Staat litt und
immer siecher wurde, trägt dann das Konkordat die Schuld daran?
Nicht das Konkordat soll man anklagen, sondern **die Loge,** oder
besser noch die **lauen, schlafmützigen Katholiken,** die sich nicht bei=
zeiten aufrafften, um die Kulturkämpfer in ihre Freimaurertempel
zurückzuwerfen.

Das Konkordat von 1801 war wirklich ein Friedenswerk;
wenn es den heftigen Streit nicht aufhalten konnte, so fällt die Ver=
antwortung allein auf jene Antiklerikalen zurück, die eben den Kampf
wollten und ihn mit brutaler Draufgängerei suchten, um damit einen
Vorwand zur Einführung der „Trennung" zu besitzen.

Die „Trennung von Kirche und Staat" war also nicht eine
„notwendige Folge" oder „die einzig richtige Ablösung des Kon=

kordates", wie die Kirchenfeinde ohne Ausnahme behaupten, sie war vielmehr eine direkte, flagrante Verletzung des Friedens= geistes, der den Vertrag von 1801 geschaffen, eine blutige Ver= gewaltigung der Rechte, die durch ihn der Kirche — unter schweren Opfern — garantiert worden waren.

Wenn das Konkordat kein „Ideal" war, so ist es gewiß die „Trennung" noch hundertmal weniger!

Durch sie hat Frankreich eben Gott zunächst, dann auch der katholischen Kirche speziell die gelobte, besiegelte Treue gebrochen, und zwar von Staatswegen.

Wir haben also recht, wenn wir die „Trennung" an erster Stelle als eine offizielle, nationale Apostasie bezeichnen.

II. Gesetzlicher Raub.

Die „Trennung von Kirche und Staat" nach französisch=frei= maurerischer Art ist gemäß katholischer Auffassung **ein zum Himmel schreiender öffentlicher Diebstahl, ein gesetzlicher, sakrilegischer Raub!**

Diesen Raub bezeichnet man in Frankreich kaltblütig mit dem Wort „Abschaffung des Kultusbudgets", ein Ausdruck, der in mehr als einer Hinsicht durchaus unrichtig ist.

Dem französischen Staat gegenüber hatte die katholische Kirche ein strenges Guthaben.

Der Staat schuldet die Gehälter der Geistlichen, er schuldet die Kosten für den Unterhalt des Gottesdienstes, soweit die Kirchen= fabriken nicht dafür aufkommen können.

Der Beweis, den wir für diese Wahrheit ins Treffen führen können, ist mehrfach.

Wir behandeln in diesem Kapitel „Gesetzlicher Raub" zwei Fragen: „Welches Recht wurde durch den Raub verletzt?" und „Was ist der Gegenstand des Raubes?" Zunächst:

1. Welches Recht wird durch den Raub verletzt?

a) Das Naturrecht.

Kann die Kirche Eigentum erwerben und besitzen?

„Das versteht sich doch von selbst!" So würden auf diese Frage gewiß zum mindesten 80 Prozent aller deutschen Katholiken sofort antworten.

Und sie hätten Recht.

Aber daß sie damit Recht haben, glauben ihnen unsere Gegner nicht. Warum sie Recht haben, und wie das Eigentumsrecht der Kirche beschaffen ist, darüber haben auch manche Katholiken, selbst aus den gebildeten Ständen, nur unklare und verschwommene Begriffe.

Zur Erhärtung des Satzes, daß die Kirche ein vollkommenes Eigentumsrecht hat — eine Wahrheit, die hier absolut grundlegend ist — werden wir etwas weiter ausholen müssen.

Grundlegende Erwägungen. — Privateigentum.

Als allgemein bekannte und anerkannte Wahrheit dürfen wir voraussetzen, daß ein jeder Mensch ein natürliches und unbestreitbares Recht hat auf alle Mittel, die ihm zur Erreichung seines Lebenszweckes (Erhaltung des Lebens und der Gesundheit, Erziehung, geistige Ausbildung usw.) notwendig und nützlich sind. Unter diesen Mitteln ist eines der wichtigsten und unentbehrlichsten der selbständige, bewegliche, wie unbewegliche Besitz und freie Gebrauch materieller Güter. Einem jeden Menschen steht es daher frei, mit allen redlichen Mitteln Besitztum zu erwerben, zu seinem Nutzen zu verwalten, zu verbessern, zu vermehren, zu vertauschen usw.

So hat die gesamte Menschheit Jahrtausende lang gedacht, so hat sie gehandelt und sich dabei gut befunden.

In dem berühmten sozialdemokratischen Zukunftsstaate soll das allerdings anders werden, sobald einmal der Tag des großen „Kladderadatsch" hereingebrochen sein wird. Nach der Meinung eines waschechten Sozialdemokraten nämlich kommt nur der Gesamtheit, dem Staate ein wahres und volles Eigentumsrecht zu; der einzelne Mensch hat kein Recht auf eigenen Besitz, oder doch nur ein sehr beschränktes Recht auf Mobiliargüter, auf Genußgüter, nicht aber auf Produktionsgüter (Fabriken, Bergwerke usw.). „Eigentum ist Diebstahl", heißt das Losungswort eines der Führer dieser neuen Schule. Die Abschaffung des Privateigentums in diesem Sinne ist eine unausführbare, weit widernatürliche Maßregel.

Gesellschaftseigentum.

Außer den Sozialdemokraten zweifelt also kein verständiger Mensch daran, daß eine jede selbständige Person unbewegliche wie bewegliche Güter aller Art erwerben und als wirkliches und volles Eigentum besitzen kann. Ebenso stimmen alle vernünftigen Leute darin überein, daß die zu einer Gemeinde oder zu einem Staate vereinigten Einzelpersonen und Familien zum Zwecke und im Interesse des allgemeinen, öffentlichen Wohles gemeinschaftliche Güter besitzen können, welche der Gesamtheit aller Gemeindebewohner, bezw. der ganzen Nation gehören, wie z. B. Straßen, öffentliche Plätze, Schulen, Gemeindehäuser, Anstalten, Regierungs= und Verwaltungsgebäude usw.

Auch andere Vereinigungen von Einzelpersonen, die sich zu einem besonderen, gemeinschaftlichen Zwecke zu einem Verein, einer Gesellschaft zusammenschließen (wie z. B. landwirtschaftliche

Vereine, Versicherungsgenossenschaften, Eisenbahngesellschaften usw.), kann das Recht nicht abgesprochen werden, gemeinsames Ver= mögen zu besitzen. Bei erwiesenem öffentlichen Nutzen solcher Ver= einigungen erkennt der Staat selbst offiziell ihr Eigentumsrecht an, indem er ihnen das sog. „Recht einer juristischen Person" verleiht, d. h. die ganze Verbindung nur gleichsam als eine (moralische) Person auffaßt, und ihr ähnliche Rechte zugesteht und Schutz gewährt, wie einem jeden einzelnen Staatsbürger, einer jeden wirklichen (phy= sischen) Person.

Je offenkundiger, je kostbarer und je allgemeiner der Nutzen ist, den eine solche Vereinigung der ganzen Nation oder einem be= deutenden Teile derselben leistet, desto eher und lieber wird ihr die Landesregierung die Wohltat der „juristischen Person" zuerkennen. So versteht es sich schon von selbst, daß eine Eisenbahngesellschaft, ein Sparverein, eine landwirtschaftliche Kreditgenossenschaft usw. zehn= mal eher und hundertmal mehr Anspruch hat auf die Rechte und Vorteile einer Zivilperson, als etwa ein Rauch= oder Kegelklub.

Je wichtiger daher, je höher und je notwendiger der Zweck einer Vereinigung ist, desto mehr hat sie Recht im allgemeinen auf alle jene Mittel, deren sie zu ihrem Fortbestand, zu ihrer Tätigkeit und zu ihrer Entwickelung bedarf, und im besondern auf den Er= werb und Besitz von Hab und Gut, der ihrem Gesellschaftszweck entspricht. Vom Zweck einer Gesellschaft hängt überhaupt ihr gan= zes Dasein ab; nach ihrem Zwecke richtet sich hauptsächlich ihr Rang und ihre Würde; der Zweck bestimmt die anzuwendenden Mit= tel; nach dem Zweck bemißt sich ihre Notwendigkeit und Nütz= lichkeit; der Zweck endlich ist in erster Linie maßgebend für die Rechte, welche der Vereinigung zukommen.

Naturrecht.

Ist nun der Zweck einer Vereinigung von der Natur selbst geboten, und somit auch die Bildung dieser Vereinigung in der menschlichen Natur begründet, so sind auch selbstverständlich die Rechte dieser Gesellschaft von der Natur selbst gegeben (Natur= recht). Demzufolge sind denn auch diese Rechte unantastbar und unveräußerlich und hangen nicht von der Willkür und freien Bestimmung menschlicher Machthaber ab. Solcher naturnotwen= diger Verbindungen gibt es vor allem vier: Familie, Gemeinde, Staat und Kirche. Im Gegensatz zu diesen Verbindungen stehen die sog. freien Vereinigungen, die nach dem freien Ermessen der Menschen gegründet und wieder aufgelöst werden können, und deren Rechte durch die freie Entscheidung und gemäß den Macht= befugnissen ihrer Stifter, bezw. Vorsteher bestimmt und abgegrenzt werden.

Wie jedes andere, zum Bestand und zum Wirken der natur= notwendigen Verbindungen erforderliche Recht, so ist also auch ihr Eigentumsrecht, soweit es zur Erreichung des Gesellschaftszweckes nützlich und notwendig ist, bezüglich seines Wesens in der Natur selbst begründet, bezüglich seiner Ausdehnung von der Natur selbst umschrieben.

Dementsprechend ist es wohl Sache des Staates, das Eigentumsrecht der ihm betreffs des allgemeinen Wohles untergeordneten Einzelfamilien und Gemeinden anzuerkennen, zu bestätigen, zu beschützen, sowie ebenfalls dasselbe in seinen nützlichen Schranken zu halten und Uebergriffe zu verhindern; nie und nimmer aber kann es der Staatsgewalt erlaubt sein, Verfügungen und Maßregeln zu treffen, welche eine Verletzung des von der Natur selbst festgelegten und umgrenzten Eigentumsrechtes der Familien und Gemeinden bedeuten würden.

Ein kurzes Beispiel möge unsere Ausführungen erläutern. Auf einen redlich erworbenen Wald hat der Besitzer, bezw. die Familie ein natürliches, unbestreitbares Recht, das ihnen durch offiziellen Akt anerkannt und durch Eintragen ins Grundbuch staatlicherseits bestätigt wird. Gegen jeden Mißbrauch seines Eigentums darf sich der Besitzer entsprechend wehren und den Schutz der Gesetze beanspruchen. Stellt sich nun im Interesse des allgemeinen Wohles die Notwendigkeit heraus, etwa zum Bau einer Eisenbahn einen Teil des Waldes heranzuziehen, so darf der Staat diesen Teil, **aber auch nur diese** zu Eisenbahnzwecken erforderliche Parzelle, in Beschlag nehmen, muß jedoch andererseits dem Eigentümer den vollen Wert des entzogenen Teiles nebst etwa anderweitigen, durch den Bahnbau entstandenen Beschädigungen, resp. Entwertung seines Waldes ersetzen. So verlangt es das Naturrecht. —

* * *

Wenden wir diese Grundsätze auf die Kirche an!

Die Kirche — eine naturnotwendige Gesellschaft.

Vor allem gehört die Kirche (Religionsgesellschaft) zu den bereits erwähnten naturnotwendigen menschlichen Vereinigungen.

Religion, d. h. Gottesverehrung und Pflege der Seelenangelegenheiten, ist eben für die Menschheit ein **natürliches, unleugbares Bedürfnis, eine natürliche Pflicht.**

Dieser oder jener Mensch kann wohl zeitweise ohne Religion leben, die Menschheit aber nicht!

Das angeborene religiöse Empfinden, den natürlichen religiösen Drang kann ja der einzelne Mensch eben so gut, wie jede andere Forderung, vernachlässigen, gewaltsam unterdrücken und selbst vollständig zu ersticken suchen. Aber die Menschheit von der Religion entwöhnen, ist ein Ding reinster Unmöglichkeit; das wäre fast, wie wenn einer der Menschheit das Essen und Trinken abgewöhnen wollte. Die wildesten Naturvölker, die vertiertesten Heidenstämme, die fast jedes menschliche Gefühl abgestreift zu haben scheinen, verehren ihre Gottheiten, feiern Feste zu ihrem Preis, bringen ihnen

Opfer und hatten zäh an ihren religiösen Gebräuchen fest, die über=
dies sogar ihr ganzes privates wie öffentliches Leben größtenteils
begleiten und beherrschen.

So unentbehrlich nun der Staat ist für das allgemein irdische
Wohl der Nation, und die Familie für die persönlichen Interessen
und das private Wohl ihrer einzelnen Angehörigen, — so **uner=
läßlich notwendig** ist auch für die Befriedigung der religiösen
Bedürfnisse eine religiöse Gemeinschaft, eine **wirkliche, sicht=
bare Religionsgesellschaft.** Eine Religionsform „unter Ausschluß
der Oeffentlichkeit“, ohne gesellschaftliche Organisation, ohne sichtbare
Leitung und Verwaltung, ohne Gotteshaus, ohne gottesdienstliche
Versammlungen, ohne öffentliches Gebet und Opferhandlung — das
ist einfach ein Unding und ein Unsinn, eine totale Unmöglichkeit.

Wir Christen nennen eine solche Religionsgesellschaft, die zur
Befriedigung unserer religiösen Bedürfnisse unentbehrlich ist, eine
Kirche.

Die Kirche ist also eine **naturnotwendige** Vereinigung. Vom
Standpunkt des Naturrechts aus hat sie einen unbestreit=
baren Anspruch auf alle jene Mittel, die ihr zur Existenz und zur
Erreichung ihres Zweckes nützlich und notwendig sind.

Zu diesen Mitteln gehört unter anderm auch unbedingt der
Besitz materieller Güter. Ohne Gebäude, ohne Kultusmöbel, ohne
Wohnung für die Kultusdiener, ohne Einkünfte für deren Unterhalt
sowie zur Bestreitung der Kultuskosten usw. kann die Kirche un=
möglich existieren und noch viel weniger in angemessener und
würdiger Weise ihren Zweck erfüllen.

Ebenso unzweifelhaft also, wie dem Staate im Interesse des
allgemeinen, zeitlichen Wohles seiner Angehörigen, ein wahres,
natürliches und unbestreitbares Recht auf die zu diesem Zwecke
notwendigen Güter zusteht — ebensowenig kann und darf auch der
Kirche im Interesse des Kultus und der religiösen Bedürfnisse ihrer
Mitglieder ein wirkliches, natürliches und unbestreitbares
Recht abgeleugnet werden, materielle Güter zu erwerben,
zu besitzen, zu verwalten, kurz, vollgültiger und vollberechtigter
Eigentümer zu sein.

Geschichtlicher Beweis.

Diesem naturrechtlichen Standpunkt unserer Frage entspricht
auch der geschichtliche Tatbestand.

Von Anfang ihres Bestehens an, schon von den apostolischen
Zeiten her, hat die Kirche Eigentum erworben und besessen. Die
ersten Christen, so lesen wir wiederholt in der Apostelgeschichte, ver=
kauften vielfach ihre Güter und legten deren Erlös zu Füßen der
Apostel nieder. (Act. Apost. Kap. 3, 5 u. ff.)

Sogar liegende Güter besaß die Kirche selbst schon in den
düstern Tagen der Christenverfolgungen. „Die Christen“, so
schreibt der um 265 geborene berühmte Historiker Eusebius von

Cäsarea, „besitzen bekanntlich nicht nur Versammlungsorte, sondern ebenfalls andere Güter zum Nutzen der ganzen Körperschaft, d. h. der Kirche, nicht der einzelnen Menschen." (Hist. eccl. 10.5).

Wie herrlich sich der Opfersinn der Gläubigen seit der nach Kaiser Konstantin's Bekehrung (um 337) erlangten Freiheit der Kirche bis auf den heutigen Tag betätigt, und welchen Gebrauch die Kirche von diesen Opferspenden gemacht, davon legen noch heute, nebst andern Faktoren, namentlich ihre großartigen Dome aus dem Mittelalter, ihre zahllosen Gotteshäuser, Wohltätigkeits= und Unter= richtsanstalten, Klöster usw. beredtes Zeugnis ab.

Nach allen weltlichen Gesetzgebungen ist jedes Eigentum unan= tastbar, das auf dem Wege des sog. historischen oder erworbenen Rechts (droit acquis) oder der Verjährung (prescription) zustande gekommen ist. Ein verhältnismäßig kurzer Zeitraum (von 30 oder noch weniger Jahren) reicht hin, um ein vollgültiges Eigentumsrecht aufzustellen.

Wie solid und machtvoll steht demgemäß das Eigentums= recht der Kirche da, die eine stattliche Anzahl liegender Güter (Wohltätigkeitsanstalten, Kirchen usw.) nachweisbar besessen hat, noch ehe irgend einer der heutigen europäischen Staaten bestand, seit 1000, seit 1500, seit 1800 Jahren!!

Und über diese tausendjährigen Rechte, von denen jeder sich überzeugen kann, der nur irgend ein Handbuch der Welt= geschichte öffnet, will der heute ungläubige Staat schnöde hin= wegschreiten?

Fühlen die heutigen Kulturkämpfer denn nicht, daß sie mit ihrem Angriff auf das Eigentum der Kirche in die heiligsten Ueber= lieferungen aller zivilisierten Völker Bresche legen, daß sie hier eine Tat vollbringen wollen, die in ihrer umstürzlerischen Tendenz die Grundfesten der menschlichen Gesellschaft erschüttert?

*   *   *

Sollte es nach all' den bisherigen Erklärungen und Beweisen noch nötig sein, auf das übereinstimmende Urteil der Rechtsge= lehrten, Hochschulen, Staatsmänner und Fürsten der 15 ersten Jahrhunderte des Christentums hinzuweisen, sowie auf die ent= sprechenden staatlichen Gesetzgebungen und die Rechtspraxis der weltlichen Herrscher und Gerichte?

Nie suchte die Kirche die grundsätzliche Erteilung einer Besitz= fähigkeit bei einem weltlichen Fürsten nach; nie glaubte ein weltlicher Fürst, ihr dieselbe erst erteilen zu müssen.

Gewiß hüten wir uns zu behaupten, daß das Eigentumsrecht der Kirche während all' dieser Jahrhunderte in Wort und Tat stets unangetastet geblieben sei. Schon sehr früh hatte sich die Kirche über Eingriffe seitens der weltlichen Macht zu beklagen, und es fehlte auch nicht an einzelnen Fürstengünstlingen und Staatsdienern, welche die Handlungsweise ihrer Gönner zu rechtfertigen suchten.

Allein der Gewaltakt e i n e s Fürsten macht nicht das R e ch t. Stets verurteilte die öffentliche Meinung diese Uebergriffe als ein U n r e ch t gegen die Kirche, als einen gewalttätigen Diebstahl, und zahlreiche, im Laufe der Geschichte von Fürsten getätigte Wieder=erstattungen entwendeter Kirchengüter bestätigen offen und klar die allgemeine Rechtsauffassung bezüglich der Erwerbsfähigkeit und des Besitzrechtes der Kirche.

*　　*　　*

Wir verzichten hier darauf, nachzuweisen, daß der Papst kraft seiner Lehr=Autorität die Behauptung, die Kirche habe kein voll=kommenes und selbständiges Eigentumsrecht, wiederholt a u s d r ü ck=l i ch v e r d a m m t hat. Uebrigens findet der Leser einige dieser Stellen weiter unten in den herrlichen „Trennungs“=Rundschreiben Pius' X.!

Erwähnen wir nur noch einen Satz aus einem Dokumente, das als der Schlüssel des ganzen modernen Rechtes angesehen wird.

Die sogenannten „M e n s ch e n r e ch t e“, die von der „großen“ Revolution von 1789 aufgestellt wurden, und die heute noch allen Liberalen und Sozialdemokraten als heilig gelten, haben das Eigen=tumsrecht neu bestätigt. Das erste Statut der Menschenrechte besagt nämlich: „Da das Eigentum ein unverletzliches und heiliges Recht ist, so kann niemals jemand dessen beraubt werden, außer wenn es die öffentliche, augenscheinlich erwiesene Not erheischt, und auch dann nur unter der Bedingung einer vorausgegangenen rechtmäßigen Schadloshaltung.“

Sollte nun — so fragen wir — dies allgemein anerkannte Naturrecht ganz allein bei der Kirche keine Anwendung mehr finden?

Soll es bei der Kirche allein erlaubt sein, zu enteignen ohne Schadloshaltung, mit anderen Worten, zu rauben?

Soll ein Staat, oder vielmehr eine Mehrheit von Depu=tierten befugt sein, das göttliche Recht auf Eigentum mit Füßen zu treten, sobald es sich um die Kirche handelt?

Niemals! Hebt man hier das Eigentumsrecht auf, dann hat die Anarchie, die Räuberei überall Bürgerrecht, dann ist alle Ordnung unter den Menschen untergraben.

Das französische Kultusbudget, das bei der „Trennung“ abge=schafft wurde, war weiter nichts als eine Rente, die anstelle des großen Vermögens trat, das die Kirche früher besonders an liegenden Gütern besaß. Dieses Gut erfüllte bis zur Revolution einen d r e i f a ch e n Zweck; es diente zum Unterhalt des G o t t e s=d i e n s t e s und der Gotteshäuser, zur Pflege der A r m e n (überhaupt aller wohltätigen Anstalten) und endlich zur Bestreitung der L e b e n s=bedürfnisse der Geistlichkeit.

Im Jahre 1789 wurden der Kirche diese Güter entrissen, wo=mit sie ihre Diener und ihre Werke unterhielt. Das allgemeine Sittengesetz, das Naturrecht verlangte, daß nun der Staat, der die

Kirchengüter einsäckelte, dafür einen **Ersatz** lieferte, eine Entschädigung zahlte.

Wir werden später beweisen, daß auch die französische **Revolution** und das **Napoleonische Konkordat** das Kultusbudget als eine solche **Ersatzrente** angesehen haben.

An dieser Rente macht nun die französische Kirche ein Eigentumsrecht geltend. Kraft des Naturgesetzes, das Gott in jede Brust gelegt hat, und das niemand, auch kein Staat und kein Gesetz abberufen kann, macht die Kirche ihren Anspruch auf das Kultusbudget geltend. —

Wenn wir also später als Beweis für die Berechtigung des französischen Kultusbudgets auch auf die ausdrücklichen Bestimmungen der **Revolution** und des **Konkordates** hinweisen, so bleibt doch bestehen, daß **das Hauptargument, worauf sich die Kirche mit ihren Ansprüchen stützt, immer das Naturrecht bleiben wird.**

Die **positiven** Gesetze der Revolution und des Konkordates, worauf wir uns berufen, sind nur ein **Ausfluß** aus dem Naturrecht gewesen. Auch **ohne** diese Gesetze behalten die naturrechtlichen Forderungen, die **unabhängig** von ersteren bestehen, ihre **volle Kraft.** Also selbst **wenn die Gesetze der Revolution und des Konkordates heute nicht mehr ins Feld geführt werden könnten, weil sie später abberufen sein sollten, wäre die Abschaffung des Kultusbudgets nach wie vor eine Ungerechtigkeit, eine gottesräuberische Verletzung des kirchlichen Eigentumsrechtes.**

Der tiefere Grund des Raubes.

Der tiefere Grund der unerhörten Rechtsverletzung liegt in der liberalen, **heidnischen Auffassung von der Macht des „neutralen" Staates.** Der Staat ist nach diesen Leuten absolutistisch, allmächtig: göttliche Sittengesetze, die 10 Gebote kennt er nicht; er ist sein eigener Gott; was er dekretiert, ist als solches einfachhin Recht, ob es sich mit dem Naturrecht, das jeder Mensch in seiner Seele geschrieben trägt, deckt oder nicht.

Dieser Gedanke von der **Allmacht** des Staates, der seine Hoheits- und Aufsichtsrechte über alle Bewegungen erstreckt, die sich in der menschlichen Gesellschaft kundtun (also auch über die öffentlich-rechtliche Stellung der Kirche), ist schon oft von antikatholischer Seite in den Parlamenten ausgesprochen worden, natürlich auch bei den französischen Trennungsdebatten. Das jüngste Mal, wo diese unchristliche Staatsidee von öffentlicher Parlamentstribüne aus vorgetragen wurde, war die Sitzung vom 28. Januar 1909 in der luxemburger Deputiertenkammer, wo im Laufe einer sechswöchentlichen Debatte über „Trennung von Kirche und Staat" die Sozialdemokraten in geradezu cynischer Weise den ungeheuerlichen Grundsatz von der absoluten Macht des Staates vertraten. Wegen des allgemeinen Interesses, das diese Frage beansprucht, zitieren wir nachfolgend die betreffende Stelle aus dem Sitzungsbericht:

Hr. Prüm (kathol.): Der Staat könnte das Kultusbudget nicht abschaffen, ohne die Kirche, den Klerus und die Katholiken in anderer Weise dafür zu entschädigen, und wenn es dennoch geschähe, so wäre dies ein empörender Wortbruch und Verstoß gegen die Vertragstreue und somit eine Art von betrügerischem Bankerott.

Hr. Welter (sozialb.): **Der Staat bleibt immer souverän.**

Hr. Prüm: Es wäre eine gehässige Beraubung der Kirche und ein förmlicher Diebstahl zum Schaden aller Katholiken des Landes. (Sehr gut! auf verschiedenen Bänken.)

Herr Welter: **Der Staat kann seine Gesetze nach Belieben ändern.**

Hr. Prüm: Aber er darf dies nicht tun **unter Verletzung der unveränderlichen Prinzipien von Recht und Gerechtigkeit, welche die Grundlage der Staats- und Gesellschaftsordnung bilden,** und zu diesen Grundlagen gehört in erster Linie das **Eigentumsrecht.**

Hr. Metzler (sozialb.): Auch diese evoluieren. (D. h. sie stehen nicht fest, sondern sind einer Entwicklung unterworfen. Der Verf.)

Nach „moderner" Lehre ist also der Staat an das Eigentumsrecht, an ein höheres Gesetz, nicht mehr gebunden! Das alles sind schwankende, veraltete Begriffe. Ja, nun ist die ganze Begründung des Diebstahls verständlich!

Neben dieser tiefsten Begründung des Staatsraubes sind alle anderen beigebrachten Motivierungen nur wahre Schein-Manöver.

* * *

Nicht mehr Recht und Gerechtigkeit sollen also grundlegend sein, sondern einfach die **brutale Staatsgewalt.** Sie darf sich über **alles** hinwegsetzen.

Denselben Gedanken hat in obigem Zusammenhang die liberale „Lux. Ztg." ausgesprochen (29. Januar 1909), indem sie schrieb:

„Wieder stritt man sich in der Kammer über die Frage, wem die Geschichte in dem aufgeworfenen Streit um das Kultusbudget **Recht** gibt. Als ob es sich in dieser Sache überhaupt **um eine Frage des Rechts handelte!** An dem Tag, wo das Volk für die Trennung reif ist, wird sie sich vollziehen."

Man denkt mit Schrecken an die Folgen, welche sich für die öffentliche Ordnung, den Bestand der Gesellschaft, für das Eigentum der Bürger usw. ergeben, wenn diese Revolutions- und Umsturzideen, die auf Recht, Gerechtigkeit und Eigentum keine Rücksicht nehmen, vom gewöhnlichen Volk aufgenommen und in die Praxis umgesetzt werden. Wirklich, jene, die das Volk **führen** sollen, die über das Wohl des Staates zu wachen vorgeben, sind **blind** geworden und rütteln am festesten an jenem Gebäude, das sie angeblich stützen möchten.

Sagen sich die Herren Liberalen denn nicht, daß man vielleicht auch eines Tages in einem anarchistischen Blatt den Satz lesen kann: „Man stritt sich in der Kammer über die Frage, ob der

Staat, das Volk, die Arbeitermassen das Recht haben, die reichen Kapitalisten zu »expropriieren«, d. h. ihr Vermögen gewaltsam zu rauben! Als ob es sich in dieser Sache um eine Frage des Rechts handelte! An dem Tage, wo das Volk für die Abschaffung der dicken Geldsäcke reif ist, wird sie sich vollziehen.“

Wenn der Staat, das „Volk“ die Quelle alles Rechtes ist, wenn es keinen Gott, kein Gewissen, **keine unwandelbaren Grundsätze von Recht und Gerechtigkeit** gibt, die über allen Menschen stehen, dann freilich müssen wir die Segel streichen! Dann hört alle Diskussion auf! Dann fallen aber auch die Säulen, die unser heutiges gesellschaftliches Gebäude tragen; **alles Eigentum, alle Autorität, alle Ordnung, alle Pflichten gehen unter in dem einen großen Chaos des Umsturzes.** Nichts steht mehr aufrecht! In dem allgemeinen sozialen Erdbeben schwanken alle Begriffe, nach denen bis heute die Menschheit ihr Tun und Lassen einrichtete!

Man merke wohl, was das heißt, der „Staat“, das „Volk“! Das sind die jeweiligen Machthaber, die Abgeordneten, vielleicht die Demagogen, die eben in der Gunst des Publikums stehen! Sie sind also — nach dem Evangelium des Liberalismus — an kein Naturrecht gebunden; sie formen sich ihr Recht mit souveräner Gewalt, und ihrem Machtspruch hat sich alles zu unterwerfen. Sie sind der moderne Gott! Sehen die Herren Liberalen nicht ein, in welchen Abgrund sie mit diesen Lehren hineinrennen?

Wenn der Staat, das „Volk“ das Recht schaffen, dann sind die Millionen von Hinrichtungen, die die Bande von Schreckensmännern in der französischen Revolution vollziehen ließen, durchaus sittlich! Einen Rekurs von dieser Gewalt an eine höhere moralische Rechtsschutzstelle gibt es dann nicht! Dann dürften die Herren auch sofort die Sklaverei wieder einführen, die die fein gebildeten Griechen kraft desselben Prinzips als völlig moralisch und berechtigt ansahen!

Selbstredend können wir uns mit solchen Rechtsgrundsätzen nie versöhnen. Für uns handelt es sich beim Kultusbudget ganz allein „um eine Sache des Rechts“. **Diesen Standpunkt werden und können wir nicht aufgeben. Das Naturrecht, das Eigentumsrecht ist es, worauf wir vor allem bei der Verteidigung des Kultusbudgets uns stützen; diese Grundlage der katholischen Ansprüche kann weder durch eine „Tagesordnung“, noch durch einen bestimmten Gesetzestext in der Deputiertenkammer jemals zerstört werden.** —

Doch kommen wir auf die Zeit und die Umstände, in denen das heutige Kultusbudget tatsächlich ins Leben gerufen wurde!

Das staatliche Kultusbudget, das die französische Republik in der „Trennung“ aufgehoben hat, ist durch die große Revolution von 1789, die doch sonst von allen Kulturkämpfern und Jakobinern verhimmelt wird, eingeführt worden.

Vor 1789, also vor der blutigen Revolution, besaß die französische Kirche genug Eigentum an liegenden Gütern, so daß sie die

Hilfe des Staates nicht beanspruchte. Im Gegenteil trug **die Kirche durch ihr Eigentum ungeheuer viel zu den staatlichen Lasten bei,** da beinahe das ganze Wohltätigkeitswesen, die Armen=, Greisen= und Waisenpflege und zum großen Teile auch die Schul=Unkosten von dem Ertrag des Kirchengutes bestritten wurden.

Dieses Eigentum der Kirche wurde in der Revolution einge= zogen. Doch erkannte wiederholt der Staat feierlich, daß er wenig= stens in irgend einer Weise einen Ersatz schaffen müsse.

Nachdem wir das natürliche Recht der Kirche behandelt haben, auf das diese sich beruft, kommen wir nunmehr zu dem zweiten Recht, das durch den Raub verletzt ist. Es ist

b) Das positive Recht.

Die Gesetzgebung der Revolution.

Am 2. November des Revolutionsjahres 1789 war es, wo die „Constituante" (konstituierende Nationalversammlung) die Kirchen= güter „zur Disposition der Nation" stellte.

Die revolutionären Redner (z. B. Talleyrand, de Montlosier, Barnave) versicherten aber ausdrücklich, daß die Nation das Kirchen= gut nur einziehen dürfe, wenn die vorherigen Besitzer (also Kirche und Geistlichkeit) ehrlich entschädigt würden.

Anfangs hatten Mirabeau und sein Anhang, die die Konfis= kation der Kirchengüter am eifrigsten betrieben, folgenden Wortlaut für das Konfiskationsgesetz vorgeschlagen (12. Oktober 1789): „**Das Eigentum** an den Gütern des Klerus **gehört der Nation,** mit der Verpflichtung für die Nation (à la charge par elle), für die Existenz der Mitglieder des Klerus zu sorgen."

Dieses Wort „Eigentum" fand nicht den Beifall der Versamm= lung; der erste Vorschlag wurde nicht angenommen.

Darauf schlug Mirabeau den Ausdruck vor: „Die kirchlichen Güter werden **zur Disposition der Nation** gestellt", welche Fassung dann genehmigt wurde.

Der Deputierte Graf de Montlosier schälte den Unterschied zwischen den beiden Ausdrücken scharf heraus in seiner Rede vom 19. Oktober 1789, wo er folgendes ausführte:

„Kann die Nation über die Güter des Klerus verfügen? Ja. **Ist die Nation Eigentümerin dieser Güter? Nein.** Kann der Klerus enteignet werden? Ja. Dürfen **die einzelnen Titulare des Klerus** enteignet werden? **Nein, oder doch nur unter der Bedin= gung, daß sie durch die Nation entschädigt werden."**

Mirabeau selbst, der Autor des Konfiskationsgesetzes von 1789, sagt in klaren Worten: „Es ist unmöglich, daß die Kirchen= güter auf die Stifter zurückfallen, denn diese Güter haben eine Be= stimmung, die immer erfüllt werden muß; **sie sind nicht dem Klerus** geschenkt, sondern der Kirche, dem Gottesdienst, dem Unterhalt der Tempel, dem leidenden Teil der Gesellschaft" (zitiert vom

Senator Gourju in der Sitzung vom 10. November 1905). Mira=
beaus Kollege Barnave fügte hinzu: „Es ist sicher, daß diese
Stiftungen zum einzigen Gegenstand die Unterstützung der Armen,
den Kultus und den Unterhalt der Priester haben; aber es ist nicht
minder sicher, daß die Nation, **wenn sie diese Lasten übernimmt,**
das Eigentum der Güter zurückerhält, die für diese Zwecke bestimmt
waren" (zitiert von Gourju ebendas.). — Wenn also die Revolu=
tionäre zwar der Nation das Recht zusprachen, das Kirchengut zu
konfiszieren, so erkannten sie doch an, **daß die Verpflichtungen,**
die auf den Gütern ruhten, **unbedingt auf diese Nation übergehen
mußten.**

Der gelehrte Jurist de Lamarzette, Professor an der freien
Universität von Paris, erklärt die Ansicht der „Constituante"
in diesem Sinne (Kommentar zum Trennungsgesetz, Paris, Plon,
S. 98): „Weder der Klerus noch der Staat sind die Eigentümer
der Kirchengüter. Dieses Eigentum gehört jenen Einrichtungen, die
für den Unterhalt des Kultus und der Wohltätigkeitsanstalten sorg=
ten. Der Klerus war vor der Revolution eigentlich gewissermaßen
nur der Verwalter dieser Güter. Der Staat hat das Recht, ihm
diese Verwaltung abzunehmen; aber auch er seinerseits wird nicht
Eigentümer, und wenn er die Güter einzieht, **so übernimmt er eben
vor allem auch zugleich die Verpflichtung, diese Güter zu dem
Zwecke zu verwenden, zu dem sie von den Schenkgebern be=
stimmt worden waren, nämlich zum Unterhalte des Klerus und
des Kultus.**"

In der „Histoire de la Révolution française" gibt Mignet eine
ähnliche Auslegung des Beschlusses der „Constituante", indem er
schreibt: „Der Klerus war nicht Eigentümer, sondern nur Verwalter
dieser Güter, welche dem Kultus gegeben waren. **Da die Nation
die Kultuskosten übernahm,** durfte sie sich die Güter aneignen."

Das ist schließlich auch die Auslegung, **welche die Constituante
selbst gibt.** In einem Dekret vom 20. April 1790 bestimmt sie in
Art. 5: „Wir wollen eine genügende Summe für die Kultusdiener,
die Armen und die Pensionen der Geistlichen, damit die im 1. Artikel
aufgezählten Kirchengüter **von ihren Lasten befreit** seien und ander=
weitig verwandt werden können" (zitiert bei de Lamarzelle, S. 98 u. 99).

Das ist gewiß **nicht die Lehre der katholischen Kirche** —
aber es war die Lehre der **Revolution,** die von der Raubtheorie, die die
heutigen Jakobiner in Frankreich anwenden, **himmelweit absticht.**

Wenn die Männer von 1789 das Kirchengut einzogen, so taten
sie dies nur, indem sie ihre Verwaltung an die Stelle der kirchlichen
Verwaltung setzen wollten. Sie dachten in der Mehrheit nicht einen
Augenblick daran, diese Güter ihrem Zweck — Versorgung der
Geistlichen und Charitas — zu entziehen. Im Gegenteil, gerade
diesen Zweck, diese Verpflichtung, die auf den Gütern ruhte,
betrachteten sie **als den eigentlichen Eigentümer, der nie ent=
eignet werden könne.**

1. Mirabeau stellte denn auch am 2. November einen zweiten Antrag: „Alle Güter des Klerus sind zur Verfügung der Nation gestellt, **unter der Verpflichtung** (à la charge), daß die Nation auf eine anständige Weise für die Kosten des Kultus, den Unterhalt der Kultusdiener (Geistlichen) und die Unterstützung der Armen aufkomme."

Dieser Antrag wurde dann mit 568 gegen 346 Stimmen angenommen.

(Bezeichnend ist, daß das Kirchengut zur Verfügung der „Nation" gestellt wurde, nicht des „Staates". Die „Nation", d. h. das Land, das Volk als immerwährendes nationales Ganze, übernimmt die Verpflichtung des Kultusbudgets, unabhängig von der wechselnden Form des „Staates".)

2. Die konstituierende Nationalversammlung hat auch später wieder festgelegt, daß sie nicht eine einfache und bedeutungslose Enteignung des Kirchengutes wolle, sondern eine gegen angemessene Entschädigung zu erfolgende Konfiskation. Um klar und deutlich anzuzeigen, daß der Staat eine Verpflichtung übernahm, welche von da ab alljährlich das Staatsbudget belasten würde, dekretierte die Versammlung **am 13. April 1790** wie folgt: „In dem Etat der jährlichen öffentlichen Ausgaben soll **jedesmal** ein genügender Betrag eingetragen werden, um die Deckung der Ausgaben für den katholischen Kultus und den Unterhalt der Diener der Altäre und die Pensionen der Geistlichen zu sichern. Der für das Jahr 1791 benötigte Betrag soll baldmöglichst festgesetzt werden."

3. Auch die neue **Verfassung vom 3. September 1791** anerkannte und bestätigte ebenfalls die Schuld, welche der französische Staat der Kirche gegenüber übernommen hatte. Art. 2 von Titel 5 lautet wie folgt: „Die zur Abtragung der nationalen Schuld benötigten Gelder dürfen unter keiner Bedingung verweigert werden, noch darf deren Zahlung einen Aufschub erleiden. Die Gehälter der Diener des katholischen Kultus bilden einen **integrierenden Anteil der nationalen Schuld**."

4. Am 27. Juni 1793 hat der **Konvent** (eine spätere Abgeordnetenkammer der Revolution) beschlossen, „daß die Gehälter der Geistlichen **einen Teil der öffentlichen Schuld bilden**" (que le traitement des écclésiastiques fait partie de la dette publique).

Läßt sich an diesen beiden Ausdrücken „unter der Verpflichtung", „öffentliche Schuld" irgend etwas herumdeuteln? Alle Verdrehungen, aller Scharfsinn wird diesen Worten keinen andern Sinn einflößen können, als jenen, den alle Rechtdenkenden immer darin sahen! Der Staat verpflichtete sich aufs feierlichste bei der Konfiskation der Kirchengüter in der Revolution, **als Entgelt für das eingezogene Vermögen** den Kultus zu unterhalten und den Dienern der Kirche, die dem Altar dienen, ein Gehalt zu zahlen.

Einwände.

Um jede Unklarheit zu vermeiden, müssen wir schon hier einige Einwände behandeln, die auf die Revolutionsgesetzgebung Bezug haben.

1. An erster Stelle erwidert man uns: Durch das Dekret der „Conſtituante" vom 2. November 1789 konnte dem Klerus kein regelrechter Rechtstitel auf das Kultusbudget zugesprochen werden, weil dieſer Klerus als Stand nicht mehr exiſtierte. Die Revolution hat nämlich am 4. Auguſt 1789 den Unterſchied der Stände abge= ſchafft. Auch die privilegierte Korporation der Geiſtlichen hörte auf, konnte alſo auch kein Eigentum mehr beſitzen. Die Geiſtlichen waren durch die Revolution nur mehr Beamte, die für ihre geleiſteten Dienſte bezahlt wurden, ohne daß eine „nationale Schuld" beſtan= den hätte. — So räſonnierte z. B. — dem Sinne nach — nach franzöſiſchen Muſtern der Sozialiſt Dr. Wetter am 4. Februar 1909 in der lux. Deputiertenkammer. — —

Unſchwer läßt ſich dieſe Schwierigkeit aus dem Wege ſchaffen. Wenn auch in der Nacht vom 4. Auguſt 1789 die **Feudalpri= vilegien** des Adels und Klerus beseitigt wurden, ſo war doch der Klerus als feſte Organiſation, als öffentlich=rechtliche Körperſchaft nicht abgeſchafft. Denn die Anträge Mirabeaus über die Natio= naliſierung des Kirchengutes, die **nach** dem 4. Auguſt eingebracht wurden, ſprechen immer noch vom „Klerus" als Ganzes, ſogar vom Stand oder „Orden" (ordre) des Klerus; ſo lautet z. B. der Mira= beau'ſche Antrag vom 12. Oktober 1789 wörtlich: „Décréter 1°, que la propriété des biens du clergé appartient à la nation, à la charge par elle de pourvoir à l'existence des membres de cet ordre." Auch nach Abſchaffung der Feudalrechte (4. Auguſt) blieben doch die verſchiedenen kirchlichen Inſtitute und Organiſationen, Biſtümer, Klöſter, Pfarreien beſtehen. Am 2. November war alſo gewiß — abgeſehen vom allgemeinen Eigentumsrecht, das die Kirche als ſolche über alles Kirchengut anrufen kann — ein Titular da, auf den der Eigentumstitel auf die Entſchädigung für das konfiszierte Kirchengut überging.

Die ſtaatliche Reorganiſation des Klerikal=Standes ward erſt durch die ſog. „Zivilkonſtitution des Klerus" vorgenommen (die von der Kirche wegen ihrer ſchrecklichen Uebergriffe nie angenommen wurde).

Der erſte Artikel dieſes Geſetzes ſprach den Grundſatz von der „Beſoldung" der Geiſtlichen durch den Staat aus. („Die Religionsdie= ner, die die erſten und wichtigſten Funktionen der Geſellſchaft erfüllen" (!) „. . . . werden durch die Nation beſoldet." Man merke hier, daß wieder die „Nation", nicht aber der „Staat" die Gehälter des Klerus ſchuldet, was man von den übrigen Beamten nicht ſagen kann). Es iſt auch wahr, daß die Zivilkonſtitution den Geiſtlichen mehr oder weniger zum ſtaatlichen Beamten machen wollte (obwohl auch hier manche Reſerve zu machen wäre).

Die Zivilkonstitution kam aber erst am 12. Juli 1790 zustande, **also beinahe ein Jahr später, als die Konfiskation des Kirchen= gutes und die Einsetzung des Kultusbudgets.** Diese Neuordnung konnte also die Nationalversammlung am 2. November 1789, als sie das Kultusbudget schuf, unmöglich vor Augen haben, und darauf kommt es in unserer Beweisführung allein an.

Es bleibt also bestehen, daß die Gehälter der Geistlichen einge= führt wurden zu einer Zeit, wo die kirchliche Organisation des Klerus noch unangetastet war. Mithin hat man kein Recht, den klaren Sinn des Gesetzes vom 2. November 1789, das von einer „Verpflichtung" spricht, zu mißdeuten.

Uebrigens ist es durchaus unrichtig, daß die „Zivilkonstitution", die von einer „Besoldung" der Geistlichen spricht, damit den Charak= ter der „Nationalschuld" dem Kultusbudget absprechen wollte. Das Gesetz spricht einfach nicht vom rechtlichen Ursprung der Priester= gehälter. So redete man auch bis zum Jahre 1905 noch von der „Besoldung" der französischen Pfarrer, ohne überhaupt damit die Frage anschneiden zu wollen, ob diese „Besoldung" eine nationale Schuld oder ein vulgäres Beamtengehalt sei.

*　　*　　*

Ein anderer Einwand, den man sehr häufig hört, lautet folgen= dermaßen: Durch Dekret vom 18. September 1794 hat der Konvent bestimmt, daß „die Republik weder für die Kosten, noch für die Gehälter irgend eines Kultus aufkomme". Die Revolutionäre haben also jedenfalls das Kultusbudget im Jahre 1794 wieder abgeschüttelt. Auf die Revolution darf man sich also in dieser Sache nicht berufen.

Dieser Gegenbeweis ist sehr schwach. Die Aufhebung des Kul= tusbudgets durch den Konvent war eben eine ungerechte Verfol= gungsmaßregel, die den Rechtstitel von 1789 gar nicht ungültig macht. Im Konvent, der am 21. Sept. 1792 ins Leben trat, hat= ten die berüchtigten Jakobiner die Oberhand. Sie ließen den König hinrichten, eröffneten Anfang 1793 nach der Niederwerfung der sog. Girondisten (Gemäßigten) die fürchterliche „Schreckensherrschaft"; sie ließen 18 000 „Guillotinen" arbeiten, führten den verrückten „Kultus der Vernunft" ein, schafften den Sonntag ab, usw. usw. Braucht man sich da zu wundern, daß die Priesterhetze, die Verfolgung der Kirche immer schärfer betrieben wurde? Hinrichtung, Verbannung, Beraubung, das war das Los der treugebliebenen Geistlichen. Daß dieser Konvent auch endlich das Kultusbudget abschaffte (50 Tage nach dem Sturze Robespierres), war nur zu natürlich, wenn man diese Leute kennt. Darf man aber aus dieser Verfügung des Kon= vents schließen, die Revolution habe das Kultusbudget nicht als Nationalschuld betrachtet? Auf ein Gesetz, das im Paroxysmus des Hasses und der Verfolgung geschmiedet wurde, sollte man sich doch nicht berufen. Alle Liberalen und Sozialisten preisen noch heute z. B. die „Menschenrechte", die die Revolution in ihrem Anfang proklamierte. Und doch hat unter dem Konvent dieselbe Revolution diese Rechte aufs grausamste mißhandelt. Darf man darum behaupten, die Revolution sei überhaupt nicht die Urheberin dieser Proklamation? Auch die Kommune von Paris hat vom 2. April bis zum 29. Mai 1871 das Kultusbudget aufgehoben und die Kirche vom Staat getrennt; darf man aber daraus schließen, daß nach 1871 das Konkordat nicht mehr bestand, resp. daß dasselbe wieder ausdrücklich hätte erneuert werden müssen?

Worauf es bei unserer Beweiskette ankommt, ist die Tatsache, daß **jene Männer, die tatsächlich zuerst das alte Kirchenvermögen beschlagnahmten, eben bei dieser Konfiskation — also am 2. Nov. 1789 — die ausgesprochene Absicht hatten, als Entgelt eine feststehende Nationalschuld gegenüber der Kirche zu übernehmen.** Diese Absicht bestand aber zweifellos im Jahre 1789; sie wurde zu wiederholten Malen mündlich und schriftlich ausgesprochen; wenn später andere Gesetzgeber kamen und aus politischer Leidenschaft diese Schuld einfach nicht mehr entrichteten, so verschlägt dies für den Rechtstitel der Kirche gar nichts.

Das Konkordat.

Dazu kam dann später das **Konkordat** zwischen Pius VII. und Napoleon, das die staatliche Verpflichtung und das Guthaben der Kirche aufs Bestimmteste anerkannte (Art. 13 und 14).

Halten wir hier fest, daß also das französische Konkordat das Kultusbudget nicht erst schuf, sondern nur neu bestätigte und mit wiederholten Garantien umgab.

Selbst wenn also das Konkordat zwischen Papst und Konsul Bonaparte aus dem einen oder andern Grunde gekündigt oder aufgelöst worden wäre, so hätte dies dem Kultusbudget nichts anhaben können.

Konkordat und Kultusbudget sind eben verschiedene Dinge, die scharf auseinandergehalten werden müssen. Das Kultusbudget **ist älter als das Konkordat** und im Grunde ganz unabhängig von ihm.

Als der siegreiche Feldherr dem bedrängten Papst im Konkordat das Kultusbudget, das schon lange vorher ins Leben getreten war, gewährleistete und schützte, erhielt er von Rom dafür die Versicherung, daß die Inhaber des geraubten Kirchengutes nicht mehr in diesem Besitz beunruhigt würden. Der Papst hörte also auf, gegen den Kirchenraub zu protestieren, aber dies **nur,** weil sich der erste Konsul aufs feierlichste verpflichtete, die Nationalschuld, von der die Revolution gesprochen, auf immer durch Staatsgesetz festzulegen.

Der Art. 13 des Konkordates, worin der Papst auf die versteigerten Kirchengüter in einer gewissen Form verzichtet, hängt aufs engste mit dem Art. 14, der das Kultusbudget einsetzt, zusammen.

Die letztere Verpflichtung des Staates ist eben **ein Entgelt** für den ersteren Verzicht des Papstes.

Sollte es später dem Staate einfallen, das Kultusbudget, also Artikel 14 des Konkordates, abzuschaffen, so fiel damit zugleich auch der mit ihm aufs innigste verbundene 13. Artikel, der dem Staat das Kirchengut beließ.

Zahlt also der Staat keine Priestergehälter mehr, so ist er nach dem Sinn und Geist der Revolutionsgesetze und des Konkordates verpflichtet, auch die eingezogenen Kirchengüter wieder herauszugeben.

* * *

Das scheint übrigens von einer elementaren Wahrheit zu sein.

Das Konkordat war nämlich keine Bestimmung, die nur von e i n e r Macht festgelegt wurde; es war vielmehr ein Vertrag zwischen z w e i Parteien, zwischen Frankreich und dem Papst.

Wenn man also den Sinn dieses Vertrages ergründen will, so genügt es nicht, daß man sagt: „Der e i n e Teil hat es so oder so gemeint." Es kommt auf die b e i d e r seitige Meinung an.

Wer das Konkordat zu interpretieren sucht, darf den Willen des P a p s t e s, als eines kontrahierenden Teiles, nicht einfach außer acht lassen. Das wäre ungerecht.

Der Papst hätte aber nie auf den Eigentumstitel der Kirchengüter verzichten können, wenn er nicht die Pflicht des Staates, in Zukunft für Klerus und Kultus zu sorgen, als eine ewig bindende Gegenleistung angesehen hätte.

Nur unter dieser letzteren Voraussetzung durfte der Papst das Kultusvermögen in den Händen der Ansteigerer lassen. Es ist dies in den Verhandlungen auch oft genug zum Ausdruck gekommen.

Diese Ansicht des Papstes kannte Napoleon sehr gut. Er konnte unmöglich darüber im Unklaren sein. Wenn er also die Forderung des Papstes annahm (Garantierung eines Kultusbudgets als Nationalschuld, **als Entgelt** für das veräußerte Kirchengut), so wußte er wohl, welcher Sinn dieser Stipulation zukam.

Hätte er diesen Sinn n i c h t annehmen wollen, so wäre ein ausdrücklicher Protest dagegen unbedingt notwendig gewesen. Ein solcher Protest ist aber nie erfolgt.

Uebrigens stehen hier — neben dem sofort einleuchtenden Sinn des Konkordates — auch noch andere positive Beweise zur Verfügung:

1. Ein überaus gewissenhaftes und reich dokumentiertes Buch über die V o r verhandlungen zum Konkordat hat Herr Boulay be la Meurthe geschrieben. In sämtlichen sieben Vorprojekten folgen sich die Bestimmungen, welche zu Art. 13 und 14 wurden, regelmäßig und stehen immerfort im selben Gegenseitigkeitsverhältnisse (siehe de Lamarzelle S. 102).

2. Auch die Unterhändler des Konkordates wiesen auf den Zu=
sammenhang dieser beiden Artikel hin und betonten denselben ver=
schiedentlich:

a) der französische Unterhändler, Hr. Bernier, schrieb: „Die
Regierung hat sich davon überzeugt, daß diese beiden Artikel, welche
gleichsam nur einen ausmachen, und welche zum Gegenstand die
Gehälter des Klerus und die Ratifizierung der Kirchengüter haben,
keine Schwierigkeiten bieten werden" (zitiert durch den Abg. Denis
Cochin in der Deputiertenkammer am 30. März 1905).

Und nach der Ratifikation des Konkordates schrieb derselbe
Hr. Bernier: „Der Art. 3" (der die Gehälter regelnde Artikel trug
damals die Nr. 3) „ist die natürliche Kompensation des vorhergehen=
den (la compensation naturelle de celui qui précède)" (zitiert durch
den Abg. Beauregard in der Deputiertenkammer am 13. April 1905).

b) Die andere Vertragspartei, Rom, mußte natürlich genau
auf dieselbe Weise die Art. 13 und 14 auffassen, wie wir schon be=
tont haben. Und wirklich schrieb der Papst in der Ratifikations=
bulle des Konkordates: „Da auf diese Weise die Kirchen Frank=
reichs entblößt waren, mußte auf andere Weise für Ersatz gesorgt
sein. Die Regierung hat nun erklärt, sie werde eine standesgemäße
Zuwendung an die Bischöfe und Pfarrer gewährleisten." Diese
Bulle wurde im französischen Gesetzesblatt veröffentlicht, sie ist also
ein französisches Gesetz geworden. (Siehe de Lamarzelle, S. 102).

Welche Dokumente müßte man wohl beibringen, um den Be=
weis zwingender gestalten zu können?

Wer also hier behauptet, Artikel 13 des Konkordates stehe
nicht im direkten Verhältnis mit Art. 14, oder — was dasselbe ist
— Bonaparte habe das Kultusbudget eingerichtet, aber nicht als
Schadenersatz für das konfiszierte Kirchenvermögen, vergewaltigt die
Tatsachen und verkennt den ganzen Zusammenhang, in dem das
Konkordat zustande kam.

Einwände.

1. „Aber der Papst kann doch das Konkordat nicht interpretie=
ren; denn was hätte **er auch tun** können, wenn der mächtige
Napoleon das Kultusbudget **nicht** als Entschädigung für das ein=
gezogene Kirchenvermögen angesehen hätte?" — wird uns da ent=
gegengehalten.

Was der Papst hätte tun können? Er hätte sich geweigert,
das Konkordat **anzunehmen.** Seine Unterschrift konnte man
ihm doch nicht **abzwingen.** Wenn Pius VII. dieses Konkordat
aber **tatsächlich genehmigte,** so beweist schon dieser Umstand
allein, daß er über den Sinn des Kultusbudgets nicht im Zweifel war.

*   *   *

2. Die französischen Kulturkämpfer haben zu ihrer Entschul=
digung unter anderm auch das Argument angeführt, Pius VII. habe

nie eine Bestimmung über das Vermögen der französischen Kirche treffen wollen, noch überhaupt dazu das Recht gehabt. Ebensowenig habe die Nation das Kultusbudget als wirkliche Schuld aufgefaßt, sondern diese Gehälter seien nur „ein Opfer gewesen, um die Eintracht und den Frieden wieder herbeizuführen".

Elende Entstellung der Tatsachen! Was jeder Anfänger in der Geschichte der Revolution kennt, wird hier schlankweg mit eherner Stirne, an der alle Proteste und Beweise abprallen, geleugnet.

Nie hat der Papst auf sein oberstes Verfügungsrecht über das Kirchenvermögen verzichtet; nie konnte er dies überhaupt.

Nach katholischer Lehre hat die Kirche durch göttlichen Willen das Recht, Vermögen zu besitzen. Dieses Recht liegt in ihrem tief= sten Wesen, in ihrer Verfassung begründet. Dieses Vermögensrecht kann auch der Papst nicht aufgeben.

Nach dem Diebstahl des Kirchengutes hat übrigens, wie wir oben klar nachgewiesen haben, der römische Stuhl erst dann seinem Protest ein Ende gesetzt und die Güter preisgegeben, als durch Art. 13 und 14 des großen Konkordates Frankreich sich verpflichtet hatte, als Entgelt für den Raub eine anständige Entschädigung, eine Rente, zu zahlen.

Am 30. März 1905 hat der gelehrte katholische Abgeordnete Denys Cochin in der französischen Kammer folgendes ausgeführt: „Sie wissen, m. H., welches die Lage in Frankreich war (in dem Augenblicke, wo das Konkordat geschlossen wurde), welche Unruhen auf jenen lasteten, die die Nationalgüter (das konfiszierte Kirchen= gut) gekauft hatten. Diese etwas voreiligen Käufer, die so vorteil= hafte Geschäfte gemacht hatten, waren von einem großen Teil der Bevölkerung nicht gern gesehen; sie waren auch mit Recht unruhig über die Rechtlichkeit ihrer Erwerbungen. Der Friede sollte überall wiederhergestellt werden . . . . Man schloß folgenden Vertrag: Ihr (der Papst, resp. die Kirche) werdet niemanden beunruhigen und niemandem Rechenschaft abverlangen wegen der Güter, die er er= worben hat, und als Entgelt wird die französische Regierung den Geistlichen ein anständiges und ehrliches Gehalt geben." — Diese These wurde trotz aller Anstrengungen eines Briand usw. von kei= nem Gegner stichhaltig widerlegt.

Genügt es heute, die Wahrheit zu knebeln, seine Schuld zu leugnen, die Entrichtung zu verweigern?

*   *   *

3. Man wendet ferner ein: „Aber die Gelder, die der Staat seit Revolution und Konkordat für das Kultusbudget auswarf, be= tragen heute in ihrer Gesamtsumme mehr, als damals der Staat aus der Versteigerung der Kirchengüter erlöste. Also hat er heute seine ganze Schuld gegen die Kirche abbezahlt."

Ist es notwendig, einen solch kindlichen Einfall zu widerlegen? Wenn eine Pächterfamilie ein Hofgut während 100 Jahren be= baut (vom Urgroßvater bis zum Enkel) und jedes Jahr den Pacht=

zins pünktlich an den Eigentümer bezahlt, so wird nach diesen 100 Jahren wahrscheinlich die Summe aller Zinsen höher sein, als der Wert des Pachtgutes selbst. Darf in diesem Falle dann schließlich der jüngste Pächter sagen: „Heute ist das Gut mein, denn meine Familie hat es schon ganz bezahlt!"—? Gewiß nicht!

Das Kultusbudget stellt eben die Zinsen, das Einkommen aus dem Kapital dar, das die Revolution konfisziert hat. Daß die Zinsen durch die Zahl der Jahre anwachsen, ist nicht Schuld der Kirche; das liegt in der Natur der Sache. Wenn der Staat heute die Zinsen nicht mehr entrichten will, so soll er eben das Kapital selbst, das mit diesen Zinsen belegt war, zurückerstatten.

Uebrigens — abgesehen von der Rechtsfrage — steht es fest, daß das konfiszierte Kirchenvermögen weit hinausging über das Kapital, welches das Kultusbudget als Rente darstellt.

Mirabeau, den wohl niemand der Voreingenommenheit zu Gunsten der Kirche bezichtigen wird, hat 1789 ausdrücklich vorge- schlagen, daß als Gegenwert zu den beschlagnahmten Kirchengütern das Mindestgehalt eines Pfarrers auf 1200 Fr. festgesetzt werde, und die Nationalversammlung hat diesen Antrag zum Beschluß erhoben. 1200 Franken waren damals ein viel größerer Wert, als dieselbe Summe heute darstellt. So hoch schätzte die Revolution das ein- gezogene Kirchengut ein.

Für das kleine Großherzogtum Luxemburg, das in der Kon- fiskation der Kirchengüter das Schicksal Frankreichs teilte, rechnete der katholische Abgeordnete Prüm in der Deputiertenkammer am 28. Januar 1909 aus, daß die Revolutionäre über 23 Millionen Franken aus der Versteigerung der Kloster= und Pfarrgüter erlösten. Selbst wenn wir das konfiszierte Vermögen der lux. **Pfarreien** allein in Betracht ziehen, kommt das heutige luxemb. Kultusbudget immer noch nicht den Zinsen der Versteigerungssumme gleich. (Siehe „Lux. Wort", 20. Febr. 1909.)

Ein anderes Beispiel, und zwar aus dem Unter=Elsaß: Nach dem von der französischen Departementsverwaltung zu Straßburg herausgegebenen Berichte waren am 31. Dezember 1791 im ganzen Unterrheinischen Departement bereits für rund 14400000 Frcs. Na- tionalgüter verkauft. Davon entfielen 4460944 Frcs. auf den Distrikt Straßburg, 2291971 Frcs. auf Benfeld, 5029057 auf Hagenau und 2612675 Frcs. auf Weißenburg. Die noch zu ver- äußernden Äcker wurden auf 20600000 Frcs. abgeschätzt und die konfiszierten Waldungen auf 22 Millionen. Der Gesamtwert aller im Unter=Elsaß eingezogenen Kirchengüter wurde mit rund 57 Millionen angegeben. Wenn man annimmt, daß der heutige Wert die damalige Abschätzung von 57 Millionen auch nur um das Vier- fache übersteigt, so ergibt sich, daß die gesamten, bloß im Unter= Elsaß eingezogenen Kirchengüter augenblicklich einen Wert von 228 Millionen aufweisen würden! (Elsässische Volksb., 7. Juli 1909.)

In der französischen Kammer wurde der Wert des konfiszierten
Kirchengutes auf 15 Milliarden angegeben mit einem jährlichen Er=
trag von 120 (nach heutigem Gelde etwa 150 Millionen) Franken,
während das Kultusbudget in den letzten Jahren sich nur auf
45 Millionen belief. (Journal officiel, Chambre 1905, p. 1113.)

* * *

4. „Aber die Verpflichtung des Staates, das Kultusbudget zu
bestreiten, konnte doch nicht ewig sein; der Staat kann sich doch
nicht in dieser Weise binden wollen", wird hier erwidert.

Antwort: Die immerwährende Verpflichtung, den Kultus und
Klerus zu unterhalten, **hängt eben** — nach der Ansicht der Revo=
lution — **an den Gütern selbst.** Als die Schenkgeber das Kir=
chengut stifteten, hefteten sie als Eigentümer diese stets fortdauernde
Charge ausdrücklich an dasselbe. Nimmt nun später der Staat
das Gut in seine Hand, so klebt auch dann noch diese Verpflich=
tung daran. Sollte der Staat diese Charge einfach davon weg=
wischen wollen, so handelt er gegen den Willen der Stifter, — er **raubt.**

* * *

5. „Der Staat war gezwungen und darum auch berechtigt, das
Kirchenvermögen einzuziehen, weil es sich um Güter der »**toten
Hand**« handelt, die nicht fruchtbringend im öffentlichen Leben an=
gelegt waren. Auch das Kultusbudget ist ein Überbleibsel dieser
»toten Hand«. Aus Notwehr gegen dieses Übel darf der Staat
die Hand auf das Kirchengut legen, selbst wenn er sonst kein Recht
dazu hat."

Auch diese Phrase hat keine Bedeutung! Das Vermögen der
Kirche ist kein „totes" Gut; es ist vielleicht das wohltätigste, ge=
meinnützigste und fruchtbarste von allen. Die katholische Kirche hat
mit ihrem Vermögen nicht nur Tausende, sondern Hunderttausende
von Menschen unterhalten; sie hat insbesondere aus diesen Mitteln
auf dem Gebiete der Charitas und Wissenschaft — sei es, in welcher
Form es wolle — seit Jahrhunderten Unvergängliches und Uner=
reichbares zum Segen der Menschheit geleistet.

Ist ferner die **religiöse Erziehung** des Volkes kein **eminent
soziales Werk,** das auch dem Staat ungeheure Vorteile bietet?

Wenn das Kirchengut ein „totes Kapital" darstellt, warum
dann nicht auch die kolossalen **Domänen,** die in der Hand des
Staates vereint sind? Die Kirche hat ihr Vermögen wenigstens ebenso
gewissenhaft für das Gemeinwohl verwandt, wie der Staat das seinige.

Die „Neue bayrische Landeszeitung" brachte in ihrer Nummer
vom 12. Februar 1909 einen sehr interessanten Auszug aus dem
Finanzexposee des Wiener Gemeinderates Nagel, das dieser seinen
Wählern erstattete. Diesem entnehmen wir folgendes:

„Das Wiener **jüdische Haus Rotschild** schloß den Etat des
Jahres 1908 mit einem Vermögen von 11 116 594 672 (**11 Milliar=**

den) Kronen (1 Krone = 1 Fr.) ab. Würde diese gewaltige Summe mit nur 4 Prozent verzinst sein, so hätte Rotschild das nette **Jah-reseinkommen von rund 440 Millionen** Kronen. Der genannte Krösus würde dementsprechend pro Tag 1 200 000, pro Stunde über 50 000 und pro Minute über 833 Kronen (= 833 Fr.) verfügen. Tatsächlich ist aber das Einkommen ein unverhältnismäßig höheres.

Demgegenüber beträgt das **Gesamtvermögen** der katholischen Kirche in Oesterreich 813 500 000 Kronen (also nicht einmal **eine** Milliarde). Davon werden unterhalten 30 000 Ordenspriester, 14 228 Welt=Priester, sämtliche Kirchen, Pfarreien, Spitäler, Schulen, charitativen Stiftungen usw., sodaß nach Abzug sämtlicher Steuern und Religionsfondsbeiträge des Gebührenäquivalents auf einen Priester jährlich 740 Kronen gerechnet werden müssen, während, wie schon oben gesagt, Rotschilds Einkünfte für jede Minute 833 Kronen betragen."

Diese Ziffern beweisen zur Evidenz, daß die sogenannte „tote Hand" mit ihrem Vermögen mit dem Mammon der großen Finan-ziers nicht entfernt einen Vergleich aushalten kann.

In Frankreich liegen die Verhältnisse nicht anders. Ein **ein-ziger Rotschild** bezieht auch dort Einkünfte, die **höher** sind, als das **ganze frühere Kultusbudget.**

Wenn daher wieder einmal moderne „Kulturkämpfer" den alten Gassenhauer von der „toten Hand" herausfordernd pfeifen, so mögen sie sich gefälligst doch an die richtige Adresse wenden, die sie aus der Lektüre des Vorstehenden nicht unschwer erkennen können. Der „toten Hand" aber mögen sie ihr ehrlich erworbenes Geld gönnen; denn ihr ist es zu verdanken, daß das viele Elend, das uns auf Schritt und Tritt begegnet, gemildert wird — und zwar auch im weltlichen Interesse der Völker.

Das Räsonnement der „Trennungs"=Männer.

Wie legten es nun die französischen „Separatisten" an, um im Namen des Staates das Kultusbudget abzuschaffen?

Artikel 2 der Reform stellt einfach den trockenen Satz auf, daß die „Republik einen Kult weder anerkenne, noch bezahle, noch unterstütze." Vom 1. Januar des Jahres, das auf die Veröffent-lichung des Gesetzes folgt, sollen sowohl der Staat, als die Depar-tements, als auch die Gemeinden die bisherigen Ausgaben für den Unterhalt der Geistlichkeit und des Gottesdienstes einfach streichen.

Also in dürren Worten heißt es da: Wir **pfeifen** auf die Nationalschuld gegen die Kirche!

Selbstredend sucht man auch von allen Seiten Gründe für ein solch „honettes" Benehmen.

Kurios und überaus arm zugleich ist z. B. die Begründung des Raubes, die der Berichterstatter des Senates, Maxime Lecomte, in der Sitzung vom 9. November 1905 vorbrachte, und die sich in-haltlich folgendermaßen zusammenfassen läßt:

„Das Konkordat", sagt er, „bildet ein Ganzes mit den orga=
nischen Artikeln, und dieses Ganze wurde am 18. Germinal des
Jahres X. vom französischen Parlamente zum Gesetze erhoben. Jedes
Gesetz kann aber vom Parlament aufrechterhalten oder abgeschafft
werden. Also kann auch das Konkordat, das ein Staatsgesetz ist,
wieder durch Gesetz abberufen werden."

Da haben wir wieder die Allmacht des Gesetzgebers, der an
kein 7. Gebot, an keine Pflicht der Wiedererstattung und Gerechtig=
keit gebunden ist! Das Konkordatsgesetz legte dem französischen
Staate doch immerwährende Lasten und Verpflichtungen auf, die
nach allem göttlichen und natürlichen Recht nicht einfach durch einen
trocknen Gesetzestext aus der Welt geschafft werden können.

„Das Konkordat", entwickelt Lecomte weiter, „ist kein regel=
rechter Kontrakt. Denn am 18. Germinal des Jahres X. wurde
das Konkordat zugleich mit den organischen Artikel als ein Gan=
zes zum Gesetz erhoben. Der Papst hat von diesem Gesetz nur
einen Teil angenommen, da er die organischen Artikel verwarf.
Also war keine vollständige Uebereinstimmung und darum auch kein
richtiger Vertrag vorhanden."

Gegenüber dieser Sophisterei muß daran erinnert werden,
daß bis zum Jahre 1905 nie jemand daran zweifelte, daß das
Konkordat ein wirklicher Vertrag sei. Hundert Jahre lang
hat man sich staatlicher= und kirchlicherseits durch das Konkordat
gebunden geglaubt und dasselbe ausgeführt. Wenn auch
der Papst die organischen Artikel zurückwies, so bleibt doch die
Hauptsache, das Konkordat, das in aller Form von beiden Seiten
unterzeichnet wurde, zu Recht bestehen.

„Selbst wenn man annimmt" — so argumentierte Lecomte
weiter — „daß das Konkordat ein wirklicher Kontrakt ist, so hat
der Papst diesen Vertrag selbst gebrochen, und wir fühlen uns
nicht mehr verpflichtet. Bei einem Vertrag, der keine bestimmte
Dauerfrist hat, kann der eine Teil übrigens widerrufen, besonders
wenn der andere Teil seiner Pflicht nicht nachgekommen ist."

Das war wieder die alte, schamlose, „historische Lüge"!
Das ganze Räsonnement dieses Mannes, der neben Briand die
Hauptrolle bei der „Trennung" spielte, läuft darauf hinaus: „Wir
haben das Recht, unser Konkordatsgesetz nach Belieben zu be=
seitigen. Den Vertrag betrachten wir als aufgehoben. Staat
und Kirche sind quitt!"

In der Tat, eine brillante Straßenräuberlogik!

Erst nimmt der Monsieur Staat das Vermögen der Kirche
und verspricht Gehälter, und dann plötzlich schnürt er die Geldkatze
zu und sagt: „Helf Dir Gott!" Und das alles bedeckt man mit
dem einen großen, vielsagenden Worte: Vertrag zwischen zwei
Mächten!

Das elementarste natürliche Rechtsgefühl schreit hier unwillkür=
lich auf! Aber, wenn man das Kultusbudget streicht, so muß man

auch der Kirche die Güter zurückgeben, die ihr in der Revolution abgenommen wurden, und auf die sie nur verzichtete unter der Bedingung, daß die Entschädigung dafür, das Kultusbudget, auf ewig festgelegt werde.

An eine solche Wiedererstattung denkt die Republik nicht. Sie zerreißt den „Vertrag", springt über das Eigentumsrecht der Kirche hinweg und erklärt kategorisch: „Ich bezahle nichts mehr! Und damit basta!"

Wir verstehen schon! Aber genügt es denn, nichts zu bezahlen, **um auch nichts mehr schuldig zu sein?**

Wenn ein lumpiger Bummelstudent seinem Schneider, der ihm ehrfurchtsvoll eine Rechnung für gelieferte Kleider präsentiert, den Papierwisch aus der Hand reißt und um die Ohren schlägt und den Gläubiger dann schließlich an die frische Luft befördert — **ist dann die Sache erledigt, ist die Schuld damit bezahlt?**

* * *

Doch, studieren wir im Einzelnen die Uebergriffe der französischen Republik auf das Eigentumsrecht der Kirche! Wir kommen so zu der anderen Frage:

2. Welches war der Gegenstand des Raubes?

a) Der Raub an den kirchlichen Gebäuden.

Art. 12 des französischen Trennungsgesetzes bestimmt: Der Staat, die Gemeinden und die Departements sind und bleiben Eigentümer jener Kirchen, Seminarien, Bistümer und Pfarrhäuser, die kraft des Konkordates (oder genauer kraft des Gesetzes vom 18. Germinal des Jahres X, worin das Konkordat zum Gesetz erhoben wurde) zum Gottesdienst und zur Beherbergung der Geistlichen gebraucht wurden. (Wir zitieren nur inhaltlich, des leichteren Verständnisses wegen.)

Es dürfte allgemein bekannt sein, daß die französische Revolution alle Gotteshäuser den Katholiken abnahm, und daß dann später durch Artikel 12 des Konkordates von 1801 (resp. durch das oben zitierte Gesetz) alle zum Gottesdienst notwendigen Kirchen zur Verfügung der Bischöfe gestellt wurden. Nach dem Konkordat wurden nur mehr wenige Kirchen so gebaut, daß sie den Fabriken als rechtliches Eigentum zugesprochen sind. Die meisten Kultusgebäude wurden unter mehr oder weniger geringer Mithülfe der Gemeinden auf Gemeindeterrain errichtet und sind den Gemeinden als Besitztum überlassen worden, **das Gros der Baugelder wurde aber von den Katholiken aufgebracht.**

Was hier von den Gotteshäusern gesagt ist, gilt in gleicher Weise von Bischofspalästen, Pfarrhäusern, Seminarien.

Heute nun, wo eine reinliche Scheidung zwischen dem Eigentum der Katholiken und dem des Staates oder der Gemeinden vollzogen werden soll, „trennt" der rotblaue Freimaurerblock nach dem Rechte des Stärkeren, vulgo Faustrecht, folgendermaßen:

Alle kirchlichen Gebäude, die v o r 1801 gebaut wurden, **einer= lei, von wem sie herrühren**, gehören ohne Ausnahme der Kirche nicht mehr.

Von jenen, die n a ch k o n k o r d a t ä r sind, halten der Staat und die Gemeinden vollständig ihre Besitztitel, die sie jetzt inne= haben, aufrecht, wiederum o h n e R ü c k s i ch t darauf, ob die Fabriken oder freiwilligen Spenden der Katholiken zum Bau beigetragen haben.

Wollte man gerecht und logisch „trennen", so müßte es heißen: Ihr Katholiken erhaltet a l t e s z u r ü c k, was ihr aus e u r e n Taschen beigesteuert, und zwar als unbestrittenes Eigentum; der Fiskus und die Kommune legen ihre Hand auf d e n Teil, den s i e beigetragen haben. Doch was gilt den Kulturkämpfern Recht und Logik?

Admiral de Cuverville ging im Senat (29. November 1908) des näheren auf diesen Punkt ein. Seine Ausführungen lassen sich folgendermaßen zusammenfassen:

„Ich will untersuchen, welches in der Praxis die Folgerungen aus dem Art. 12 der Vorlage sind. Warum und durch wen wur= den die Kultusgebäude errichtet? Zwischen dem 11. und 12. Jahr= hundert sind die Kirchen vom Klerus oder den geistlichen Orden mit Hilfe der freiwilligen Gaben der Bevölkerung gebaut. Vom 14. bis 18. Jahrhundert ist es die Fabrik, welche die Gotteshäuser mit den nämlichen Mitteln schafft. Im 18. Jahrhundert greift die Zivilverwaltung ein, und die Gemeinden müssen eine bestimmte Last tragen. Nach dem Konkordat wird der größte Teil der Ausgaben von den Fabriken bestritten, d. h. mit Unterstützung durch die Gläubigen. Also steht fest, daß die meisten Kirchen unseres Landes durch die Gelder der Katholiken entstanden. Ferner wurden alle Beiträge gespendet ganz allein zu dem Zweck, daß jene Tempel dem Dienste Gottes für immer geweiht würden.

Nun reißt der Staat und die Gemeinde beinahe alle Gottes= häuser an sich, und wenn er auch dem Kultusverein die Nutznießung überlassen will, so müssen wir doch feststellen, daß wir zunächst nicht wissen, ob jene Genossenschaften vom Papst genehmigt werden; dann können auch vielleicht, selbst wenn der hl. Stuhl das Gesetz an= nimmt, schismatische Vereine darin sich einnisten, und in diesem Falle wird der Gottesdienst suspendiert. Später kann dann durch eine Willkürmaßregel die Nutznießung den Gläubigen entzogen werden. Und dann?

Für mich ist es vor allem betrübend, daß die Mehrheit alle moralischen Elemente außer acht läßt, die jeder Gesellschaft zum Leben unbedingt notwendig sind . . . . ."

Alles ist vergeblich; jedes Amendement, das diesen Artikel ver=
bessern soll, wird in den beiden Parlamenten verworfen.

Zur Verschleierung des entsetzlichen Diebstahls an katholischem
Eigentum, der in Art. 12 enthalten ist, hatte der franz. Kultusmini=
ster in der Kammer einen Einwand vorgebracht, den man ent=
weder als krasse Unwissenheit oder als bewußte Irreführung der
öffentlichen Meinung bezeichnen muß.

Der Mann hatte behauptet, die Kosten für die Erbauung und
den Unterhalt der Gotteshäuser seien zu je einem Drittel vom
Staat und von der Gemeinde getragen worden; überhaupt hätten
die Gläubigen ihren Teil zu diesem Werke nicht „als Katholiken",
d. h. durch freiwillige Gaben, sondern „als Steuerzahler" beige=
tragen.

In einer kleinen Broschüre hat Bischof Touchet von Orleans
nachgewiesen, daß die Ausgaben, die ausschließlich von den Gläu=
bigen für die Kirchen dieser Stadt seit dem Konkordat bestritten
worden waren, sich auf 3 617 425 Franken beliefen, davon allein
für die Paternus=Kirche 1 900 000 Frcs.; in diesen Summen sind
die Beiträge des Staates usw. nicht miteinberechnet. — Mit welchem
Rechte annektiert nun der Staat das Kirchengut, das für diese
3½ Millionen der Katholiken erworben wurde? (Die Zahlen sind
zitiert nach der Rede des Senators Riou vom 29. November 1909.)

Von Angers hat man darauf dem „Univers" (18. April 1905)
genaue Ziffern übermittelt, die diesen Großsprecher, den französischen
Kultusminister, aufs eklatanteste Lügen strafen.

Bischof Angeboult von Angers hatte im Jahre 1864 eine ge=
naue diesbezügliche Statistik aufgestellt für die Jahre 1844—1864.
Hier das Resultat: Neuerbaut wurden in dieser Zeit im Sprengel
von Angers 80 Kirchen und 15 Kapellen. Dazu gab der Staat
480 000 Fr., die Gemeinden 1 600 000 Fr., die Kirchenfabriken
2 500 000 und die private Opferwilligkeit 2 400 000 Fr. Also haben
Staat und Gemeinden **zusammen noch nicht einmal ein Drittel**
gesteuert. **Alles andere** stammt direkt aus der **Pfarrverwaltung**
und der **christlichen Charitas.** Restauriert wurden 95 Kirchen und
4 Kapellen. Dazu gab die Regierung 217 000, die Gemeinden
308 000, die Pfarrfabrik 817 000 und die Charitas 833 000 Franken.
Also von der Totalsumme (genaue Ziffer) 2 176 487 Fr. haben
Staat und Gemeinde ungefähr **zusammen ein Viertel** auf=
gebracht. — Und trotzdem behaupten die Jakobiner steif und
fest, es sei kein Unrecht, die Gotteshäuser den Gläubigen abzuneh=
men nach 12 Jahren, da weder theoretisch noch praktisch dieselben
ein Eigentums= oder Urheberrecht geltend machen könnten.

**Die „Trennung" sanktioniert also zunächst einen fürchter=
lichen Raub an den Kultusgebäuden, soweit der Eigentums=
titel in Betracht kommt.**

Die Nutznießung der Kirchen.

Was nun die **Nutznießung** angeht, scheint hier — wenigstens was die Kirchen angeht — doch e t w a s Toleranz Platz gegriffen zu haben.

Der 13. Artikel der Reform verfügt, daß alle Gotteshäuser (die Bischofspaläste, Pfarrhäuser und Seminarien sind hier n i c h t mit eingeschlossen) kostenlos zur Disposition der Kultusgenossenschaften, die für die Abhaltung des Gottesdienstes sorgen sollen, überlassen werden.

Dieser Artikel enthält — wenigstens auf den ersten Anschein — ein Körnchen Gerechtigkeit, insofern er die Kirchen grundsätzlich dem Zweck erhalten will, für den sie errichtet wurden, nämlich dem Gottesdienst. Den wütendsten Vertretern der Linken wäre es natürlich angenehmer gewesen, wenn die Gotteshäuser einfach zu Theatern oder Tanzsälen verwandt worden wären; doch fand sich für diese allzu exorbitante Forderung keine Mehrheit in den gesetzgebenden Häusern.

Doch auch hier finden wir **ein Haar in der Suppe!**

Abgesehen von den ersten Zeiten nach der Veröffentlichung der „Trennung", wo die Kirchen den alten Pfarrfabriken zur Verfügung standen, sah das Gesetz vor, daß später die sog. **Kultusgenossenschaften** die Nutznießung der Kirche — und zwar diese ausschließlich — übernehmen sollten.

Wenn aber der **P a p s t** die Bildung dieser Genossenschaften n i c h t e r l a u b t e — wie es tatsächlich später geschah — was dann? Dann durften, nach dem Wortlaut des eigentlichen Trennungsgesetzes, die Katholiken die Kirchen, die ihnen dem Eigentum nach geraubt waren, **auch nicht einmal mehr benutzen,** es durfte darin keine Messe mehr gelesen werden usw.

Der achte Paragraph des Art. 13 besagt nämlich, daß, wenn nicht innerhalb 2 Jahren ein gesetzlicher Kultusverein die Kirche übernommen habe, dieselbe durch ein Dekret anderweitig benutzt werden könne.

Das **Geschenk,** das in der kostenlosen Nutznießung der Gotteshäuser bestehen sollte, war also **sehr zweifelhafter Natur.**

Außerdem sah der Artikel 13 **fünf Ausnahmen** vor, wo (wieder durch einfaches Dekret des Staatsrats) den Kultusvereinen selbst der Gebrauch der Kirchen entzogen werden konnte, nämlich:

1. wenn ein solcher Kultusverein sich a u f l ö s t e;

2. wenn sechs Monate nacheinander kein Gottesdienst in der betreffenden Kirche stattfand (ausgenommen bei Verhinderung durch höhere Gewalt);

3. wenn die U n t e r h a l t u n g der Gebäude und beweglichen Gegenstände, soweit sie als künstlerische oder geschichtliche Denkmäler offiziell klassifiziert sind, durch ungenügende Maßnahmen gefährdet wird trotz behördlicher Aufforderung;

4. wenn der Kultverein aufhört, seinen ausschließlichen Zweck zu erfüllen (?);

5. wenn die Kultusgenossenschaft den verschiedenen Verpflich= tungen, die ihr das Gesetz auferlegt, nicht genügt, nämlich Bezah= tung der alten Schulden und Anleihen, Tragung der Ausbes= serungskosten, der Versicherung usw.

In all diesen Fällen kann nach dem ersten Trennungsgesetz durch ein Dekret das Gotteshaus seiner religiösen Bestimmung entzogen werden (désaffection), **und die Gemeinde oder der Staat dürfen damit anfangen, was sie wollen.**

Ist das nicht schrecklich? Wie oft wird es nicht vorkommen, daß bei dem immer steigenden Priestermangel (eine Folge der schlech= ten Schulen) und bei den elenden Hungerverhältnissen z. B. in ein= zelnen Pfarreien während 6 Monaten kein Gottesdienst stattfindet? — **Die Regierung hat mit diesen furchtbaren Bestimmungen die Gewalt in der Hand, nach und nach, bald hier, bald dort, die Kirchen zu einem weltlichen Zwecke, als Kaserne oder Heuschuppen und dergleichen, zu verwenden und so langsam auch die letzte Spur von Religion zu verwischen.**

Hier muß wohl beachtet werden, daß das Nutznießungsrecht für eine große Anzahl von Pfarreien gänzlich wertlos, ein Wahn sein mußte, selbst wenn der Papst die Bildung von Kultusgenossen= schaften, die diese Nutznießung hätten übernehmen können, erlaubt hätte.

Das Trennungsgesetz raubte nämlich das Eigentum der Kirchen, überließ aber den Katholiken **alle Lasten,** die sonst immer notwen= dig mit dem Eigentumstitel verbunden sind, vor allem die Pflicht, alte Reparaturen vorzunehmen, und — die Schulden.

Die großen Reparaturen und die Schulden.

Nach der französischen Judikatur sind die Eigentümer eines Gebäudes verpflichtet, für die **g r o ß e n R e p a r a t u r e n** aufzukom= men (grosses réparations), die kleineren Ausbesserungen muß der Nutznießer bestreiten. So die allgemeine Rechtsprechung.

Die Partei der Kombisten will diese Rechtspraxis nicht mehr gelten lassen im paradiesischen Zeitalter der Trennung von Kirche und Staat!

Der letzte Paragraph des 13. Artikels bestimmt, daß „die Kul= tusgenossenschaften für die Ausbesserungen j e d e r A r t haften, sowie auch für die Versicherungskosten und andere Lasten, die auf den Kirchen und deren Mobiliar ruhen." Zu diesen Lasten gehören auch die Steuern und Umlagen.

Dabei hat man dieser Kultusgenossenschaft das Recht entzogen, Geschenke und Legate anzunehmen, wodurch früher der Neubau und der Unterhalt der Kirchen meistens bestritten wurde.

Der 13. Artikel verfügt also unbarmherzig, daß die Gläu= bigen die schweren Unterhaltungskosten der Gotteshäuser, deren

Nutznießung man „ihnen einräumt", sowie die Versicherungs=
kosten bezahlen müssen. Dieser Mißbrauch ist wirklich empörend.
Der Katholik Berenger hat dies im Senat (30. Nov. 1905) in einer
glänzenden Rede hervorgehoben, aus der wir leider hier nur einige
Gedanken anführen können:

„Es gibt kleine Pfarreien, deren Lage ich genau kenne. Ich
versichere Ihnen, wenn diese die notwendigen 900 Franken aufge=
bracht, um den Pfarrer zu bezahlen, so sind sie in Schulden ver=
senkt, und es wird ihnen unmöglich sein, noch Gelder aufzutreiben,
um die großen Reparaturen an den Kirchen zu bezahlen. Dies ist
um so mehr wahr, als die Kultusvereine nicht einmal verlangen
können, daß die Gebäude vor der Uebernahme in ordentlichen Stand
gesetzt werden, und Sie wissen doch, daß viele Kirchen in den Land=
gemeinden in einem Zustand des Verfalles sind, da ja die Kom=
munen immer zögern, die nötigen diesbezüglichen Ausgaben zu machen.

Was wird geschehen? Die Kirchen werden eine nach der andern
verschwinden. Leb wohl drum, du alter, treuer Kirchturm, der du
in dir die ganze Poesie jener Gefühle, die in der Kirche unser Herz
bewegen, verkörperst!"

178 Stimmen gegen 102 wiesen den verbesserten Text Beren=
gers ab.

Hier haben wir wieder ein Beispiel jener Heuchelei und Dop=
pelzüngigkeit, die das ganze Trennungs=Manöver charakteri=
sieren.

Die Kulturkämpfer spreizen sich vor der Welt mit ihrer grenzen=
losen Großmut, die sich darin bezeugt, daß sie den Katholiken
den Gebrauch der gestohlenen Kirchen doch gratis überlassen.

Sieht man näher zu, so merkt man, daß dies ein Danaer=
geschenk ist. **Die kostenlose Nutznießung ist faktisch an so schwere
Bedingungen geknüpft, daß sie in sehr vielen Fällen nur ein
lächerlicher Trugschein ist.**

Wenn die Katholiken nämlich so arm sind, daß sie die großen
Reparaturen an einer Kirche nicht ausführen können, dann — hat
die „Großmut" ein Ende.

In der „Theorie" also will die „Trennung" so liberal sein, die
Kirchen nicht zu schließen, in die „Praxis" aber übertragen, heißt
das: Die Freimaurer wollen die Kirchen nicht alle auf einmal schlie=
ßen, sondern eine nach der andern.

Hier ein Beleg aus der letzten Zeit (Januar 1909): Der Pfarrer
der Kirche S. Perpetua in Nîmes setzte den Maire in Kenntnis,
daß diese dem Ruine nahe ist. Der Maire konstatiert die notwen=
digen Reparaturen und teilt dem — durch das Trennungsgesetz aller
Mittel beraubten — Pfarrer mit, daß er dafür aufzukommen habe,
widrigenfalls die Kirche wegen Gefährdung der öffentlichen Sicher=
heit geschlossen werden müßte. Und die Schlußfolgerung? Nicht die
Regierung ist der Kirche feindlich gesinnt, es sind die Katholiken,
die ihre Kirchen verfallen und es an der nötigen Vorsicht fehlen

laſſen!!! Die Regierung erfüllt ihre Pflicht, wenn ſie über die Sicher=
heit der Bürger wacht!

Rothenbücher meint, der Staat habe den Kultusvereinen dieſe
Laſten aufhalſen müſſen, „weil ſonſt der Staat unmittelbar zu den
Unterhaltungskoſten beſtimmter Kulte beigetragen habe“ und ſomit
die „Grundſätze des Trennungsrechtes“ nicht aufrechterhalten worden
wären (S. 334). — Dieſer Einwurf iſt vollkommen unbegründet.
Wenn der Staat z. B. die ſchweren Ausbeſſerungskoſten und die
Steuern für die geraubten Kirchen beſtritten hätte, ſo wäre das nur
die einfache Erfüllung einer Pflicht geweſen, die nach dem allge=
meinen Rechte direkt und ſtets mit dem Eigentumstitel zu=
ſammenhängt. Nur mittelbar, indirekt wäre das dem Kultus=
verein zu Gute gekommen. Der Staat iſt hier doch in einer ähn=
lichen Lage, wie ein Hausbeſitzer, der den Nutznieß eines Saales
einer Kirchengemeinde freiwillig überläßt, dabei aber nach wie vor
die Steuern für ſein Eigentum bezahlen muß.

*　　*　　*

Von den Schulden, die auf den Kultusgebäuden laſten, han=
delt Artikel 6.

Nach dieſem Wortlaut müſſen die neuen Kultusgenoſſenſchaften
alle Schulden und Anleihen der alten Kirchenfabriken übernehmen.
Alſo: man raubt ihnen jedes Eigentumsrecht an den Kirchen, erlaubt
ihnen nur, die Kirchen gratis zu benützen — läßt ihnen aber alle
Schulden, die auf dem Gebäude laſten und die doch eigentlich mit
dem Eigentum, nicht aber mit der Nutznießung zuſammenhängen.

Bei jedem Schritt ſtoßen wir eben in dieſem odiöſen Geſetz auf
eine Ausnahmebeſtimmung zu Ungunſten der Katholiken.

Die Bistümer, Pfarrhäuſer und Seminarien.

Artikel 14 ſchreibt vor, daß die Palais der Biſchöfe wäh=
rend 2 Jahren, die Pfarrwohnungen und die Gebäude der
Prieſterſeminarien während 5 Jahren unentgeltlich im Genuß
der Kultus=Genoſſenſchaften bleiben. (Es handelt ſich hier um die
Gebäude, ſoweit ſie durch Art. 12 dem Staat oder der Gemeinde
zugeſprochen werden.) Nachher können die Gemeinden uſw. nach
Belieben darüber verfügen.

Der Marquis de Carne entwickelte im Senat (30. Nov. 1905)
einen Zuſatzantrag, worin er meiſterhaft mit unumſtößlichen Grün=
den folgende Forderung aufſtellte:

„An jenem Tage, wo der Staat oder die Gemeinde die geiſt=
lichen Wohnungen ganz in ihre Gewalt bekommen und ſie gebrau=
chen können, wozu ſie wollen, ſollen auch alle Summen, die von
den Gläubigen freiwillig geſchenkt wurden, um dem Prieſter ein
Haus zu beſchaffen, den Schenkgebern oder ihren Erben wieder
zurückgeſtellt werden. Falls aber dieſe Erben nicht mehr feſtzuſtellen

sind, haben die Kultusvereine ein heiliges Recht auf jenes Geld, welches ja zu einem kirchlichen Zweck geschenkt wurde."

Das wäre ehrlich und nur die elementarste Gerechtigkeit, wie wohl jeder zugeben muß. Aber die Männer von Kelle und Schurz= fell dürfen keine andere Moral befolgen als jene, die ihnen vor= diktiert wird. Ohne mit einer Wimper zu zucken, steckt der Block auch diesen Brocken ein.

Dieselben Gründe, die für das Eigentums= und volle Be= nutzungsrecht der Gläubigen an den Kirchen reden, haben auch betreffs der Pfarrwohnungen ihre Geltung.

Bei den Gotteshäusern verpflichtete wenigstens das Gesetz den zukünftigen Eigentümer, dem Kultus dieselben ohne Mietzins einzuräumen; bei den Pfarrhöfen denkt man an solche Gunst nicht. Ein sozialistischer Gemeinderat darf nach fünf Jahren den Geistlichen aus dem Haus, das die Katholiken vielleicht vor hundert Jahren auf Gemeindeboden, aber mit ihren Geldern gebaut, heraus= werfen und darin eine gottlose Schule einrichten oder das Gebäude der Freimaurerei als Tempel vermieten.

Sollte nun eine Gemeindeverwaltung etwa „klerikal" sein und kraft des Art. 14 vielleicht dem Priester die Wohnung ohne Miete oder für einen Spottpreis belassen wollen, so steht auch hier wieder das Trennungsgesetz im Wege; denn dies hieße ja einen Kult offen oder heimlich unterstützen und widerspräche den Ar= tikeln 2 und 19.

Große Republik, du Land der Gerechtigkeit!

b) Der Raub an den kirchlichen Stiftungen.

Die „frommen" (Meß= u. s. w.) Stiftungen.

Der fünfte Artikel des berüchtigten Gesetzes enthält neben einer Reihe anderer Bestimmungen besonders eine schreiende Ungerechtig= keit (Paragraph 1): „Jene der im vorigen Artikel bezeichneten Güter (das Vermögen der Kirchenfabriken), die vom Staate her= rühren, **und die nicht mit einer frommen Stiftung, welche aber nach dem 18. Germinal des Jahres X geschaffen sein muß, be= lastet sind, fallen an den Staat zurück.**"

Dieser Satz ist auf den ersten Augenblick nicht so leicht zu ver= stehen. Hier dessen Bedeutung:

Der 18. Germinal des Jahres X war bekanntlich das Datum, an dem das Konkordat staatlicherseits zum Gesetz erhoben wurde. Die Revolution hatte die kirchlichen Stiftungen geraubt; durch das Konkordat wurde ein großer Teil der eingezogenen Stiftungen der Kirche wieder zurückgegeben. Alle diese Vermögensmassen fallen heute unwiderruflich an den Staat zurück, ob sie mit einer frommen Verpflichtung (Messe u. s. w.) belastet sind oder nicht.

Kann man einen schlimmeren Raub begehen? Also alle Stiftungs=Güter, welche die Revolution eingezogen hatte, gehören in Zukunft wieder ausschließlich dem Staat, und die Stiftungen fallen fort.

Hier müssen wir gleich bemerken, daß **all** die Stiftungen, die hier wohl in Frage kommen könnten, älteren Datums sind, als die Revolution; nach dem Konkordat sind solche Stiftungen aus= schließlich an die Fabriken direkt gemacht worden, und fallen also jetzt sofort an die Kultusvereine.

Das Gesetz sieht vor, daß jene Stiftungen, die „nach dem 18. Germinal des Jahres X" (s. oben) vom Staate der Kirche überwiesen worden sind, den Katholiken, d. h. den Kultusvereinen verbleiben. Dieser Zusatz war vollständig überflüssig, da er gegen= standslos ist, wie der Abg. Groussau am 22. Mai 1905 in der Deputiertenkammer nachwies.

Auch Dr. Rothenbücher (S. 314) bemerkt: Dieser Vorbehalt ist so gut wie wertlos, da solche Schenkungen des Staates zu= gunsten „einer frommen Stiftung" nicht vorgekommen sind; dem Minister war kein derartiger Fall bekannt. (Der Artikel 5 handelt nicht von den Stiftungen, die direkt an die Fabriken gemacht wur= den; diese sollen nach Art. 4 an die Kultusvereine fallen.)

Es war also zunächst eine plumpe Heuchelei, wenn man einen Unterschied machte in diesem Paragraphen zwischen Fundatio= nen, die vor, und solchen, die nach dem Revolutionsjahr errichtet worden waren. Man hätte einfachhin sagen können: „Alle Güter, die der Staat sich schon einmal zugesprochen hatte und die wieder an die rechtmäßige Eigentümerin, die Kirche, kamen, säckelt der Fiskus endgültig ein, einerlei, ob sie mit frommen Werken be= lastet sind oder nicht." Dann wäre der Wortlaut klar und auf= richtig gewesen!

Sehr treffend wies Herr de Lamarzelle dem Jakobinerklub des Blocks seine Inkonsequenz nach (Senat, 24. Nov. 1905). Wir resu= mieren seine Worte:

„Merken Sie auf diesen Widerspruch! Die Güter, die nach der Revolution an die Kirche kamen, geben Sie den Kultusgenossen= schaften. Gestern sagte uns der Herr Präsident der Kommission: ›Man muß der Kirche wirklich geben, was ihr gehört.‹ Nun wohl! Ich antworte dem Herrn Präsidenten: ›Die Güter, die älter sind, als das Jahr 1789, gehören der Kirche ebenfalls, also müssen auch sie ihr zurückerstattet werden.‹

Oder seien Sie doch wenigstens logisch und machen Sie es wie Herr Allard (ein brutaler antiklerikaler Schreier. D. V.) es vorschlug (nämlich alles Kirchengut, einerlei woher und wann es kam, zu kon= fiszieren. D. V.); er sagte sehr richtig: ›Entweder gehören alle diese Güter den Fabriken, und dann sollen Sie ihnen dieselben lassen; oder aber nichts von allem gehört ihnen, und dann soll man ihnen auch alles nehmen!‹ Das war wenigstens konsequent!

Sie laſſen den Kultusvereinen das Vermögen, das nach der Revolution entſtand, und Sie begründen dieſe Handlungsweiſe damit, daß ſie dieſe Güter für ausreichend zum Gedeihen der Genoſſenſchaften halten: Das aber iſt eine unerhörte Willkür.

Bei den Stiftungen, die v o r 1789 ins Leben traten, treten Sie mit Füßen die Rechte der ehemaligen Eigentümer, die ſich derſelben begeben haben unter g e w i ſ ſ e n B e d i n g u n g e n. Sie nehmen nun einfach das Gut, o h n e ſich um dieſe Bedingungen und Laſten zu k ü m m e r n. Sie verletzen alſo nicht allein das Recht der Kirche, der Katholiken, ſondern überhaupt die Rechte jedes gewöhnlichen Bürgers . . . . Sagen Sie es doch offen heraus: »Wir reſpektieren ebenſo wenig den Willen der phyſiſchen Perſonen, als jenen der moraliſchen Perſonen. Für uns beſteht dieſer Wille nicht!«"

Zum beſſeren Verſtändnis müſſen wir wiederholen, daß ein Geſetz von 1789 alles Kirchenvermögen „zur Verfügung der Nation" geſtellt hatte. Ein Teil davon wurde veräußert, und obwohl es ja geſtohlenes Gut war, hat der Papſt ſpäter im Konkordat den Käuſern das Gut belaſſen. Dieſer Teil iſt alſo heute Eigentum der damaligen Anſteigerer. Ein a n d e r e r Teil aber, der nicht veräußert worden war, wurde 13 Jahre ſpäter im Konkordat von Napoleon der Kirche, bezw. den Fabriken z u r ü c k g e g e b e n. Auf dieſen Teil hatte der Papſt noch nie verzichtet, und dieſes Gut war, mit Ausnahme der Schreckensjahre, bis heute ſtets u n b e ſ t r i t t e n in den Händen der Kirche geweſen. Heute ſtößt der Block das Konkordat um und ſtellt das Raubgeſetz von 1789 wieder auf, ſtiehlt alſo das Zurückerſtattete, das jetzt ein Jahrhundert lang wieder durch Staatsgeſetz der Kirche garantiert war, zum z w e i t e n m a l e! Da hört doch vieles auf!

* * *

Unheilbar lächerlich machte ſich ein Logenredner, der Senator Valle, der unter Combes das Miniſterium der Juſtiz innehatte. Er warf bei jener Debatte (24. Nov.) in den hohen Rat des Senates die geradezu verblüffende Weisheit hinaus: „Man hat die Trennung zwiſchen Kirche und Staat mit einer **Eheſcheidung** verglichen. Nun wohl, der **eine** der geſchiedenen Teile, der Staat, **zieht ſich zurück und nimmt ſeine Heiratsgabe, ſeine Mitgift weg.** Gibt es denn eine Theorie und ein Verfahren, das **mehr** dem Recht entſprechend wäre?" (Sehr gut! links.)

Dieſer famoſe, frühere Juſtizminiſter, eine wahre Säule der Gerechtigkeit, hat wirklich durch ſeine altkluge Naivetät die Debatten ſehr erheitert. Alſo die Güter, die der Staat der Kirche entriſſen hatte, und die er ihr beim Friedensſchluß (Konkordat) zurückgeben mußte, brachte er mit als ſeine **eigenſte Mitgift?** Die Braut, die Kirche, erhielt alſo bei ihrer Ehe mit dem Staat ihr recht erworbenes **Eigentum** nur als **Heiratsgabe** ihres Bräutigams wieder, und nun, wo Er die Verbindung ſatt hat, erhält ſie mit einem Scheidebrief den Stuhl vor die Türe gesetzt, und ihr gutes Vermögen bleibt in den Händen des **Ungetreuen**, der sie nun zweimal betrogen hat? Und das soll dem „Recht entsprechend" sein? Da gnad' uns Gott!

Erstens ist also dieses Gut n i c h t eine Mitgift des Staates, sondern uraltes Besitztum der Kirche.

Zweitens: Angenommen selbst, das Konkordat sei eine **Ehe** gewesen, und der Staat habe dieses umstrittene Vermögen als Heiratsgabe mitgebracht; dann muß aber, soll eine rechtsgültige Scheidung stattfinden, ein D r i t t e r , der Richter, eintreten, der dem einzelnen seinen Teil zuspricht. Hier aber ist der Staat **zugleich Partei im Prozeß und Richter!** Als Richter spricht er der Kirche ihr Gut ab, und als Partei reißt er dasselbe an sich! Und so etwas sagt ein ehemaliger oberster Hüter der Justitia!

Drittens: Wenn zwei geschieden werden, sind sie sich vor dem Gesetz f r e m d . Hier aber trennt sich der Gatte, der Staat, von seinem Ehegesponst, der Kirche, nur soweit die Mitgift in Betracht kommt, die er nämlich f ü r   s i c h behält. Inbezug auf alles andere behält er sich seine alten Rechte vor, er überwacht seine frühere bessere Hälfte, er weist ihr einen bestimmten Wohnsitz an, er beschränkt ihr Vermögen, er kommandiert sie usw.

Ist das nicht ein Unikum von einer Ehescheidung, diese „Trennung"??

Der Antrag de Lamarzelles, alle Güter, die mit frommen Stiftungen belastet sind, der Kirche zu überlassen, wurde im Senat (24. Nov. 1905) mit 168 gegen 90 Stimmen verworfen (!).

Auch in der Deputiertenkammer haben sich die Katholiken wacker geschlagen, um die frommen Stiftungen zu retten. Vergebens!

Für diesen unerhörten Uebergriff wagte ein Abgeordneter von der Linken, Bouhey-Allex, sogar folgende g o t t e s l ä s t e r l i c h e Begründung vorzubringen, die uns die ganze Rohheit dieser Leute vor Augen führt:

„Fast alle Stiftungen haben den Zweck, Messen für die Seelen des Fegfeuers halten zu lassen. Nun aber hat die französische R e v o l u t i o n die Tore des Fegfeuers geöffnet (!) und a l l e   S e e l e n   b e f r e i t . (!) Die Stiftungen sind also ohne Gegenstand geworden."

Männer wie Groussau, Auffray, Gayraud legten am 17. Mai aufs glänzendste den Diebstahl, den Gottesraub dar, welcher in dem Antrage bezüglich der Meßstiftungen liege — und dennoch wurde er a n g e n o m m e n (mit 302 gegen 250 St.).

Die Block-Gesetzmaschine funktioniert eben automatisch!

Die übrigen Stiftungen.

Artikel 7 lautet in der Hauptsache: „Die Mobilien und Immobilien, welche mit einer c h a r i t a t i v e n oder irgend einer andern nichtgottesdienstlichen Bestimmung" (z. B. für katholische Schulen, Spitäler. D. Verf.) „belastet sind, werden durch die Vertreter des Gesetzes bei den kirchlichen Anstalten jenen öffentlichen Dienstzweigen überwiesen, deren Zweck mit dem dieser Güter sich deckt."

Es ist doch sonnenklar, daß diese Güter gerade der Kirche übergeben waren mit der Bedingung, daß eben sie die Einkünfte zu bestimmten Liebeswerken verwende. Der Katholik Delahaye stellte also im Senat (25. Nov. 1905) sehr logisch den Antrag, daß diese charitativen Stiftungen den Kultusvereinen, die ja die Erben der Kirchenfabriken sein sollten, übertragen würden, natürlich mit der Pflicht, der Absicht der Schenkgeber nachzukommen.

Aber der atheistische Staat will ja die Charitas gerade aus den Armen und vom Herzen der Kirche losreißen; die „Trennung" ist eine so günstige Gelegenheit, diese Charitas zu „laizisieren" (alles muß ja laizisiert, d. h. entkirchlicht werden), und zu diesem Zweck sind selbst Unrecht und Gewalt erlaubte Mittel! Also verworfen!

Ein anderer Senator, Gourju, wies damals nach, daß Art. 7 zu indirekten Konfiskationen führt, d. h. zu einer Maßregel, die dem französischen Charakter diametral widerstrebt. Da erhebt sich ein Ratsmitglied der antiklerikalen Mehrheit, Philipp Berger mit Namen, eine Art enfant terrible, der schon öfters mehr von der Wahrheit, wie sie der Block verstand, ausgeplaudert hatte, als diesem lieb war. Dieser Mann ruft aus, die Beweisführung des Vorredners sei gut, aber man müsse einfachhin für die Vorlage stimmen telle quelle, d. h. so wie sie vorliegt, einerlei wie sie aussieht!

Dieses Wort schlug dem Faß den Boden aus. Die unabhängigen Senatoren protestierten mit heißer Entrüstung. De Saint-Urbain rief laut: „Eine solche Feststellung stellt den französischen Senat bloß. Wir haben nur ein Recht hier, zu sprechen." (Das Votum ist schon im voraus vorgeschrieben.) De Goulaine rief: „Es ist skandalös!" Ein anderer: „Das Wort werden wir uns merken!" Der Präsident wehrte ab, unterdessen schlich sich der Bürger Berger, der sich mit dem ganzen Block blamiert hatte, beschämt von seinem Sitz . . .

Dann ward der ganze Artikel mit 169 gegen 95 Stimmen (25. Nov. 1905) angenommen.

* * *

Daß es sich um bedeutende Werte hier handelt, bewies in der Deputiertenkammer Herr de Castelnau. In einem einzigen Departement, dem des Aveyron, wurden die Stiftungen, die früher den Kirchenfabriken für Schulen, Armenpflege usw. übergeben worden waren, auf 600 000 Franken geschätzt. Das alles entzieht man ohne Gewissen der Kirche!

Im Abgeordnetenhause war diese Bestimmung, die die katholische Wohltätigkeit entchristlicht, am 22. Mai 1905 angenommen worden, nachdem Groussau, Auffray und andere sich aufs mutigste dagegen gewehrt hatten.

Besonders gehässig und ungerecht war der Raub an den zugunsten der katholischen S c h u l e n gemachten Stiftungen. An diesen freien Schulen hängt ja die Zukunft der Kirche Frankreichs. Selbst Rothen= bücher gibt hier zu: „Was die zu Erziehungszwecken gewid= meten Güter anlangt, so fallen sie an die Gemeinden. **Darin liegt eine bedeutende Abweichung von dem ursprünglichen Stif= tungszweck.** Denn der von den Gemeinden unterhaltene öffentliche Unterricht ist konfessionslos (d. h. sehr oft katholikenfeind= lich. D. Verf.), das bisherige Gut der öffentlichen Kultusanstalt (d. h. der Kirche. Der Verf.) wird daher, soweit es auf privater Zuwendung beruht, in **einer den Absichten des Stifters entgegen= gesetzten Weise verwendet,** da dieser eine Erziehung im Sinne eines bestimmten (religiösen) Bekenntnisses im Auge hatte" (S. 315).

c) Die Gehälter des Klerus.

„Die Republik ..... **bezahlt oder unterstützt keinen Kultus.** Vom 1. Januar ab, der der Veröffentlichung des gegenwärtigen Gesetzes folgen wird, werden alle Ausgaben, die auf die Ausübung des Kultus Bezug haben, aufhören."

So drückt sich in lakonischer Form der Artikel 2 des Tren= nungsgesetzes aus, der mit einem Schlage **alle Gehälter der Geist= lichkeit abschafft.**

Wir brauchen nicht mehr auf die Ungerechtigkeit zurückzukom= men, die in dieser Bestimmung liegt. Zu Anfang dieses Kapitels haben wir die Unterdrückung des Kultusbudgets genügend gewürdigt.

Es gelang den gemäßigten Elementen in der Deputiertenkam= mer, eine kleine Milderung in diesen Artikel 2 einzuflechten. Am 13. April nahm das Haus den Antrag Sibille und Legrand an, der besagt, daß es in Zukunft noch e r l a u b t sei, in das Budget des Staates oder der Gemeinde eine Entschädigung für den Aumo= nier (Seelsorger) in öffentlichen Anstalten, wie Gymnasien, Schulen (Internate), Spitäler, Gefängnisse, einzufügen.

Es ist also wenigstens n i c h t v e r b o t e n, daß z. B. an einem Gefängnis ein Geistlicher für seine Dienste als Seelsorger entschädigt werde. Er wird damit nicht als Kultusbeamter angestellt; es soll auch keine Unterstützung eines Kultes sein. Die Engagierung eines solchen Geistlichen ist aber auch n i c h t v o r g e s c h r i e b e n. Die Leiter dieser Anstalten sind frei, über diesen Punkt zu bestimmen.

Man weiß übrigens, was unter einer kulturkämpferischen Logen=Regierung diese Freiheit bedeutet!

Bei den Senatsdebatten (21. Nov. 1905) fragte Graf de Gou= taine den Kultusminister Bienvenu=Martin, ob in Zukunft in einem etwaigen Krieg die sterbenden Streiter noch den Beistand eines

Feldgeistlichen erhalten werden, oder ob man die Brutalität haben werde, auch die Aumoniers aus der Armee zu verbannen. Das sind Fragen, die jedem Menschen, der noch etwas Gefühl hat, ins Herz schneiden. Der Minister empfand dieses und zog sich mit einem Satze, der doppelsinnig und darum unsinnig war, aus der Klemme: „Der Dienst der Feldgeistlichkeit kann auch nach der Reform noch weiter bestehen, denn es handelt sich nicht darum, einen Kult zu unterstützen." Was heißt das? — Wir machen hier, was uns eben beliebt.

Aehnlich fragte Herr de Cuperville inbezug auf die Marine. „Bis jetzt kann jeder Matrose den Beistand eines Priesters genießen. Wird dies auch nach dem Votum des Gesetzes der Fall sein? Ich bitte den Herrn Minister, auf klare Weise mit Ja oder Nein zu antworten!" Und der Freimaurer=Minister? „Ich habe ja schon geantwortet", erwidert er, „es bleibt in diesem Punkt alles, wie es ist."

Man muß nämlich wissen, daß bereits vor der „Trennung", durch Budgetgesetz vom 22. April 1905, die Gehälter der Militär=pfarrer unterdrückt worden waren. Die kirchlichen Aemter in der Armee waren aufgehoben. Nur ein schwacher Kredit (300 000 Franken) blieb bestehen, wodurch die Geistlichen, die den Soldaten Beistand leisten, entschädigt werden können. Die Priester müssen sich verpflichten, den Kranken, die ihren Beistand freiwillig und ausdrücklich (!) verlangen, zu willfahren, aber sonst unter keinem Vorwand in diese Anstalten zu dringen. (!) Durch Dekret vom 6. Februar 1907 sind auch die Aemter der Geistlichen bei der Marine aufgehoben. (Rothenbücher S. 279.)

Den letzten Anlauf gegen diesen wichtigen Artikel 2 machte am 22. Nov. 1905 Admiral de la Jaille. Er verlangte eine diplomatische Vertretung Frankreichs beim apostolischen Stuhle. Er führte aus:

„Die Beziehungen der Franzosen zum Papst werden trotz aller Trennung weiter bestehen. Die Republik anerkennt keinen Kult und anerkennt ihn doch), da sie ja ein Gesetz gegen ihn schmiedet. Die kirchlichen Dinge können nicht einfachhin durch ein Staatsgesetz geordnet werden, da ja der Papst jeden Augenblick dazwischen treten muß, um die Einheit des Glaubens und die Aufrechterhaltung des Gottesdienstes zu sichern. Also werden immer gewisse Verhält=nisse zwischen Staat und Kirche zu regeln sein.

Darum verlangen wir auch einen französischen Botschafter für den Vatikan, um uns zu garantieren gegen jede Bedrückung und Verfolgung. Sonst gibt es nach der Vernichtung des Konkordates keine Sicherheit mehr für uns Katholiken; wir sind auf Gnade und Ungnade jedem Reglement der Kultuspolizei ausgeliefert." Der Admiral schließt mit den ergreifenden Worten: „Sie werden nicht zugeben können, daß Frankreich das einzige Land sei, dem es auf immer untersagt ist, mit dem Papst, dem Haupt der katholischen Weltkirche, eine Unterredung zu führen."

„Ich habe schon erklärt, daß die jetzige Regierung die Be=
ziehungen mit dem Vatikan nicht wieder aufnehmen will; ich habe
dieser Erklärung nichts hinzuzufügen", entgegnet der Schattenmini=
ster. Was soll man in diesen Worten mehr verachten, den staats=
männischen Stumpfsinn oder die katholikenfeindliche
Verbohrtheit?

Am Tage vorher hatten verschiedene Senatoren andere Anträge
gestellt. Sie wurden selbstredend einer nach dem anderen glatt abgelehnt,
stets mit derselben Mehrheit. An der Vorlage, wie sie der Senat
von der Kammer überkommen hatte, durfte ja kein Iota geändert
werden, — so wollte es der geheime Wohlfahrtsausschuß, die Loge.

Die Pensionen und Entschädigungen.

Die französischen Kulturkämpfer fanden es indes für klug, eine
kleine Uebergangsperiode bei diesem Punkte einzuführen.

Jedermann weiß, daß der Klerus drüben im schönen, reichen
Frankreich im allgemeinen sehr arm ist. Als Staatsgehalt bezogen
die Pfarrer sehr geringe Summen (im Durchschnitt unter 1000
Franken); in den meisten Gegenden sind die Nebeneinkünfte des
Klerus lächerlich gering. Und doch soll der, der dem Altare dient,
auch vom Altare leben! Man darf dreist behaupten, daß es in
Frankreich keine Klasse von Bürgern gab, die, wenn sie nur die
Hälfte der Vorbildung der Geistlichkeit besessen, sich mit einem der=
artigen Hungereinkommen begnügt hätte. Der französische Arbeiter
in der Industrie verdiente im Durchschnitt mehr, als der katholische
Pfarrer oder gar der Kaplan, der nur einige Hundert Franken
bezog. Von den Angestellten, die in einer Dorfgemeinde wirkten,
übertraf gewöhnlich der Lehrer, sehr oft der Straßenwärter u. s. w.
den Pastor an Einkommen! Dabei hatte der Geistliche überall hel=
fend beizuspringen bei jeder Armut, jeder Verschönerung des Gottes=
dienstes, überhaupt jedem guten Werke!

**Diesem im Grunde bettelarmen Klerus von heute auf mor=
gen das schmale Gehalt entziehen, hieß ihn einfach dem Hun=
gertode überantworten.**

Man fügte also in das Trennungsgesetz den Art. 11 ein, der
einem Teil der Geistlichkeit auf kurze Zeit eine geringe Ent=
schädigung gewährte.

Hier kurz die Höhe der Rentenbeträge, auf welche der Klerus
in Frankreich nach Eintritt des „goldenen Zeitalters" der Trennung
zählen konnte. (Art. 11).

Bei einem Alter von 60 Jahren und 30 Dienstjahren erhält
der „getrennte" Pfarrer eine Pension von drei Viertel seines Ge=
haltes, wohlgemerkt, wenn er im Augenblick der Promulgation ein
wirkliches Staatsgehalt bezieht. — Ist man 45 Jahre alt und hat
man davon wenigstens 20 Jahre im Staatssolde gestanden, dann
eine Pension von der Hälfte des Gehaltes. Keine Rente darf
1500 Franken übersteigen!

Alle anderen Kultusdiener, welche vorher vom Fiskus bezahlt wurden, erhalten während vier Jahren eine Entschädigung, die im ersten Jahre ihrem Gehalte gleichkommt, im zweiten auf zwei Drittel, im dritten auf die Hälfte, im vierten auf ein Drittel des staatlichen Einkommens zusammenschmilzt. Wer aber am Tage der Veröffentlichung nicht als Staatsbeamter angeschrieben ist, erhält nichts, einerlei welche Dienste er früher geleistet hatte, oder in welchen Verhältnissen er sich jetzt befindet. In den Gemeinden unter 1000 Seelen wird die Dauer dieser vier Perioden der Entschädigung verdoppelt.

Sehr schön redete am 27. November 1905 über diesen Pensions= artikel der Senator Mezieres, ein Republikaner und Anti=Combist. Er hob vor allem hervor, daß die Vorlage die schönen Worte von Brüderlichkeit und Solidarität, die in den offiziellen Freimaurer= Reden dutzendmale aufmarschieren, auf grausame Weise Lügen strafe:

Wenn wir sonst ein Gesetz machen (so lautete sein Gedanken= gang), so achten wir immer gerade recht darauf, daß dasselbe die Lage des Volkes in seiner großen Zahl verbessere, und daß es niemanden in üble Umstände versetze. Diese gerechten Grundsätze hat man vergessen, als es sich darum handelte, die Situation der Kultusdiener zu regeln. Diese Leute haben sich dem Klerus eingereiht, indem sie auf die bestehenden Staatsverträge bauten zu einer Zeit, wo niemand an eine Beseitigung des Konkordates dachte. Ferner sind die Geistlichen meist Kinder des gewöhnlichen Volkes. Einmal in die Weihen eingetreten, erlauben ihnen ihre Gewohnheiten, ihre Ueberzeugungen nicht mehr, einen andern Er= werbsstand zu wählen, und selbst wenn sie dies wollten, würden noch meist die materiellen Mittel dazu fehlen.

Wie wollen Sie, m. H., daß diese Priester mit 300 Fr. leben sollen? Denn Sie wissen sehr wohl, daß es viele arme Gemeinden gibt, wo die Nebeneinkünfte null sind. Wahrlich, wenn Sie liberal (im guten Sinne) und überhaupt noch menschlich bleiben wollen, so müssen Sie die Gehälter auf dem Wege erlöschen lassen, daß die jetzigen Träger auf Lebenszeit dieselben als Rente genießen.

Gerechtigkeit? Als Sie das Gesetz über die Reform der Ma= gistratur machten, erhielten alle Richter, die ihr Amt eingebüßt, eine Pension, so kurz auch ihre Dienstzeit sein mochte. Und doch konn= ten diese Beamten viel leichter, als die Mitglieder des Klerus, eine andere Karriere einschlagen, sie konnten Advokat, Notar werden. Das tat man für die Sprößlinge der Bourgeoisie; wird man für die Kinder des Volkes weniger tun? —

Der Senator de Chamaillard hielt (am selben Tage) den Kir= chenfeinden mehrere flagrante Ungeheuerlichkeiten aus dem Artikel über die kirchlichen Renten vor die Augen.

So erhält z. B. kein Priester eine Rente, der nicht im Augen= blick, wo das Gesetz amtlich veröffentlicht wird, ein regelrechtes Staatsgehalt bezieht.

Es kann sehr leicht sein, daß ein Geistlicher lange Jahre treu gedient hat, in jener Stunde aber wegen Krankheit eben nicht im Amte ist, oder durch Ungerechtigkeit sein Gehalt eingebüßt hat. Mag er so alt und so arm sein, wie er will, — er erhält keine Pension.

Ein tüchtiger Pfarrer, der, vom Staat bezahlt, lange eine Landpfarrei innegehabt, und der dann wegen seiner Leistungsfähigkeit auf einen Posten in einer großen Stadt berufen wird, wo er nur von der Kirchenfabrik sein Einkommen bezieht — hat kein Recht auf Pension.

Ein Mann, der 19 Jahre und 11 Monate vom Staat besoldet war und dann in einem katholischen Gymnasium oder Knabenseminar von seinen Obern auf einen Lehrer- oder Almosenierposten berufen wird, hat keinerlei Anspruch auf irgend eine Rente oder Entschädigung.

Doch diese freimaurerischen Gesetzesmenschen rührt die Lückenhaftigkeit, die Rücksichtslosigkeit ihres Stümperwerkes nicht im mindesten!

III. Knechtung der Kirche.

Die Trennung nach französisch-freimaurerischer Art ist nämlich nicht nur ein Raub, sondern auch eine **Quälerei und eine Tyrannei,** eine wahre Gewissensknechtung, eine Knutung der Kirche!

Wohl trägt das Gesetz den heuchlerischen Anschein zur Schau, als sei der Staat gegen jede Religion in Zukunft ganz gleichgiltig, als ließe er der Kirche in ihrer Tätigkeit völlige Freiheit.

Das ist aber nur ein Wahn, eine Lüge!

In Wahrheit bedeutet die französische „Trennung" weiter nichts, als ein System von Fallstricken für die Diener der Religion, von Daumschrauben und Folterbänken für die Kirche.

Dafür haben wir eine lange Reihe von Beweisen zur Verfügung.

Die „Gewissensfreiheit".

Der erste Artikel des neuen Gesetzes beginnt mit dem Motto: „Die Republik sichert die **Freiheit des Gewissens".** Allgemeine Zustimmung!

Der zweite Paragraph desselben Artikels aber ist nicht so klar und durchaus nicht frei von Fußangeln: „Die Republik garantiert die freie Ausübung des Kultus unter den alleinigen Einschränkungen, die nachfolgend im Interesse der öffentlichen Ordnung angegeben sind."

Die Gewissensfreiheit steht unter dem Freimaurerregiment lediglich auf dem Papier, und diese „Einschränkungen" im Interesse der „öffentlichen Ordnung" (?) sind weiter nichts, als eine Reihe unerträglicher Ausnahmebestimmungen gegen den Klerus und die offenen Katholiken. Es sollte sich schon hier sofort beweisen, daß der „Block", der mit dem schönen Worte „Freiheit" stets prahlt, nicht im entferntesten daran denkt, eine wirkliche Gewissensfreiheit einzuführen. Man höre!

Der Senator Graf de Goulaine stellte (20. November 1905) einen Zusatzantrag, der folgendermaßen lautete: „Die Republik garantiert jedermann die freie Ausübung der Religion und seines Kultus, auch den Zivilbeamten und dem Militär." Der Antrag fügte inhaltlich eigentlich nichts neues zum Artikel 1 des Gesetzes, schloß aber dessen geheime Gefahren aus, war also durchaus nicht überflüssig. Graf von Goulaine entwickelte sein Amendement (in kurzer Zusammenfassung) also:

„Die Auflösung des Konkordats wird die Krönung des gesetz= geberischen Werkes sein, das Sie, m. H., schon seit 20 Jahren gegen unsere Ueberlieferungen und unser Gewissen vollbringen. Jeden Augenblick haben Sie die Gewissensfreiheit verletzt, und Sie wagen es noch, als Titelsatz über Ihre Vorlage einen Grundsatz hinzu= stellen, den Sie nie respektiert haben. Solch allgemeine Ausdrücke müssen also genauer in ihrem Sinne bestimmt werden. Viele Fran= zosen, sowohl Zivilisten als Militärs, sind abhängig vom Staat; diese müssen geschützt werden. Für die Mächtigen und Reichen, für die Freimaurer fürchte ich inbezug auf Religionsfreiheit nichts, wohl aber für die kleinen Beamten, die vor der Willkür bewahrt werden müssen."

Der Redner bewies durch Tatsachen aus der letzten Zeit seine Behauptung von dem Druck der Regierung auf die religiösen Gesinnungen ihrer kleinen Beamten. In Vannes durften kurz vor= her keine Offiziere und Staatsangestellte bei der Enthüllung eines patriotischen Denkmals erscheinen, in Algier aber waren bei der Ein= weihung einer Moschee alte Militärs und die ganze Zivilverwaltung aufgeboten worden. Selbst das Leibblatt von Leon Bourgeois, also eines unverdächtigen Zeugen, schrieb einige Tage vorher: „Im Lehrerinnenseminar gibt der Inspektor der Akademie jenen Schüle= rinnen schlechte Noten, die ihre Religion ausüben; jene Lehrerinnen, die die Kirche besuchen und Sakramente empfangen, werden an die schlechtesten Posten verschlagen."

Es war also durchaus nicht unnötig, daß man die Freiheit der Beamten gewährleistete. Goulaine schloß mit den edlen Worten:

„Ich verlange vom Herrn Minister eine kategorische Antwort auf diese meine kategorische Frage: **Werden Sie den kleinen Angestellten erlauben, ihre Kinder in freie katholische Schulen zu schicken?**"

Darauf entgegnete der Minister, in die Enge getrieben: „**Das ist eine andere Sache!**" — Also, wo es sich um christliche Kinder= erziehung, um das höchste Interesse der Religion und der Familie handelt, da hört die vielgerühmte Gewissensfreiheit auf!! Da bleibt nur mehr die Knute — in einer etwas feineren, moderneren Gestalt!

Sofort bewies Provost de Launay, ein anderer katholischer Senator, die Doppelzüngigkeit dieser Machthaber, die sich als Frei=

heitsbolde gebahren. Er zeigte, daß auch heute noch die „Delegier=
ten", die Combes protegiert hat, ihr Spitzelgewerbe ausüben, daß
man selbst für die Beförderung eines einfachen Briefträgers oder
Wegewärters die amtlichen Spione befragt, daß vom Gendarmen bis
zur höchsten Verwaltung kaum jemand es wagt, in Dienstkleidern
die hl. Messe zu besuchen. Ja, man treibt die Heuchelei soweit, daß
man den staatlichen Lehrern überall verbietet, ihr Schüler in die
Kirche zu führen, mit Ausnahme jener Gemeinden, wo eine freie,
katholische Schule eine heilsame Konkurrenz bietet.

Zum Schluß hielt Herr de Lamarzelle, den ganzen Redekampf
resumierend, den Jakobinern und ihrer Regierung das erschütternde,
aber wahre Wort entgegen:

„Ich nehme Akt von der Erklärung des Ministers an Herrn
von Goulaine, daß die Kinder aller Klassen nicht unterschiedslos
eine Schule nach ihrem Gutdünken besuchen dürfen. Eine Anzahl
von Beamtenkindern in die heidnischen Staatsschulen zu zwingen,
ist einfach eine flagrante Verletzung der Gewissensfreiheit. Was
würden Sie sagen, wenn ein Arbeitgeber ähnlich gegenüber den
Kindern seiner Angestellten handeln würde? Ich will hier den
Schimpfnamen, den Sie ihm gäben, nicht aussprechen, denn Sie,
Sie verdienen ihn ganz und gar."

Nochmals große Stille, dann Uebergang zur Abstimmung. Der
Antrag des Grafen von Goulaine ward mit 178 gegen 79 Stim=
men abgewiesen, dann der ganze Artikel mit 211 gegen 46 ange=
nommen. So entstand der hochtönende erste Artikel von der „Ge=
wissensfreiheit"! Farceurs!

Dieses Wort von der „Freiheit des Gewissens" hört sich eben
sehr stolz an, nimmt sich auf dem Blatt, wo das Gesetz gedruckt
steht, auch sehr schön aus, — ist aber in Wirklichkeit nur eine win=
dige Phrase, eine Verdrehung der Tatsachen.

Die Freimaurer und Jakobiner, die in all ihrer Politik immer
nur auf das Herz der Religion selbst zielten, haben gewiß die
„Trennung" nicht eingeführt, um der Kirche ihre Freiheit zu
geben. Diese Art von Pfaffenfresser verleugnet sich eben nie.

* * *

Als ersten flagranten Beweis, daß das Trennungsgesetz die
Freiheit des Gewissens nicht achtet, vielfach die religiösen Ueber=
zeugungen des katholischen Volksteils geradezu vergewaltigt, führen
wir hier an

Das Ausnahmerecht gegen die Klöster.

Wenn es den französischen Kulturkämpfern bei der Trennung von
Kirche und Staat um die Freiheit gegangen wäre, so hätten sie den
Katholiken und ihrer Religion überall dieselben Rechte einräumen müssen,
die die übrigen Bürger und die übrigen Gesellschaften genießen.

Gleiches Recht, gleiche Gesetze für alle! Das wäre eine „Trennung", die man sich schließlich noch gefallen lassen könnte! Aber so verstehen die Sozialisten und Logenbrüder die Sache nicht!

Was Religion heißt, wird unter Ausnahmegesetze gestellt; die Diener der Kirche sind Bürger zweiter Klasse, vielfach entrechtet und geknechtet. Das ist die gepriesene Gewissensfreiheit!

Oder scheint dieses Urteil zu hart? Man höre: Die französische Kammer hatte früher bereits furchtbare Ausnahmegesetze gegen die Klöster geschmiedet, indem man denselben mehrere außerordentlich drückende Extra = Steuern auferlegt hatte, so neben der „Taxe der Toten Hand" (eingeführt 1849) auch noch eine „Fiskaltaxe", die die Mutationsgebühren für die Klostergüter darstellen sollte (Gesetz vom 29. Juni 1872, bedeutend verschärft am 28. Dezember 1880; jedes Jahr werden 3 Prozent aller Einkünfte eingezogen), dann die „Zuwachssteuer" (impôt d'accroissement), die durch Gesetz vom 28. Dezember 1884 eingeführt wurde und schließlich zur wahren Konfiskationsmaßregel ward; auf einen Mobiliarwert von 369 Fr. reklamierte z. B. der Fiskus 359 Franken. Diese Zuwachssteuer ward dann endlich durch Gesetz vom 16. April 1895 in eine „taxe d'abonnement" verwandelt, die die Lage nur verschlimmerte. (S. Lesaure, Persécution depuis 25 ans, Paris 1907, S. 314 u. ff.)

So suchte man zunächst durch die Steuerschraube die Orden finanziell zu erdrosseln. Doch die Prozedur ging zu langsam von statten. Mit dem großen Vereinsgesetz vom 1. Juli 1901, das offen gegen die Kongregationen gerichtet war, steuerte man direkt aufs Ziel los. Art. 13 dieses Gesetzes bestimmt: „Kein geistlicher Orden kann sich bilden, ohne durch ein Gesetz, das die Bedingungen seiner Tätigkeit festsetzt, ermächtigt zu sein!" — Art. 16 verfügt: „Jeder ohne Ermächtigung gebildete geistliche Orden wird für unerlaubt erklärt. Diejenigen, die daran teilgenommen haben, werden mit Geldstrafe von 16 bis 5000 Franken und mit Gefängnis von 6 Tagen bis zu einem Jahr bestraft." — So ist also die Teilnahme an einem nicht ermächtigten Orden zum Verbrechen gemacht! Auch alte Unterrichtsfreiheit ist diesen nichtautorisierten Klöstern versagt: „Niemand darf selbst oder durch Zwischenpersonen eine Unterrichtsanstalt irgendwelcher Art leiten oder darin Unterricht erteilen, wenn er einem nicht ermächtigten geistlichen Orden angehört." (Art. 14.)

Man muß wissen, daß die gesetzliche Ermächtigung fast allen Orden verweigert wurde.

Viele wanderten sofort aus, weil sie die Aussichtslosigkeit aller Gesuche voraussahen; Combes befahl am 9. Juli 1902 die Schließung von 2500 Anstalten, die um die Ermächtigung nicht eingekommen waren. Von den vielen Kongregationen, die den Versuch machten, autorisiert zu werden, wurden im Jahre 1903 ganze Hekatomben geopfert, so am 18. März 25 „lehrende" Orden mit 11 763 Mitgliedern, am 24. März 28 „predigende" Orden mit 2942 Religiosen, am 26. März die Karthäuser, am 26. Juni alle weiblichen Lehrorden.

All die schönen Versprechen der Minister, man werde den Klöstern, die sich dem Vereinsgesetze fügten, weitherzig entgegen-kommen, wurden nicht gehalten. Mit Ausnahme einiger weniger Krankenpfleger=Orden, die übrigens auch noch aus den öffentlichen Spitälern herausgeworfen wurden, sind die Klosterleute einfach ge-ächtet, unter das odiöseste Ausnahmerecht gestellt.

Die Krone ward dem Zerstörungswerk aufgesetzt durch das Gesetz vom 7. Juli 1904, das „jede Art von Unterricht auch den ermächtigten Orden" verbot.

Das war die „liberté" und „égalité" der Kulturkämpfer! Zehntausende von katholischen Schulen wurden mit Gewalt geschlos-sen, aller Unterricht von Schulbrüdern und =Schwestern (die beinahe alle „freien" Schulen innehatten) war unmöglich gemacht, Tausende von Ordenshäusern aufgelöst und ihre Güter mit Beschlag be-legt worden.

Alle diese schrecklichen Bedrückungsgesetze gegen die Klosterleute, die als wirkliche Parias behandelt wurden, waren vor der „Tren-nung" eingeführt worden. Damals gab sich der Staat noch den Anschein, als habe er ein gewisses Recht, in diese kirchlichen Dinge sich zu mischen. Man war ja eben noch nicht „getrennt!"

Auf die Beschwerden der Katholiken hin hatten verschiedene der wütendsten Kulturkämpfer in der Kammer erklärt, diese Gesetze gegen die Klöster hätten nur provisorischen Charakter; mehrere Sozialisten hatten sogar versprochen, wenn einmal das Regime der „Trennung" eintreten würde, müßten selbstverständlich alle außer-ordentlichen Maßnahmen gegen die Orden aufgehoben und die-sen die vollste Freiheit gewährt werden. Alsdann werde der Staat keinen Unterschied mehr kennen zwischen Leuten, die eine Mönchs-kutte tragen, und denen, die keine tragen; es gelte alsdann nur mehr ein allgemeines, gleiches Staatsgesetz für alle ohne Aus-nahme.

Am 9. Dezember 1905, als der Staat sich von der Kirche trennte, hätte also sofort dieser ganze Wust von Bedrückungs=Maß-nahmen gegen die Klöster, diese moderne Folterkammer, beseitigt werden müssen.

Doch nein! Heute, wo jene extremsten Kirchenfeinde mit ihrer Politik am Ziele sind, haben sie sich auch in dieser Sache „durch-gemausert" bis zur schroffsten Unduldsamkeit. Kein Pardon wird gegeben!

Das Trennungsgesetz sagt ausdrücklich, daß die abscheulichen Klostergesetze von 1901, 1902 und 1904 in voller Kraft bestehen bleiben. (Art. 38.) Und das nennt man dann „Trennung!"

Was also die Anarchisten, die Freimaurer, die Sozialisten, revolutionären Vereine, überhaupt alle Sekten haben, das Recht, eine gesetzlich anerkannte Genossenschaft zu bilden nach dem allgemeinen Vereinsgesetz von 1901, das bleibt in der „großen Republik", der „ältesten Tochter der Kirche", der „Wiege aller Frei= heiten" **ganz allein Tausenden von katholischen Ordensleuten verboten!** Diese haben eben das Verbrechen begangen, treue Diener der **Religion** zu sein, und das verzeiht ihnen die Freimaurerei und die Freidenkerei nicht!

Das ist wahre Gewissensknechtung!

Weitere Quälereien.

Doch das ist nicht das einzige Attentat auf die religiöse Frei= heit und Gleichheit!

Heben wir aus den 20 letzten Artikeln des Trennungsgesetzes nur einige der häßlichsten Bestimmungen heraus!

1. Zunächst noch eine Beschränkung der Freiheit des Religions= unterrichtes.

Nach Art. 30 des Trennungsgesetzes darf Religionsunterricht den die öffentlichen Schulen besuchenden Kindern (von 6 bis 13 Jahren) nur **außerhalb der Schulstunden** erteilt werden. Ebenso ist es verboten, Katechismus zu lehren **in Schullokalen, selbst außerhalb der Schulstunden** (gemäß dem Gesetz vom 28. März 1882, worauf sich die „Trennung" beruft). Bei Zuwiderhandlung gibt's Geldbußen, unter Umständen Gefängnis.

Selbstredend ist auch aller staatlicher Unterricht streng „weltlich", d. h. entchristlicht. Gott existiert für diese Erziehung nicht. Den Kindern wird die sog. „Laienmoral" eingeimpft, die natürlich gott= los ist. Die „Neutralität" dieser Schulen hindert die „freidenkenden" Lehrer nicht, Handbücher, die direkt katholikenfeindlich sind, ihren Schülern aufzuzwingen.

Man sollte meinen, der „moderne" Staat habe die heilige Auf= gabe, die arme Schuljugend nur ja mit allen Gewaltmitteln vom Christentum und seinen Lehren hermetisch abzuschließen und vor der Religion zu — schützen!

In diesem Geiste wird man übrigens in Zukunft noch weiter= schreiten; seit 1904 hat man bereits die katholischen Geistlichen eben wegen ihres Standes zu den höheren Lehramtsprüfungen nicht mehr zugelassen (Rothenbücher, S. 261); man wird auch später noch den kläglichen Rest von Unterrichtsfreiheit, der nach dem Fallour'schen Gesetze noch besteht, abschaffen. An Anträgen in dieser Beziehung hat's bereits nicht gefehlt.

Dann wird es nur mehr ein Glaube sein, der in allen französischen Schulen gelehrt werden darf — der Köhlerglaube der Freidenker, die Religion der Gottlosigkeit!

* * *

2. Art. 28 des Trennungsgesetzes lautet: „Es ist in Zukunft verboten, ein religiöses Abzeichen oder Symbol an öffentlichen Bau=

werken oder an öffentlichen Orten zu errichten oder anzubringen, ausgenommen die dem Kultus dienenden Gebäude, die Begräbnis= stätten auf Friedhöfen, Grabmäler, Museen und Ausstellungen.

Von jetzt ab darf also an einem öffentlichen Wege, auf einem öffent= lichen Platze kein Kruzifix, kein Muttergottesbild, kein Kreuzweg, wie sie sich in Frankreich recht häufig finden, mehr errichtet werden. Und doch ist es gerade der Anblick des Gekreuzigten, der den Christenmenschen befähigt, sein Elend leichter zu ertragen. Hätten diese Tyrannen auch nur e i n e der mannigfachen menschlichen Miseren durch ihre Kulturkämpferei gelindert, dann könnten sie vielleicht in einer sol= chen Maßregel einigermaßen begriffen werden. Heute aber, wo die Not des gläubigen Volkes bald zum Himmel schreien wird, unter= sagt man ihm, an öffentlichen Plätzen ein Symbol himmlischen Trostes zu finden!

Natürlich ist es nicht verboten, daß die „Pfaffen" des Anti= klerikalismus die Abzeichen ihrer Freimaurer=Religion auf öffentlichen Plätzen anbringen, so wie man zu Paris (September 1904) im Angesicht der Herz=Jesu=Votivkirche auf dem Montmartre als Hohn auf den Katholizismus das Standbild des Chevalier de la Barre errichtet hat, und wie man wohl bald den Anarchisten Ferrer, den modernsten Freimaurer=Götzen, an öffentlichen Stellen zur „Verehrung" verewigen wird.

Das ist „Freiheit der Gewissen für Alle"!

*   *   *

3. Das Geläute der **Glocken** wird in Zukunft durch den Bür= germeister geregelt, der seinen Beschluß vorher dem Kirchenvorstand mitzuteilen hat. Können die beiden Behörden, Gemeinde und Kirche, sich nicht verständigen, so bestimmt einfach der Präfekt des Departe= ments, wann und wie oft die Glocken geläutet werden sollen (Art. 27). Man weiß, daß die Bürgermeister und Präfekten als Kreatu= ren der Freimaurer=Regierung in den meisten Fällen die Häuptlinge der Pfaffenfresserei in ihren Bezirken darstellen, — und diese Leute haben über das Glockengeläute zu verfügen!! Man hätte den Bür= germeister auch noch zum Küster von Gesetzeswegen ernennen sollen, und zwar mit alleiniger Herrschergewalt innerhalb der Kirchen und des Gottesdienstes.

Was die Kulturkämpfer mit einer solchen Bestimmung anfan= gen können, beweist folgender Bericht des „Univers" (zitiert „Lux. Wort", 20. April 1909):

Der Bürgermeister von Darney in den Vogesen ließ am Grün= donnerstag die Kirchenglocken für ein rein ziviles Leichenbegängnis läuten. Derselbe Bürgermeister hatte das Gebetläuten verboten und nur für den Sonntagsgottesdienst ein kurzes Geläute von drei Mi= nuten „erlaubt". Nicht zufrieden mit dieser Heldentat, ließ der Bür= germeister am Karfreitag zu einem anläßlich der (eigens für diesen Tag bestimmten) Kontrollversammlung anberaumten „Fleischbankett" wieder sämtliche Kirchenglocken läuten. An dem Bankett nahm auch der Präfekt des Departements teil.

Ein anderer Bürgermeister (von Maron, Dep. Meurthe et Moselle) ließ ebenfalls am Gründonnerstag und Karfreitag zurzeit des Gebetläutens sämtliche Glocken läuten, und da der Pfarrer den Glockenturm mit dem Schlüssel versperrt hatte, ließ der würdige Ortsvorsteher die Türe aufbrechen. („Trier. Landesztg.", 20. April 1909.)

Welch wunderliche Blüten treibt der Religionshaß!

Die Sozialisten Chabert und Dejeante hatten in der Deputiertenkammer sogar beantragt, kein Geistlicher, keine Ordensperson dürfe mehr auf der Straße ein **geistliches Kleid** (eine Soutane) tragen. Religion soll den Sozialisten Privatsache sein! Na, na!! Die Kammer war verständig genug, am 26. Juni 1905 eine solche bornierte Intoleranz zu verwerfen. Immerhin stimmten damals 176 Deputierte für dieses tyrannische Verbot! Nette Freiheitsbolde!

* * *

4. Durch die Art. 34 und 35 soll den Bischöfen und Geistlichen in ihrer eigenen Kirche ein richtiger — Maulkorb angelegt werden.

Jeder Priester, „der in den Kultusgebäuden öffentlich in einer Rede oder Lesung oder durch Austeilung von Schriften oder Anhängen von Affichen einen Träger eines öffentlichen Amtes beleidigen oder diffamieren" wird, soll eine empfindliche Strafe (500 bis 3000 Franken Geldbuße und 1 Monat bis 1 Jahr Gefängnis oder eine von den beiden Strafen) einheimsen.

Art. 35 bestimmt, daß „wenn eine Rede oder eine Schrift, die in der Kirche öffentlich gehalten, resp. ausgeteilt oder angeschlagen wird, eine direkte Aufforderung enthält, der Ausführung der Gesetze oder den gesetzlichen Handlungen der öffentlichen Autorität Widerstand zu leisten, oder wenn sie (diese Reden oder Schriften) darauf gerichtet (also nicht mehr direkt) sind, einen Teil der Bürger gegen die anderen zum Aufstand zu veranlassen", der schuldige Geistliche dafür zu 3 Monaten bis 2 Jahren Gefängnis verurteilt wird. Damit soll natürlich bewirkt werden, daß in der Kirche keine Predigten mehr gehalten, keine Hirtenbriefe mehr verlesen werden, worin das Treiben der Freimaurerei verdammt und die „Trennung" als eine Räuberei und Tyrannei gebrandmarkt wird!

Die Katholiken dürfen auch dem staatlich organisierten Diebstahl, der da „Trennung" genannt wird, keinen Widerstand entgegensetzen (wie sie es später bei den Inventuren in den Kirchen versuchten), sonst öffnen sich die Kerkertore.

Mit einem solchen Kanzelparagraphen kann eine kirchenfeindliche Polizei alles verbieten! Jede apostolische Rede, die von der Unabhängigkeit und dem Rechte der katholischen Kirche handelt, kann im Sinne der heutigen Kulturkämpfer „beleidigend" für die

Staatsgewalt sein — und dann regnet es Gerichtsvollzieher und Verurteilungen. Nette Freiheit!

Doch, das wäre noch das mindeste! Die Bußen, die dieser Maulkorb=Artikel vorsieht, sind dem Gesetze über Preßvergehen entnommen. Nur macht man hier die gehässige Ausnahme, daß man den Prediger vor das Zuchtpolizeigericht stellt, während die Preßdelikte stets vor die Geschworenen, vor den sogen. „Assisenhof", kommen. Also wieder einmal mehr sehen wir die Katholiken als Kaste der Paria behandelt; denn dieser Bestimmung liegt eine böswillige, empörende Absicht zugrunde, die der kathol. Politiker Vidal de Saint=Urbain im Senat (4. Dezember 1905) schlagend also kennzeichnete:

„Da Sie nicht wollen, daß ein Priester jemals freigesprochen werde, finden Sie es klüger, ihn vor das Zuchtpolizeigericht zu stellen, auf das Sie mehr Vertrauen setzen, als auf die Geschwore= nen!" (Jedermann weiß, daß die französischen Geschworenengerichte viel gnädiger sind, als die Tribunale. D. Verf.)

„Ein freigesprochener Priester! Da mögen doch eher alle Prin= zipien und sogar alle Kolonien zum Kuckuck fahren! Das ist der leitende Gedanke, der Sie inspiriert hat!"

Und Herr de Lamarzelle fügte hinzu: „Der Freispruch ist viel mehr zu fürchten für die Aufforderung zur Fahnenflucht und zum Haß gegen das Vaterland . . . Sie möchten wohl auch die Jour= nalisten für Preßvergehen vor das Zuchtpolizeigericht stellen, aber Sie wagen es nicht, weil diese stark sind. Aber Sie haben den Mut, bei einem Preßdelikt eines armen Priesters dieses Ausnahme= recht herzustellen. An dieser Tatsache kann man die Höhe Ihres Mutes ermessen."

Das ist die Politik der Nadelstiche, der Chikane, der Tyrannei!

* * *

5. Weitere Unsummen von Ungerechtigkeiten liegen in dem Paragraphen, der allen Geistlichen, welche irgend eine Buße (wenn auch nur von 1 Fr.), wie sie Art. 34 und 35 des Trennungsgesetzes vorsehen, erhalten, alle Renten und Entschädigungen von Rechts= wegen abspricht. Nicht genug also, daß man für diese Delikte (Redevergehen) eine andere Gerichtsbarkeit schafft, die De= nunziation eines Pfarrers durch irgend einen Blockmann wegen einer offenherzigen Predigt zieht im Falle der Verurteilung auch noch die Streichung der Pension nach sich! Ist das nicht haarsträubend? (Art. 11.)

* * *

6. Ein anderer lächerlicher Artikel bestimmt, daß während der ersten acht Jahre nach Veröffentlichung des Trennungsgesetzes die Geistlichen in ihren Pfarreien nicht in den Gemeinderat ge= wählt werden dürfen. (Art. 40.) Wie ist doch dieser Freimaurer= Haß raffiniert kleinlich! Die Großsprecher des antiklerikalen Blocks

müssen doch Angst haben, daß die „Pfaffen" jetzt endlich die Hände rühren könnten!

*   *   *

7. Wenn man wirklich sich „trennen" wollte, wäre es wohl auch natürlich gewesen, daß man sich um die Spendung der Sakramente staatlicherseits nicht gekümmert hätte. Und doch bleiben z. B. die Strafbestimmungen, die die Vornahme der kirchlichen Trauung vor der bürgerlichen Eheschließung bedrohen, auch unter der „Trennung" bestehen. (Rothenbücher, S. 277.) Wie reimt dieser Uebergriff sich mit dem Worte von der „absoluten Freiheit"?

*   *   *

8. Bezüglich der Prozessionen und öffentlichen Religions= übungen außerhalb der Kirchen hält das Trennungsgesetz die frühere Gesetzgebung (Gemeindegesetz vom 5. April 1884) aufrecht. Alle öffentlichen Aufzüge sind im Prinzip erlaubt, also auch die Prozes= sionen. Doch ist der Bürgermeister berechtigt, „mit Rücksicht auf die öffentliche Ruhe" durch polizeiliche Verordnung Prozessionen und öffentlichen Gottesdienst zu verbieten. — Jeder, der französische Verwaltungszustände kennt, weiß, was eine solche Befugnis in den Händen einer Logen=Kreatur bedeuten kann.

*   *   *

Diese Aufzählung von Gewalttaten gegen die Gewissensfreiheit, die übrigens noch keinen Anspruch auf absolute Vollständigkeit macht, möge genügen!

Nach der französischen Verfassung sollen vor dem Gesetz alle Bürger gleich sein.

Niemand hat ja das berühmte Wort von der „Freiheit, Gleich= heit und Brüderlichkeit" lauter in die Welt hinausgeschrieen, als die Jakobiner der großen Revolution von 1789. Freilich haben die Revolutionäre vor hundert Jahren die Gleichheit dahin verstan= den, daß sie jeden, der an Religion, Ehrlichkeit, Autorität oder Reichtum über sie selbst hinausragte, um einen Kopf kürzer machten. Auch eine Art und Weise, um Gleichheit in einen Staat hineinzu= bringen!!

Die heutigen Jakobiner, die sich Freimaurer, Freidenker oder Sozialisten nennen (der Unterschied im Namen besagt wenig), han= deln genau nach dem Vorbilde ihrer Großväter aus der Revolution. Zwar werden die Menschen, die noch Verteidiger der Religion sein wollen, nicht mehr herdenweise geköpft oder erschossen, wie vor 110 Jahren; heute arbeitet vielmehr die moderne Folter, die Gesetzes= maschine, die Deputiertenkammer, wo eine Mehrheit von Logen= männern, angeführt und aufgestachelt durch eine Schar der wütend= sten Kirchenhasser, einfach die Minderheit, die noch für Eigentum und Freiheit der Kirche eintritt, brutal vergewaltigt.

Im modernen Freidenker = Kulturkampf sehen wir eine wahre
Tyrannei von unten her ausgeübt. Eine Anzahl pfaffenfresse=
rischer Heßer übertölpelt das unwissende Volk, das sie auf ihre
lügenhaften Phrasen und Versprechungen hin in die Kammern hin=
ein wählt. Einmal auf den Schild gehoben, handeln diese „Demo=
kraten", diese auserwählten Boten des Volkes, als echte Volks=
tyrannen. Als wahre Despoten rauben sie der Kirche ihr Eigen=
tum, sie mißhandeln Tausende von Dienern der Religion im Na=
men des Gesetzes, sie schaffen ein Ausnahmerecht für diese Religion,
häufen Gehässigkeit auf Gehässigkeit und nennen dann diesen Frei=
heits= und Gleichheitsmord endlich „Trennung von Kirche und
Staat".

IV. Die Kultusgenossenschaften und ihre Gefahren.

Die Gefahr des Schismas.

Die „Trennung von Kirche und Staat", wie sie die französischen
Sozialisten und Freimaurer eingeführt haben, geht direkt ans Herz
der Kirche!

Gewiß war die ganze Geschichte schon odiös genug durch den
kolossalen Raub an Kirchengütern, durch die tyrannische Kultus=
polizei, durch die Ausnahmegesetze, besonders auch durch den
Grundsatz der Gottesleugnung, der dieser ganzen Mache zugrunde
liegt.

Das ist aber noch nicht das Aergste! Das „Trennungs"=Gesetz
war geeignet, die Kirche selbst zu zersetzen, den Keim des Zwie=
spaltes, des Bruderkrieges in sie hineinzutragen und auf diese Weise
die Religion aufs schwerste zu schädigen.

Gemäß dem „Trennungs"=Gesetz sollte nämlich alles Kirchengut,
soweit es nicht von vornherein von dem Staat und von den Ge=
meinden gestohlen wird, an die sogenannten **„Kultusgenossenschaften"**
(associations cultuelles), wie sie das Gesetz vorsah, überwiesen
werden!

Diese „Kultusgenossenschaften" waren Vereine, die zum Zweck
hatten, „für die Kosten, den Unterhalt und die öffentliche Ausübung
eines Kultes aufzukommen"; sie mußten wenigstens 7 Mitglieder
(in Gemeinden mit weniger als 1000 Einwohner) zählen (in Ge=
meinden mit 1000 bis 2000 Einwohner waren wenigstens 15, in Gemein=
den über 2000 Einwohner waren 25 Mitglieder verlangt); offiziell an=
gemeldete Gründungs=Mitglieder konnten Männer oder Frauen
(verheiratete Frauen bedurften der Genehmigung der Gatten), Fran=

zosen oder Ausländer, Großjährige oder Minderjährige (letztere nur mit Genehmigung des Vaters oder Vormunds) sein; diese offiziellen Mitglieder mußten ihr Domizil im kirchlichen Bezirk haben (Art. 18 und 19). Der Verein mußte mit seinem Zweck und seinen Mitgliedern bei den staatlichen Behörden angemeldet werden (nach dem Vereins= gesetz von 1901); eine jährliche Mitgliederversammlung war vorgeschrie= ben, die die Vermögensverwaltung zu genehmigen hatte. Durch Mit= gliederbeiträge, Sammlungen und Kollekten (Art. 19) sollten die Vereine für den Unterhalt des Gottesdienstes sorgen.

Bekanntlich hatten bis dahin in Frankreich die Kirchen= fabriken das Eigentumsrecht über das Kirchenvermögen. Diese Kirchenfabriken (Kirchenrat), die zum Teil aus Laien bestanden, hatten durch Napoleon gesetzliche Rechte erhalten. Sie waren aber nach kirchlichem Geiste aufgebaut, d. h. die Rechte von Papst, Bischof und Pfarrer waren darin ausdrücklich anerkannt; die Lehre und die Gesetze der Kirche konnten diese Kirchenfabriken nicht ver= letzen.

Die neuen „Kultusgenossenschaften", denen man in der „Tren= nung" das bischen Vermögen (das von dem Raub übrig blieb) der Kirche übertragen wollte, sollten eine andere Art von Kirchen= fabriken sein; nur vergaßen die Herren Freidenker und Logenbrüder, dieselben — katholisch einzurichten.

*   *   *

Wir erinnern uns, daß zur Zeit, wo das Trennungsgesetz in der französischen Deputiertenkammer zur Debatte stand, ein deutsches Judenblatt, das wegen seiner Feindschaft gegen den Geist der katho= lischen Kirche weltbekannt ist, folgenden Satz schrieb („Frankfurter Zeitung", 29. März 1905, Abendblatt):

„Sie (die Kultusgenossenschaften) ignorieren **vollständig den hierarchischen Charakter der Kirche**, und darum ist im ganzen Entwurf weder von Papst und Bischöfen, noch von Pfarrern und Kaplänen die Rede." —

Ja, das ist wirklich der springende Punkt!

Diese Kultusgenossenschaften entsprachen n i c h t der kirchlichen Verfassung, **sie mußten die Ordnung und die Disziplin der Kirche zerstören. Darum waren sie unannehmbar, sie mußten verwor= fen werden.**

Die katholische Kirche ist nicht eingerichtet, wie eine Gesellschaft von Spaziergängern, die zufällig, weil es ihnen gerade heute paßt, miteinander denselben Weg zurücklegen, die aber morgen wieder jeder seinen eigenen Weg nach Belieben einschlagen können.

Die ganze Gesellschaft der Kirche beruht auf der Ordnung, der Autorität; es gibt darin O b r i g k e i t e n und Gesetze, denen jeder Katholik sich u n t e r w e r f e n muß. Ohne P r i e s t e r gibt es keine Kirche; jeder Priester hingegen muß in Gemeinschaft stehen mit sei= nem B i s c h o f, und dieser mit dem römischen P a p s t — alles an=

dere ist S ch i s m a (d. h. Abtrennung von der Kirche), Abfall, Anti= christentum.

Das „Trennungs"=Gesetz wollte als Kirche nur anerkennen eine Gesellschaft von b e l i e b i g e n Leuten, o h n e zu fragen, ob ein P r i e s t e r sie leite, ob sie mit P e t r u s und den Aposteln in Ge= meinschaft ständen.

Die katholische Kirche wäre in Wahrheit nicht mehr hierarchisch von oben, sondern von unten gegliedert, weil die einigen Männer, die die juristische Gemeinde bildeten, alle und jede Gewalt und Ver= antwortung gegenüber der bürgerlichen Gesellschaft inne hätten.

Hätte nicht auch ein Freimaurer, ein eifriger Freidenker, ein Exkommunizierter einen Kultusverein gründen können? Hätte nicht sogar ein Jude an der Spitze einer sogenannten „katholischen" Ge= meinde stehen können? — Das Gesetz nach der u r s p r ü n g l i c h e n Vorlage verbot es nicht und enthielt kein genügendes Mittel, wo= mit man diese Gefahr hätte hintanhalten können.

Hätte ferner nicht auch die Kultusgenossenschaft, selbst wenn sie aus christlichen Laien bestanden hätte, sich vergessen und in der Kirche Gesetze dekretieren, dem Pfarrer ihre Befehle erteilen, den Bestim= mungen des Bischofs sich widersetzen können? — Das Gesetz war nicht dagegen.

Hätten diese Laien, welche das offiziell anerkannte Kirchentum bilden, nicht sich ihren Pfarrer, ihren Bischof frei ernennen können? Hätten sie nicht einen abgefallenen oder mit dem Interdikt belegten Priester beibehalten können? Lag darin nicht der Keim zu tausend Spaltungen, zu kirchlicher Anarchie, zum Schisma? — All diesen Uebeln stand die Tür offen!

Noch mehr! Der Kultusverein wird Besitzer der bisherigen Kirchengüter. Wenn aber zufällig oder absichtlich in einer Ortschaft sich sechs Vereine bilden, die jeder nur 7 Mitglieder zu zählen brauchen, und welche alle sechs sich als Nachfolger und Erben der früheren katholischen Gemeinde ausgeben — welchem von ihnen wird alsdann das Eigentum über das Kirchengut zugesprochen? Das Gesetz sieht einfach vor, daß in solchen Fällen ein weltliches Gericht, nämlich der Staatsrat, entscheiden werde, welche Gesellschaft, resp. Gesellschaften die Erben der ehemaligen Kirchenfabriken seien. Aber das Freimaurer=Gesetz vergißt, und das ist wesentlich, hinzu= zufügen, nach w e l c h e r R i c h t s c h n u r , nach w e l c h e r Regel die Justiz ihre E n t s c h e i d u n g fällt (nach der ursprünglichen Vorlage).

Wird der Richter die berüchtigten „Freidenker" auch als Katho= liken anerkennen, oder wird er ein Glaubensbekenntnis abfordern und dann theologisch untersuchen, wer von allen Bewerbern in den Bahnen der katholischen Kirche wandle? Es wäre lächerlich, dies auch nur zu denken; dann wäre der weltliche Staatsrat ein Inqui= sitionsbureau, ein Afterkonzil, eine Posse!

Wird der Richter die Beteiligung eines Priesters am Kultus= verein fordern, oder gar das Gutachten des Bischofs verlangen, um zu wissen, wer katholisch sei, oder wird er vom Klerus ganz absehen, oder auch vielleicht einen abtrünnigen Geistlichen als gleichberechtigt ansehen und darnach bei der Zusprechung des Eigentumsrechtes auf Pfarrgüter verfahren?

Das alles lag ganz im Finstern! Das Ganze war für die Kirche nur ein blinder Sprung ins schwärzeste Dunkel!

*　　*　　*

So lagen die Dinge gleich von Anfang an!

Der Artikel 4 lautete in der ersten Fassung, wie ihn die Regierung vorlegte, folgendermaßen:

„Nach einem Jahre von der Verkündigung dieses Gesetzes an „werden die . . . . den kirchlichen Anstalten gehörenden Güter mit „allen ihren Lasten und Verpflichtungen durch die gesetzlichen Ver= „treter dieser Anstalten denjenigen Vereinen überwiesen, die sich in „gesetzlicher Weise nach den Vorschriften des Art. 17 zur Ausübung „des Kultus in den bisherigen Bezirken der besagten Anstalten ge= „bildet haben."

Darin stand kein Wort, welche Garantie man für die ernsten Absichten der sich bildenden und erbenden Kultusvereine habe, kein Wort, was zu geschehen habe, wenn ein Verein den Satzungen der Kirche untreu werde, kein Wort, wem beim Wettbewerb von mehreren Gesellschaften der Richter das Kirchengut zuzusprechen habe. Die Kirche konnte unter keiner Bedingung auf diesen Wort= laut eingehen!

Was nun?

Der Sozialist Briand, dessen Werk die ganze Geschichte zum großen Teil ist, hatte, als er die furchtbare Erbitterung der Katho= liken sah, eine kleine Aenderung vorgeschlagen, die die Kultusgenos= senschaften vielleicht hätte annehmbar machen können, — wenn man es eben nicht mit einer Coterie von Freimaurern zu tun gehabt hätte.

Briand wollte verhindern, daß das Gesetz gerade durch diesen Punkt auf immer verworfen würde; er suchte ein Mittel, um die Rechtgläubigkeit und wahre Bestimmung der einzelnen Vereine auch durch das Gesetz wenigstens einigermaßen zu garantieren. Freilich mußte Briand vermeiden, die kirchliche Hierarchie zu erwähnen; das hätte seine „Genossen" zum Paroxysmus der Wut entflammt. Immerhin fand der Schlaue einen Ausweg, der die gemäßigten Elemente der Kammer befriedigen konnte, weil er in Wirklichkeit die Autorität der kirchlichen Oberen und ihre Kompetenz auch vor der weltlichen Justiz anerkannte. Hier der neue Text, den er am Gründonnerstag 1905 vorschlug:

„Nach Ablauf eines Jahres nach Bekanntmachung dieses Ge= setzes werden die beweglichen und unbeweglichen Güter der Kirchen= fabriken usw. mit all ihren Lasten und Verpflichtungen **und mit ihrem besonderen Bestimmungs**charakter (avec leur affectation

spéciale) von den gesetzlichen Vertretern dieser Anstalten den Ge=
meinschaften übergeben (transmis), die sich **unter Anpassung an die
Regeln der allgemeinen Organisation jenes Kultus, dessen Aus=
übung sie zu sichern sich vornehmen**, nach den Bestimmungen des
Art. 17 für die Ausübung dieses Kultus in den ehemaligen Bezir=
ken der genannten Anstalten gesetzmäßig gebildet haben werden."
(Die fettgedruckten Worte bilden die Verbesserung)

Verrat! Verrat! Das hatten die rotblauen Jakobiner sich nicht
geträumt, daß ihr Obergenosse Briand eine solche Treulosigkeit be=
gehen würde! Mit diesem verbesserten Zusatz hätte die Kirche,
wenn auch beraubt, vielleicht l e b e n , sich selbst regieren, selbst ent=
scheiden können, welche Genossenschaften k a t h o l i s c h sind, welche
nicht; die Güter, welche ihr verblieben, wenn sie auch vielleicht auf
ein Viertel ihres wirklichen Eigentums zusammengeschmolzen waren,
wären aber stets ihrem gottesdienstlichen Zweck erhalten geblieben,
— und gerade das alles war es ja, was die Kulturkämpfer n i c h t
wollten. Sie hatten gewünscht, der B i s c h o f solle nie ein bestimmen=
des Wort da mitzureden haben. Zwanzig Jahre lang hätte es dann
lauter Krawalle und innere Zwistigkeiten gegeben, und dabei hätten die
Herren Kulturkämpfer gute Geschäfte gemacht und die Gelegenheit
stets zur Hand gehabt, die „brennende klerikale Frage" immer r a =
d i k a l e r zu lösen, d. h. die Kirche zu zertreten. Nun sollte dem
ein Riegel vorgeschoben und die innere Einrichtung und Verfas=
sung der Kirche und ihrer Pfarrorgane wenigstens einigermaßen
sichergestellt werden. Das war zu hart für die Herren aus dem
Freimaurertempel.

Der sektiererische Abgeordnete D u m o n t sprach mit herber Er=
regung gegen die Zusatzworte:

„Wird nicht mit dem neuen Text das Gericht (im Fall von
Wettbewerb) sich durch eine Vorfrage aufgehalten sehen? Es wird
zuerst fragen, ob der betreffende Priester auch der Priester s e i n e s
B i s c h o f s und der Gemeinde der Gläubigen sei. . . .

Wir verlangen die Zurückziehung des neuen Textes, welcher
den Bischof zum Herrn des Gesetzes macht und ihm erlaubt,
jede Anstrengung zu r e l i g i ö s e r N e u e r u n g zu paralisieren." (!)

Aha! Da schaut's heraus!

Briand, der ungetreue Sozialist, hatte leichte Arbeit mit diesen
Argumenten; in zwei Worten resümierte er die ganze Ungerechtig=
keit und kleinliche Verfolgungssucht, welche die äußerste Linke be=
seelte:

„Sie haben, m. H., die Interessen der Kirche zu regeln, nicht
wie Sie sich diese Kirche w ü n s c h e n , sondern wie sie w i r k l i c h
ist. Diese katholische Kirche kann sich vielleicht morgen ändern
(nein!), heute aber besitzt sie Pfarrer, Bischöfe, einen Papst. Diese
Worte zerreißen (!) vielleicht die Lippen einiger aus Ihnen, aber
sie entsprechen den T a t s a c h e n . Diese Männer bilden die Hierar=
chie, welche Sie in diesem Augenblick, wo Sie die Liquidation der

Güter vornehmen, die Sie der Kirche laſſen wollen, nicht bei Seite laſſen
können. Ich habe wohl bemerkt, daß Sie durch unſere Jurisprudenz
neben der Verfaſſung der Kirche eine neue Verfaſſung ſchaffen woll=
ten. (!!) Man hätte in Zukunft eine Art Pfarrer, die von dem oder
dem Gericht ernannt würden! wir hätten alsdann eine doppelte
Kirche (!) . . . . . Auch in der Vergangenheit gab es ſchon Pa=
ſtöre, ſogar Biſchöfe, welche ſich zur Freiheit entwickelt haben
(d. h. abgefallen ſind), aber vom Tage an, wo ſie ihre Freiheit
wieder nahmen, verlaſſen ſie die Organiſation, deren Teil ſie
bisher bildeten; ſie gehen fort, ſie verlaſſen das Haus, und Sie,
m. H., wollen ihnen auch noch das Recht geben, die Möbel mit=
zunehmen! (Anhaltender Beifall). Sie könnten ein Geſetz machen,
das wie ein Revolver auf die Kirche zielen würde; aber, wenn die
Kirche ſich empört, wenn man in allen Gemeinden einen ernſten
Vorwand hat, um die Trennung anzugreifen, wenn nach den Wah=
len die Kammer, durch die Argumente unſerer Gegner umgeworfen,
nicht mehr mit einer republikaniſchen Mehrheit zurückkehrte, welche
Gefahr alsdann für die Republik, welche Verantwortung für unſer
Gewiſſen!"

Der 4. Artikel in ſeiner neuen Faſſung drang in der Char=
ſamstags=Sitzung 1905 in der Kammer durch; auch die Katho=
liken hatten dafür geſtimmt, nur 198 Abgeordnete, die Männer,
die der äußerſten Linken gehorchten, waren dagegen.

Großer Jubel herrſchte damals in der katholiſchen Preſſe. Man
glaubte, das ſektiereriſche Prinzip des Trennungsgeſetzes ſei durch=
brochen, es werde möglich ſein, einen „modus vivendi" auch unter
dem neuen Regime zu finden.

„Die freimaureriſche Trennung iſt tot!" hieß es.

Wie bitter hatte man ſich getäuſcht! Wie ſchmerzlich war nach
dem kurzen Traum das plötzliche Erwachen!

* * *

Als der Oſter=Waffenſtillſtand in der Deputiertenkammer am
14. Mai 1905 zu Ende ging, ſtürmten die fanatiſchen Sektierer,
denen der neue Briandſche Artikel 4 ein Greuel war, ſofort in den
Kampf, um das bischen Freiheit, das man der Kirche gewährt
hatte, wieder zu Falle zu bringen.

Wie hatten ſie geknirſcht, als Briand die kleine Konzeſſion
gemacht! Es war auch zu hart geweſen! Die antiklerikalen Schreier
hatten ſich von Anfang mit Wonne geſagt: „Dieſes Mal faſſen wir
ſie, l'infâme, den Gegenſtand unſeres Haſſes, wir töten ſie auf
die ſicherſte Weiſe durch langſame Zerſetzung, durch das alles auf=
löſende Gift des Schismas, der inneren Spaltung!" Die bereits
zitierte „Frankfurter Zeitung", die in Deutſchland am beſten die Ge=
fühle ihrer franzöſiſchen Geſinnungsgenoſſen wiedergab, hatte ſich
die Hände gerieben und nur ſchwer einen offenen Ausbruch des Ju=
beis zurückgehalten, weil ſie glaubte, jetzt werde das „Römertum

im Katholizismus" zurückgedämmt, jetzt komme eine Aera von „Un=
abhängigkeit oder mindestens eines größeren Einflusses des Gläu=
bigen" gegenüber den Pfarrern und Bischöfen (29. März).

Die Pariser Kulturkampf=Presse schäumte über vor Wut über
die so kleine, so selbstverständliche „Schwäche" Briands; Clemen=
ceau roch — o Graus! — an seinem „Genossen" schon so etwas wie
„Klerikalismus" und forderte, in allen Tonarien schreiend, schleunigste
Rache, unverzügliche Ausbesserung der Bresche, die in den Vernich=
tungsplan der Freimaurerei gelegt worden war.

Um den Artikel 4 illusorisch zu machen und die Kirche auch in
Zukunft ewig unter der Knute zu haben, hatte eine parlamentarische
Gruppe, die sogen. „Delegation der Linken" in der Deputierten=
kammer unter dem Vorsitz der ehemaligen Minister Leygues und
Pelletan einen neuen Artikel 6 vorgeschlagen. Der neue Antrag
besagte, daß, wenn eine kirchliche Anstalt nicht rechtzeitig ihre Güter
einem Kultusverein zuweise, dies durch Dekret zu geschehen
habe; ferner, wenn zwei Vereine desselben Kultus sich um ein Gut
bewärben, so müsse der Streit vor dem Staatsrat ausgefoch=
ten werden, und dieser fälle dann die Entscheidung, „indem er alle
Umstände und Tatsachen berücksichtige".

Dieser berüchtigte Artikel 6 wurde dann später im Senat an
einer andern Stelle eingeschoben. Er deckt sich mit dem heutigen
Artikel 8 des Gesetzes vom 9. Dezember 1905.

Er lautet im wesentlichen: „Im Falle eine kirchliche Anstalt
innerhalb der im Artikel 4 vorgeschriebenen Frist die Uebertragung
der kirchlichen Güter an einen Kultusverein nicht vorgenommen hat,
wird dies durch Dekret geschehen. Im Falle aber zwei Kultus=
genossenschaften sich um diese Güter bewerben, so wird der Staats=
rat darüber den Entscheid treffen, indem er alle tatsächlichen Um=
stände berücksichtigt."

Darin liegt eine mehrfache Ungebührlichkeit. Zunächst ist es
den Katholiken, die doch auch im Lande der „Gleichheit" vollberech=
tigte Bürger sein wollen, versagt, ihre Ansprüche vor einem regel=
rechten Gerichte geltend zu machen. Das System des „Dekrets",
das die Dinge ohne Möglichkeit des Appells einfach von
Oben festlegt, ist in solch wichtiger Sache eine große Gefahr und
eine Ungerechtigkeit.

Man muß hier ferner wissen, daß das Wort „Staatsrat" ge=
wissermaßen gleichbedeutend ist mit „Regierung". Es ist allgemein
bekannt, daß jener Rat vielfach nur das gehorsame Werkzeug des
Gouvernements ist, und dieses kann also nach echt Combes'scher
Manier das Kirchengut jenem Kultusverein zuerkennen, der ihm die
meisten Garantien bietet; auf diese Weise wird die weltliche Macht
wiederum einen offenen Druck auf die Kirche ausüben können, die
vielgepriesene „Trennung" hat wiederum den Charakter einer Knech=
tung der Kirche angenommen!

Nach welchen Regeln wird sodann der Staatsrat — in einem Prozeß zwischen zwei Vereinen, die sich um die Güter bewerben — den Entscheid treffen? In einer Gemeinde können sehr wohl 2 oder 3 Gesellschaften sich bilden, wovon die eine vom Bischof geneh= migt ist, die zweite dem Oberhirten nicht gehorcht und die dritte vielleicht aus erklärten Antiklerikalen besteht! Wem wird nun der Staatsrat das Gut zusprechen?

Die Garantien, die Artikel 4 für die Bildung des Gottesdienst= vereins gegenüber dem Schisma bietet, fehlen im 8. Artikel gänz= lich. Die „tatsächlichen Umstände", die der Staatsrat bei seinem Entscheid berücksichtigen soll, sind nur ein vages Wort ohne Inhalt, ohne genaue Richtschnur.

Dieser äußerst gefährliche Artikel, der das Zugeständnis im Ar= tikel 4 wieder aufhebt, wurde denn auch in der Deputiertenkammer (27. Mai 1905) in der Schlußabstimmung mit 320 gegen 243 Stim= men, ebenso auch im Senat (27. Nov. desf. Jahres) angenommen.

B r i a n d , der in der Charwoche einen Anflug von Gerechtig= keitsgefühl verspürt hatte, unterwarf sich im Mai **Die rohe Gewalt siegte.** Das Geschrei der Pharisäer hatte auch diesen Pilatus über= wunden.

Eine Gruppe von Jakobinern kann in Zukunft den braven Christen das Erbe ihrer Kirche streitig machen, und dann hat nicht die Kirche, nicht der Bischof, sondern der Staatsrat in Paris, das Werkzeug der Regierung, zu bestimmen, wem die Güter gehören. Schließlich könnten noch auf diese Weise, wie Bischof Delamaire von Perigueux in einer Broschüre schreibt, die herrlichen französischen Kathedralen, diese Wunder christlicher Kunst, in die Hände einer Genossenschaft fallen, deren Präsident ein Combes wäre.

*   *   *

Daß die „Kultusgenossenschaften" hier nur eine Brutanstalt für schismatische Bestrebungen werden sollten, haben übrigens die Tat= sachen bereits erwiesen. Wir zitieren aus der „Köln. Volkszeitung" (6. Juli 1909) nur einen Beleg dafür aus der jüngsten Vergangenheit:

Im Departement de la Somme liegt die Gemeinde S a i n s , in der seit langer Zeit zwei katholische Pfarrer amtieren, der eine seit zwanzig Jahren, der andere erst seit jüngst. Der erstere hat ge= mäß dem Gesetz vom 9. Dezember 1905 eine Gemeindevertretung zur Verwaltung des Kircheneigentums gebildet (Kultusgenossenschaft) und sich dadurch in Widerspruch mit der kirchlichen Oberbehörde gesetzt. Daraufhin wurde er im Oktober 1906 von seinem Bischof interdiziert. Diese Interdizierung wurde am 2. August 1907 öffent= lich bekannt gemacht, der Pfarrer, auf dessen Seite sich die Gemeinde gestellt zu haben scheint, kümmerte sich jedoch nicht um die Maßregel, und darauf setzte denn 1908 der Bischof einen neuen Pfarrer ein. Dieser verlangte von der Gemeindebehörde die Einsetzung in den Besitz der Kirche, fand aber kein Gehör. Dann wandte er sich im

April dieses Jahres an die Gerichte, während er gleichzeitig den Präfekten wegen der Zuweisung der Kirche in Verzug setzte. Da erließ am 5. Juni der Justizminister Briand ein Dekret, welches die Kirche in aller Form dem schismatischen Pfarrer zuspricht. Briand wurde daraufhin im Senat interpelliert; in gewundenen Ausdrücken suchte er an der grundsätzlichen Seite der Angelegenheit sich vorbei zu drücken; er habe durch sein Dekret ja nur dem vom Bischof ein= gesetzten Pfarrer Gelegenheit zur Austragung vor Gericht geben wollen. Damit kam der Minister aber nicht durch,. auch nicht bei denjenigen Liberalen, die ihrer Kirchenfeindschaft noch nicht das Opfer des Verstandes und jedes Gerechtigkeitsgefühls gebracht ha= ben. Unter anderem hält das „Journal des Débats" Briand einen Spiegel vor: Nach dem Artikel 4 des Trennungsgesetzes sollten die Güter der Kirchenfabriken den Genossenschaften übertragen werden, welche sich bildeten gemäß den allgemeinen Regeln des Kultus, dessen Ausübung sie sichern wollten. Dieser Artikel wurde seinerzeit als eine Bürgschaft für die Katholiken angesehen gegen die Bildung schis= matischer, mehr oder weniger von den Behörden begünstigter Kirchen. Ribot sagte damals ausdrücklich: „Wenn die kirchliche Behörde, die geistliche Gewalt entschieden hat, daß der Priester von der katho= lischen Gemeinschaft ausgeschlossen ist, daß er nicht mehr in Verbin= dung steht mit seinem Bischof und infolgedessen mit dem Papste, dann dürfen die Kirchengüter nicht der Vereinigung übergeben wer= den, die sich um diesen Priester schart." Briand, damals Bericht= erstatter, fügte hinzu: „Ich habe nichts gesagt, was mit dieser Aus= legung im Widerspruch stände." Der Fall in Gaius ist für diese Auslegung wie ein Schulbeispiel, trotzdem dementierte der heutige Minister Briand den damaligen Berichterstatter Briand rück= sichtslos. Wirkt der Zorn darüber, daß die Kirche ihm seine legis= latorischen Fabrikate, soweit sie auf ihre Organisation einwirken sollten, unwirksam gemacht hat, immer noch so nach, daß er, um ihm zu fröhnen, sogar seine eigene moralische Persönlichkeit nicht schont?

*　　*　　*

Man hat sich von gegnerischer Seite oft darauf bezogen, daß der frühere Kardinal Lecot von Bordeaux (der 1909 starb) eine wirk= liche Kultusgenossenschaft gebildet und so das Trennungsgesetz in diesem Punkte angenommen habe.

Zwar hatte der genannte Kirchenfürst nach dem Votum des Gesetzes einen Verband von Pfarrvereinen gegründet, der eine gesetz= liche Unterlage für den Fortbestand des Gottesdienstes bieten sollte; doch selbst Rothenbücher, der gewiß nicht in katholischem Sinne vor= eingenommen ist, gibt zu, daß es sich hier nicht um eine „associa= tion cultuelle" handle (S. 248). Diese Gründung, die von Rom nicht direkt beanstandet worden war, ward von der franz. Regierung als eine regelrechte Kultusgenossenschaft hingestellt; man krampfte sich eben an diesen Strohhalm, um die eigene Blamage zu verdecken und eventuell andere Kirchenfürsten zur Nacheiferung zu bewegen. Darauf ward jene Organisation auf Befehl Roms sofort abgeändert. Uebrigens hat Kardinal Andrieu, der Nachfolger des Msgr. Lecot auf dem erzbischöflichen Stuhl zu Bordeaux, balb nach seinem Amtsantritt den Diözesanverband aufgelöst, um allen Zweideutigkeiten, die man hier hineininterpretieren wollte, ein für alle Mal ein Ende zu setzen.

* * *

Das „Trennungsgesetz" ist also in seinem Hauptpunkt, den Kultusgenossenschaften, antikatholisch, freimaurerisch! Papst Pius X. hat vor Allem aus diesem Grunde jeden Versuch verboten, eine solche Genossenschaft einzurichten.

Gerade wegen der ungeheuren Tragweite der Artikel 4 und 8 des Trennungsgesetzes, die das Ganze völlig unannehmbar machten, und die vielfach schlecht verstanden worden sind, haben wir darauf gehalten, die **Geschichte** und die **Bedeutung** dieser Bestimmungen aufs Ausführlichste klarzulegen.

Ebenso wie andere in früheren Jahrhunderten es versuchten, so wollte auch die französische Freimaurerloge die Kirche Frankreichs von ihrem Mittelpunkt, der geistlichen Obergewalt in Rom, losreißen.

Die Männer von Kelle und Schurzfell wußten sehr wohl, daß alsdann die katholische Religion in Frankreich dem Untergang geweiht sei. Denn nur in der Einheit, im Papsttum vor allem, besteht ihre Lebenskraft!

Verschiedene Male haben auch die Logenbrüder versucht, abgefallene Priester als rechtmäßige Pfarrer in die katholische Kirche gesetzlich einzuführen. Ein richtiges teuflisches Manöver!

Aber Pius X. hat dieses Spinnengewebe von Freimaurer-Ränken mit einem Schlage zerrissen. Er hat das ganze „Trennungs"-Gesetz mit einem Wurf in die Rumpelkammer geschleudert.

Nicht die Freimaurerei, nicht ein sozialistischer Minister, sondern Petrus regiert diese Kirche, und Petrus, d. h. der Papst, hat diesen Leuten, die die katholische Kirche blindlings ins Verderben leiten wollten, mit einem Wort an der Schwelle Halt geboten.

Weitere Chikanen, die sich an die Kultusgenossenschaften knüpften.

In Hinsicht der „Kultusgenossenschaften", die das Trennungsgesetz schaffen wollte, ließe sich noch manches hervorheben, was den gehässigen Charakter dieser Einrichtung ins hellste Licht stellen muß. Nachfolgend einige weitere Chikanen:

a) Diesen offiziellen Organisationen der katholischen Kirche war es z. B. ausdrücklich **verboten**, sich mit **Wohltätigkeitswerken**, wie Armenpflege, Gründung von Spitälern usw. oder mit dem Unterhalt katholischer Schulen zu befassen. Das geht klar aus dem 19. Artikel hervor, der bestimmt, daß die „Kultusgenossenschaften als Objekt ausschließlich die Ausübung des Gottesdienstes haben sollten". Warum eine solche harte Beschränkung?

b) Ferner ist es den Kultusvereinen **untersagt, Geschenke oder Vermächtnisse anzunehmen.** Das erhellt auch aus dem Artikel 19, der ganz genau die Art und Weise umgrenzt, auf welche die Genossenschaften sich Einkünfte verschaffen können. Von testamentarischen oder sonstigen Geschenken ist dort nichts gesagt. Also ist es keinem Katholiken mehr gestattet, zur Verschönerung des Gottesdienstes usw. eine Schenkung zu machen. — Uebrigens dürfen nach dem allgemeinen Vereinsgesetz vom 1. Juli 1901 nur jene Gesellschaften Vermächtnisse übernehmen, die offiziell als gemeinnützig anerkannt (reconnue d'utilité publique) sind. Diese Anerkennung ist aber bei den Kultusgenossenschaften **unmöglich** gemacht, wie dies Professor de Lamarzelle beweist (Seite 262).

Zwar bestimmt Art. 19 Abschnitt 4, daß für „religiöse Veranstaltungen und Dienstleistungen selbst im Wege der Stiftung" gesorgt werden kann, aber damit waren nur die kleineren Beträge für bestimmte Seelenmeßstiftungen usw. gemeint. Es war aber n i c h t m e h r m ö g l i c h, einen Betrag zur Aufrechterhaltung des Kultes ü b e r h a u p t (oder für charitative und soziale Zwecke) der Kirche zuzuwenden. — Ist dies nicht eine intolerante Beengung des Eigentumsrechtes?

c) Des weiteren ist vorgeschrieben, daß die Finanzen der Kultusvereine regelmäßig von der **staatlichen** Einregistrements-Verwaltung und der Generalinspektion der Finanzen **kontrolliert** werden müssen. Die Kultusvereine haben über ihre Einnahmen und Ausgaben Buch zu führen; sie haben jährlich eine Bilanz für das verflossene Jahr, sowie einen Ausweis über ihr bewegliches und unbewegliches Vermögen aufzustellen. (Art. 21.) Auch die Kassen, wo die Kultusvereine Geld oder Wertpapiere deponieren dürfen, sind ganz genau durch Gesetz bestimmt. — Ja, wenn man sich doch „getrennt" hat, warum will denn der Staat auch noch in Zukunft die innere Verwaltung der Kirche **beaufsichtigen**?

d) Das Gesetz erlaubt den kirchlichen Genossenschaften, einen Reservefonds anzulegen; nur sieht Art. 22 vor, **daß diese Reserve eine gewisse Höhe** (das Detail interessiert hier nicht), die übrigens nicht sehr reichlich bemessen ist, nicht **überschreiten darf.** — Wozu diese Chikanen?

e) Endlich ist es sicher, daß die Kultusvereine für ihre Immobilien auch noch neben der Grundsteuer die „**Taxe der toten Hand**" (eine schwere Ausnahmesteuer für Klöster, Spitäler usw.) entrichten müssen (siehe de Lamarzelle, S. 255). — Kann man also sagen, daß die Katholiken nach dem gemeinen Rechte behandelt werden?

Sogar Rothenbücher (S. 295 u. 296) gibt zu: „Ueberblickt man die Gesamtheit der für die Kultvereine geltenden Rechtsregeln, so muß man feststellen, daß zwar die Organisation der Kultusvereine durch= aus auf der privaten Initiative beruht, daß aber über die Form, den Umfang und die Wirkungsweise dieser Organisation der Staat eingehende Bestimmungen getroffen hat, die das Gesetzgebungsrecht der Vereinsmitglieder wesentlich einschränken. Es sind dem Kultusvereine hinsichtlich des Rechtes, Vermögen zu erwerben, enge Grenzen gezogen, vor allem aber untersteht er einer außerordent= lich strengen staatlichen Aufsicht ... Mit der Trennung von Kirche und Staat ist nicht der Kult vollkommen frei ge= worden, sondern die Staatsgewalt hat sich sofort genötigt gesehen, die öffentliche Kultübung von neuem zu organisieren.“

* * *

Trotz allem hätten diese letzteren Gründe wohl nie den Papst bestimmt, die Kultusgenossenschaften unbedingt zu verbieten.

Der giftigste Stachel, den das Gesetz enthält, ist eben die Gefahr des Schismas. Das war auch der Grund, warum Rom hier sich nie in Unterhandlungen einlassen konnte.

Doch kommen wir zu der Stellung, die der hl. Stuhl in der Trennungsangelegenheit eingenommen hat!

Nach der Trennung.

I. Der Papst hat das Wort.

A. Das Vatikanische Weißbuch.

Nachdem die „Trennung" am 11. Dezember 1905 Gesetz ge=
worden war, sah man in der ganzen Welt mit Spannung den Schritten
des Vatikans entgegen.

Der Papst soll, als er die Nachricht von dem Votum des
Trennungsgesetzes erhielt, Zeitungsnachrichten zufolge gesagt haben:
„Ungläubige gibt es überall; aber in Frankreich stirbt die Kirche,
weil die französischen Katholiken keine Energie mehr haben, kein
Leben und keinen Glauben."

Das war ein hartes Urteil; aber Pius X., der in dieser bittern
Stunde das herbe Wort der Kritik gefunden, beschränkte sich nicht
auf diesen harten Tadel, der von der Bitterkeit der Stunde einge=
geben war.

Er begab sich sofort ans Handeln: Gleich nach Weihnachten
erschien das **vatikanische Weißbuch** über die französische Trennungs=
angelegenheit. Mit dem italienischen Text ward zugleich eine offi=
zielle französische Ausgabe veröffentlicht. (Man kann die hochinte=
ressante, für das Studium der französischen Trennung unentbehrliche
Schrift beziehen von der „Bonne Presse", Paris, Rue Bayard,
Preis 0,75 Franken.)

Dieses Buch, das ungeheure Sensation erregte, bildet einen
300 Seiten starken Band. Die neun Kapitel behandeln: 1. Die
Trennungspolitik; 2. Unterdrückung der nichtautorisierten Orden;
3. Unterdrückung des kongreganistischen Unterrichts und der autori=
sierten lehrenden Orden; 4. Konkordat und organische Artikel; 5. Die
Beziehungen zwischen der Kirche und der dritten Republik; 6. Die
Frage des „Nobis nominavit"; 7. Besetzung der vakanten Bistümer;
8. Besuch des Präsidenten der Republik bei König Viktor Emma=
nuel III. in Rom; 9. Die Frage von Dijon und Laval; Anhang:
Das französische Protektorat im Orient. — Daneben enthält das
Weißbuch 47 wichtige diplomatische Schriftstücke im Wortlaut.

Die offizielle päpstliche Schrift zeigt, daß die Schuld an dem Bruch zwischen dem Vatikan und der französischen Republik die verschiedenen Ministerien seit Waldeck=Rousseau trifft.

Unter anderm wird ein sehr interessanter Brief Pius' X. vom 2. Dezember 1903 an den Präsidenten Loubet mitgeteilt, worin es heißt: „Die lange Reihe kirchenfeindlicher Maßnahmen legen die Vermutung nahe, daß man allmählich nicht nur die völlige Tren=nung von Kirche und Staat in die Wege leiten will, sondern daß man Frankreich auch den christlichen Charakter nehmen will, der in den vergangenen Jahrhunderten seinen Ruhm ausmachte."

Der hl. Stuhl beweist, daß schon **vor** der „Trennung" die Repu=blik das Konkordat in verschiedenen Punkten direkt verletzte, besonders durch die Unterdrückung des kongreganistischen Unterrichts und die Verfolgung der religiösen Orden.

In entschiedener Weise wird der Vorwurf zurückgewiesen, daß das Papsttum die französische Republik bekämpft habe. Gerade der hl. Stuhl habe im Gegenteil vieles zu Gunsten der Republik getan.

Natürlich legt das Weißbuch den vatikanischen Standpunkt in den neuen Streitfragen („Nobis nominavit" oder „Nennung" der Bischöfe, Loubets Romreise usw.) ausführlich dar. Wir können uns ersparen, darauf zurückzukommen.

Sehr scharf widerlegt der Papst auch den Vorwurf, Rom habe das Konkordat nicht beachtet, weil es die organischen Artikel nicht anerkannt habe.

Die diplomatische Schrift hatte — wie es ausdrücklich darin heißt — nicht den Zweck, „auf persönliche Beleidigungen zu ant=worten", noch „die französische Nation selbst zu beleidigen". Sie wollte nur „die öffentliche Meinung namentlich in Frankreich auf=klären und verhindern, daß in Bezug auf ein so wichtiges Ereignis, wie die Trennung, die historische Wahrheit entstellt werde".

Dieser Protest im Namen der Wahrheit wurde gehört; die Freimaurer=Regierung vermochte die päpstliche Darstellung nicht zu entkräften.

Die Geschichte wird später aus diesem Weißbuch ersehen, wo die Intriguen und der böse Wille in dieser Sache zu suchen sind.

Nicht das Trennungsgesetz, sondern das vatikanische Weißbuch bildet den Abschluß jener hochwichtigen kirchenpolitischen Periode, die in Frankreich unter dem Regime des Konkordates stand.

B. Die erste Verurteilung.

Enzyklika „Vehementer Nos" vom 11. Februar 1906.

Die definitive Verdammung der traurigen „Trennungs"=Mache ließ nicht lange auf sich warten.

Rom sprach am 11. Februar 1906; damit war die Sache für alle Katholiken entschieden.

In der „ganzen Fülle seiner apostolischen Gewalt", „kraft seiner höchsten Auktorität, die ihm Gott verliehen", erklärte Pius X., unser erleuchteter und gottgesegneter oberster Hirte, in der Enzyklika „Vehementer Nos", daß das neue Gesetz „eine **schwere Beleidigung gegenüber Gott**" sei, daß es das „**Naturrecht und das Völkerrecht verletze**", das es „der **göttlichen Verfassung der Kirche**, ihren wesentlichen Rechten und ihrer Freiheit widerstrebe", daß es das „**Eigentumsrecht mit Füßen trete**", daß es die Eintracht und den inneren Frieden Frankreichs gewaltig schädige.

Eingangs weist der Papst nach, wie das Trennungsgesetz seit langen Jahren angestrebt und vorbereitet wurde.

Zum Schluß richtet der hl. Vater herzliche Worte an den französischen Episkopat, den Klerus und das Volk, indem er sie zur einträchtigen, opferwilligen Verteidigung der Religion ermahnt, welche man aus Frankreich hinausweisen möchte.

Auf die Frage: »Was ist nun praktisch zu tun? Sollen die Katholiken, um wenigstens einen Teil des Kirchengutes zu retten, trotz allem nun **Kultusgenossenschaften** bilden?« reserviert sich der Papst die definitive Antwort.

Im Prinzip werden die Kultusvereine verworfen; doch verspricht der hl. Stuhl, die Lage allseitig zu prüfen, um zu sehen, ob sich irgend ein Ausweg finde. Später wird er den französischen Katholiken genaue Anweisungen geben, nach denen in Zukunft der Gottesdienst organisiert werden soll.

Die Enzyklika „Vehementer Nos" ist ein Schriftstück, durch das ein göttlicher Hauch von überlegener **Ruhe**, von alles überragender **Majestät** geht. Die Sprache ist feierlich, die Ausdrücke klar, knapp, die Beweise schlagend. Jeder Katholik, der die Trennungsfrage irgendwie studieren will, sollte sie immer und immer wieder lesen.

Wir lassen hier dieses wichtige Dokument im Wortlaut folgen:

Ehrwürdige Brüder und geliebte Söhne!

Wer hat die Trennung vorbereitet?

Welche Kümmernisse und welcher Schmerz Uns bedrückten beim Hinblick auf Eure Lage, brauchen Wir nicht erst auszuführen. Jenes Gesetz ist nun in Kraft getreten, welches mit einem Male die uralte Verbindung Eures heimatlichen Staatswesens mit dem Apostolischen Stuhle gewaltsam durchschnitten und die Kirche Frankreichs in eine ganz unwürdige und traurige Stellung herabgedrückt hat. Wahrhaftig, Wir stehen vor einem düsteren Ereignis! Jeder rechtschaffene Mensch muß es beklagen, wenn er den Schaden abmißt, welchen dasselbe der bürgerlichen Gesellschaft gleicherweise wie der Religion zufügt. Allerdings, nach der Haltung, welche die Männer an der Spitze der französischen Regierung in der letzten Zeit eingenommen haben, dürfte dasselbe niemand mehr überrascht haben. Ihr habt, ehrwürdige Brüder, so viele in aller Oeffentlichkeit den christlichen Anstalten zugefügte Unbilden nacheinander miterlebt, daß das letzte Ereignis für Euch gewiß weder unerwartet noch neu war. Ihr habt es mitansehen müssen, daß die Heiligkeit und Unauflöslichkeit des christlichen Ehebandes durch das Staatsgesetz verletzt wurde; von den öffentlichen Schulen und Krankenhäusern wurde die Religion ausgeschlossen; die Kleriker wurden aus ihren geistlichen Anstalten und aus den religiösen

Studien herausgeriſſen und unter die Waffen gerufen; die religiöſen Genoſſenſchaften ſind zerſtreut und ihrer Güter beraubt worden, ihre Mitglieder ſehen ſich meiſt
jeglicher Not preisgegeben. Der alte Brauch, die Sitzungen der geſetzgebenden
Körperſchaften und der richterlichen Behörden unter Anrufung des göttlichen Segens
zu eröffnen, iſt durch Geſetz, wie Ihr wißt, abgeſchafft worden, ebenſo die Trauer-
kundgebung der Kriegsflotte am Gedächtnistage des Todes Chriſti. Dem richterlichen Eid wurde die religiöſe Feierlichkeit genommen. In den Gerichtsſälen, in
den Gymnaſien, beim Landheer wie bei der Flotte, kurz bei allen der öffentlichen
Gewalt unterſtehenden Veranſtaltungen wurde ausgeſchloſſen, was immer als Zeichen des chriſtlichen Glaubens hätte gelten können. Bei all dieſen namhaft gemachten und den ihnen verwandten Maßnahmen beſtand offenbar die Abſicht, Vor-
ſtufen zu machen, um die volle, geſetzliche Trennung von Kirche und Staat einzu-
leiten. Denn dieſelben haben ſchon allmählich das Band zwiſchen beiden gelöſt.
Ihre Urheber haben ja ſelbſt kein Bedenken getragen, das mehr als einmal offen
zu erkennen zu geben. — Der Apoſtoliſche Stuhl hat alle ihm zu Gebote ſtehenden
Mittel angewandt, um das große Uebel abzuwehren. Unabläſſig hat er die Regierung Frankreichs daran erinnert, die Menge von Schwierigkeiten zu beherzigen,
welche die nun verwirklichte Trennung mit ſich bringen müſſe. Andererſeits ver-
doppelte er die Beweiſe außerordentlicher Güte und Geneigtheit gegen Frankreich,
im berechtigten Vertrauen auf die Dankbarkeit der Lenker des Staates. Man
durfte hoffen, daß dieſelben ſich ſo von weiterem Vorgehen zurückhalten und zur
Aufhebung der begonnenen Maßnahmen bewegen ließen. — Aber aller Eifer,
alles Entgegenkommen, alles, was Unſer Vorgänger und Wir ſelbſt verſucht haben,
erweiſt ſich nun als völlig eitel. Der Geiſt der Feindſeligkeit gegen die Religion,
der einen ſo langen Kampf gegen die Rechte Eures katholiſchen Volkes und gegen
die Wünſche aller rechtlich Geſinnten geführt hat, hat Euch nun Eure Rechte mit
Gewalt entriſſen. Getreu dem Gebot der Pflicht und des Gewiſſens, erheben Wir
in dieſer Unglückszeit Unſere Apoſtoliſche Stimme und teilen Euch, ehrwürdige
Brüder und geliebte Söhne, Unſere Gedanken und Abſichten mit. Wir waren Euch
ſtets in beſonderer Liebe zugetan. Jetzt mußte dieſe Liebe noch größer werden.

Staat und Kirche.

Der Grundſatz, daß Staat und Kirche getrennt werden müßten, iſt fürwahr
ein ganz falſcher und höchſt verderblicher Grundſatz. — Denn wer ſich auf den Boden der Annahme ſtellt, daß der Staat ſich in keiner Weiſe um die Religion be-
kümmern dürfe, fügt zuvörderſt Gott ein großes Unrecht zu, der ebenſo Begründer
und Erhalter der menſchlichen Geſellſchaft, als des Lebens des einzelnen Menſchen
iſt. Deshalb kann ſich der Kult nicht auf das Gebiet des Privatlebens zurückziehen, ſondern er muß ein öffentlicher ſein. Ferner liegt dieſem Grundſatz deutlich
genug die Leugnung des Uebernatürlichen zu Grunde. Denn es werden hierbei
die ſtaatlichen Unternehmungen ganz allein nach den Rückſichten auf die Wohlfahrt
dieſes ſterblichen Lebens bemeſſen, welche ja wohl die nächſte Angelegenheit der
bürgerlichen Geſellſchaft iſt; die höchſte Angelegenheit der Bürger aber, die ewige
Seligkeit, welche jenſeits des kurzen Erdenlebens uns ſich darbietet, vernachläſſigt
er vollſtändig als eine dem Staate fremde Sache. Und doch ſollte das Staats-
weſen gemäß der ganzen Ordnung der wandelbaren, irdiſchen Dinge für die Erreichung des abſoluten, höchſten Gutes nicht hinderlich, ſondern förderlich ſein. —
Sodann durchbricht er die von Gott mit höchſter Weisheit getroffene Ordnung der
menſchlichen Dinge, welche ohne Zweifel die Eintracht zwiſchen der religiöſen und
der bürgerlichen Geſellſchaft erheiſcht. Denn da beide, wiewohl auf getrenntem
Gebiete für ſich, doch eine Herrſchaft über dieſelben Menſchen ausüben, ſo müſſen
ſich oft die Verhältniſſe ſo geſtalten, daß Kenntnisnahme davon und Beurteilung
auf beiden Seiten erforderlich wird. Wo nun der Staat mit der Kirche keine
Beziehungen unterhält, da werden ſolche Verhältniſſe leicht zum Anlaß von für
beide Seiten recht bitteren Streitigkeiten, welche den Sinn für die Wahrheit zur
großen Verwirrung der Gemüter trüben. — Das hat ſchließlich auch für den Staat
ſehr große Nachteile im Gefolge. Bei Zurückſetzung der Religion kann die bürgerliche Geſellſchaft nicht blühen und feſt beſtehen bleiben. Jene iſt die oberſte

Führerin und Lehrerin für den Menschen in Sachen der gewissenhaften Beobach=
tung von Recht und Pflicht.

Entsprechend dieser Sachlage haben die römischen Päpste, wann und wo die
Verhältnisse es ratsam machten, jene Meinungen zurückgewiesen und mißbilligt,
welche sich für die Trennung von Staat und Kirche aussprachen. Unser glorreicher
Vorgänger Leo XIII. insbesondere hat mehrmals herrlich auseinandergesetzt, wie
groß die Eintracht beider Gewalten nach den Grundsätzen der christlichen Offen=
barung sein sollte. „Es muß," so führte er aus, „unter diesen eine geordnete Ver=
bindung bestehen, welche nicht unpassend mit der Vereinigung von Leib und Seele
verglichen wird." Er fügt noch bei: „Die Staaten können ohne Sünde sich nicht
so verhalten, als existierte Gott gar nicht, noch auch können sie die Sorge für die
Religion als etwas ganz Fremdes und Unnützes von sich weisen. . . Die Kirche
aber, die Gott selbst begründet hat, von jeder Lebensäußerung bei der Gesetzgebung,
beim Jugendunterrichte und der Familie ausschließen, das ist ein großer und ver=
derblicher Irrtum."

Frankreich und die Kirche.

Wenn nun der Ausschluß der Kirche durch den Staat in jedem Staatswesen
eine gegen alles Recht verstoßende Maßnahme wäre, um wieviel mehr ist er zu
mißbilligen in Frankreich, das weniger als jeder andere Staat dazu Veranlassung
hatte! Hat doch der heilige Stuhl in den langen Zeiträumen der vergangenen
Jahrhunderte gerade Frankreich mit besonderer Liebe einzigartig geschätzt, Frank=
reich, dessen Geschick, hoher Ruhm und Glanz immer mit der Religion und Hu=
manität verschwistert war! Mit Recht fährt derselbe Papst fort: „Frankreich möge
sich daran erinnern, daß seine providentielle Verbindung mit dem Apostolischen
Stuhle zu eng und zu alt ist, als daß es jemals an eine Auflösung zu denken
wagen sollte. Es hat aus ihr seinen schönsten Ruhm und die glänzendste Aus=
zeichnung gewonnen. . . Diese Beziehungen stören wollen, hieße soviel, als von
dem Ansehen und der Schätzung der französischen Nation bei den anderen Völkern
ein gutes Stück opfern."

Das Konkordat.

Diese engen Beziehungen hätten um so heiliger sein müssen, als sie auf feier=
lichen Verträgen beruhten. Zwischen dem Apostolischen Stuhl und der französischen
Republik stand ein beiderseits verpflichtendes Abkommen ganz der Art, wie sie
zwischen den Staaten gültigerweise in Uebung sind. Daher hat sowohl der römische
Papst als der Lenker des französischen Staates sich und seine Nachfolger verpflich=
tet, an dem geschlossenen Vertragsverhältnis treu festzuhalten. Dieses Ueberein=
kommen beruhte folglich, ebenso wie andere zwischen Staaten getroffene Verein=
barungen, auf dem Völkerrecht. Es konnte demgemäß von keinem der beiden
Teile einseitig aufgehoben werden. Der Apostolische Stuhl hat auch seinerseits
die Vertragsbedingungen allzeit ganz getreu beobachtet und stets verlangt, daß der
Staat hinwieder sie ebenso treu wahre. Kein auf diesem Gebiete Urteilsfähiger
kann das leugnen. Doch siehe! Einen so feierlichen und rechtsgültigen Vertrag
löst die Republik ganz nach eigenem Belieben. Die Verletzung heiliger Vertrags=
treue achtet sie für nichts, wenn sie sich dadurch von der Verbindung und freund=
schaftlichen Stellung zur Kirche losmachen kann, für nichts achtet sie das schwere
Unrecht, das sie dem Apostolischen Stuhle zufügt, die Verletzung des Völkerrechtes,
die bedenklichste Durchbrechung der politischen und gesellschaftlichen Gepflogenheiten.
Ist doch für das menschliche Leben und die ruhige Betätigung der Gegenseitigkeit
in der Gesellschaft nichts so wichtig, als daß die öffentlichen Verträge heilig und
unverletzlich gehalten werden.

Die Art und Weise, wie die Republik das Konkordat aufgelöst hat, hat das
Unrecht des Vorgehens selbst noch bedeutend erhöht. Völkerrecht, Sitte und bür=
gerliche Gewohnheit halten gleichmäßig an dem Grundsatz fest, daß Staatsverträge
nicht früher aufgelöst werden dürfen, als bis derjenige Staat, der die Auflösung anstrebt,
dem anderen seine Entschließung ordnungsgemäß offen angezeigt hat. Hier aber hat
keinerlei Mitteilung dieser Entschließung an den Apostolischen Stuhl, geschweige denn
eine ordnungsgemäße Anzeige, stattgefunden. Die französischen Staatslenker haben kein

Bedenken getragen, gegen den Heiligen Stuhl die allgemeinen Pflichten der Höf=
lichkeit zu verletzen, welche man selbst gegenüber dem kleinsten und unbedeutend=
sten Staatswesen zu erfüllen pflegt. Obwohl sie als Vertreter einer katholischen
Nation zu handeln hatten, haben sie sich nicht gescheut, Würde und Gewalt des
Papstes, des Oberhauptes der katholischen Kirche, zu verachten, während doch dieser
Gewalt gegenüber eine um so höhere Ehrerbietung am Platze war, als sie die
ewigen Güter der Seele verwaltet und keineswegs in die Grenzen eines einzelnen
Landes eingeschränkt ist.

Der Charakter des Trennungsgesetzes.

Fassen Wir aber das Gesetz selbst ins Auge, das nunmehr verkündet ist, dann
mehren und erschweren sich nur die Gründe zur Klage. Nachdem die Republik
von allen vertragsmäßigen Verbindlichkeiten gegen die Kirche sich losgerissen hatte,
hätte eine folgerichtige Anwendung der betätigten Grundsätze verlangt, daß sie auch
die Kirche selbst freigegeben und ihr den Genuß aller durch das gemeine Recht
begründeten Freiheiten eingeräumt hätte. Doch nichts weniger als das! Wir
müssen von Bestimmungen lesen, welche die Kirche der weltlichen Gewalt unter=
stellen, während sie zugleich schroff die Privilegien der Kirche aufheben. Als
schwer und lästig müssen Wir es empfinden, daß durch solche Maßnahmen die
weltliche Gewalt in Gebiete eingedrungen ist, deren Regelung und Ordnung allein
Sache der geistlichen Gewalt ist. Noch größerer Schmerz aber drückt Uns darüber,
daß ebendieselbe unter Beiseitesetzung von Recht und Billigkeit die französische
Kirche in die mißlichsten und widerlichsten Verhältnisse gestürzt hat, welche ihren
heiligen Rechten aufs schroffste widerstreiten.

Die Trennung widerspricht der Verfassung der Kirche.

Die Gesetzesbestimmungen verstoßen nämlich in erster Linie gegen die Ver=
fassung, welche Christus selbst seiner Kirche gegeben hat: Die Heilige Schrift lehrt
es und die Ueberlieferung der Väter bestätigt es, daß die Kirche in geheimnis=
voller Weise der Leib Christi ist, welcher durch die bevollmächtigten Hirten und
Lehrer geleitet wird, d. h. sie ist eine Gesellschaft unter den Menschen, in welcher
einzelne an der Spitze der übrigen stehen und die volle und ganze Gewalt zu
leiten, zu lehren und zu richten besitzen. Diese Gesellschaft ist demnach in Hinsicht
auf ihre Gewalt und Beschaffenheit eine ungleiche, so zwar, daß sie zwei Stände
von Personen, Hirten und eine Herde, enthält, d. h. jene, welche in den verschie=
denen Rangstufen der Hierarchie sich befinden, und unter diesen die Menge der
Gläubigen. Dabei sind diese Stände so voneinander unterschieden, daß das Recht
und die Gewalt, die Mitglieder der Kirche zur Erstrebung ihres Zieles anzuregen
und anzuleiten, bei der Hierarchie ruht, die Gläubigen aber die Pflicht haben, sich
der Kirchenregierung zu unterwerfen und der Leitung ihrer Vorsteher gehorsam zu
folgen Der heilige Märtyrer Cyprian hat dieses Verhältnis vortrefflich mit den
Worten dargelegt: „Unser Herr, dessen Gebote Wir ehren und beobachten müssen,
sagt im Evangelium, indem er den Rang des Bischofs und die Verfassung der
Kirche begründet, zu Petrus: »Ich sage dir, du bist Petrus« usw. Von dort lei=
tet sich durch die wechselnden Zeiten und die Reihe der sich folgenden Inhaber die
Beauftragung der Bischöfe und die Verfassung der Kirche her. Die Kirche ist so
auf die Bischöfe begründet, und die Betätigung der Lebenswirkungen der Kirche
muß durch dieselben als ihre Vorsteher geleitet werden. So ist es", sagt er, „durch
das göttliche Gesetz bestimmt." Im Gegensatz hierzu wurde durch dieses Tren=
nungsgesetz die Verwaltung und Bewahrung der öffentlichen Gottesverehrung nicht
der von Gott bestellten Hierarchie überlassen, sondern sie ist an eine gewisse Ver=
einigung von Bürgern übertragen worden. Dieser hat man die Eigenschaften und
Befugnis einer juristischen Person zugesprochen; sie allein gilt für alle Gebiete des
religiösen Kultes als gesetzliche Vertreterin und ist den gesetzlichen Vorschriften un=
terworfen. Diesen Vereinigungen soll also der Gebrauch der Kirchen und Kape=
len und der Besitz der beweglichen und unbeweglichen kirchlichen Güter zustehen.
Ihnen wird, und zwar nur zeitweilig, das Verfügungsrecht über die bischöflichen
Gebäulichkeiten, die Pfarrhäuser und Seminarien zugestanden. Sie haben die

Güter zu verwalten, die Umlagen zu erheben, den Zwecken der Religion gewidmetes Geld und Stiftungen anzunehmen. Aber von der Hierarchie schweigt das Gesetz. Es wird zwar verfügt, daß diese Vereine so zu bilden sind, wie es die Normen und die Verfassung des religiösen Kultes erfordern, zu dessen Gunsten sie gebildet werden sollen. Aber es ist auch vorhergesehen, daß, wenn etwa ein Streit über ihre Angelegenheiten entstehen sollte, ihn allein der „Staatsrat" (Conseil d'Etat) zu entscheiden hat. Es ist offenbar, daß diese Kultgenossenschaften der weltlichen Gewalt in einem Maße unterstellt sind, das die kirchliche Obrigkeit ganz von der Betätigung ihrer Gewalt über sie ausschließt. Wie sehr all das der Würde der Kirche Abtrag tut, ihren Rechten und ihrer göttlichen Verfassung zuwiderläuft, liegt auf der Hand; es trifft um so mehr zu, weil das Gesetz in diesem Kapitel sich nicht in klaren, scharf bestimmten Sätzen, sondern in so unbestimmten, weitmaschigen Verfügungen ergeht, daß man von der Auslegung mit Recht noch größere Nachteile fürchten darf.

Die Freiheit der Kirche.

Sodann ist der Freiheit der Kirche nichts so feindlich wie dieses Gesetz. — Denn wenn die religiösen Gewalten durch Einsetzung dieser Kultgenossenschaften vom Staat abgehalten werden, ihre volle Gerechtsame auszuüben; wenn in diesen Genossenschaften der „Staatsrat" die oberste Entscheidung hat und dieselben an Gesetze gebunden sind, die vom gemeinen Rechte ganz verschieden sind, so daß sie sich schwer bilden und noch schwerer bestehen können; wenn das Recht zur Ausübung des Kultes durch vielfältige Ausnahmen wieder beschränkt wird; wenn die Hut der Gotteshäuser, welche der Eifer und die Fürsorge der Kirche hergestellt hat, dieser entzogen und dem Staate zugewiesen wird; ja, wenn der Kirche selbst das Recht, über den Glauben und die Sittenlehre zu predigen, beschnitten wird und die Geistlichen mit schweren Strafen bedroht werden, — wenn ein Gesetz solches verfügt und dabei der Willkür in der Auslegung noch Spielraum gelassen wird: heißt man das nicht die Kirche in eine demütigende und verächtliche Stellung herabdrücken und unter dem Schein, das öffentliche Recht zu wahren, den friedlichen Bürgern, zu denen die Mehrzahl der Franzosen zählt, das heilige Recht entziehen, ihren Glauben zu bekennen, wie sie wollen? Freilich beruht die Verletzung der Rechte der Kirche durch den französischen Staat nicht allein darin, daß er die freie Uebung des göttlichen Kultes unterdrückt, worin doch die Kraft und das Wesen der Religion gelegen ist, sondern auch darin, daß er ihr die Möglichkeit nimmt, dem Volke ihre Wohltaten zuzuwenden, und darin, daß er überhaupt ihre Wirksamkeit in vielfältiger Weise schmälert. So war es ihm ja nicht genug, neben anderen Schädigungen die religiösen Orden zu unterdrücken, welche der Kirche zur Vornahme der gottesdienstlichen Verrichtungen, zur Erziehung und zum Unterricht der Jugend, bei Ausübung der christlichen Wohltätigkeit vortreffliche Kräfte zu Gebote stellten; er entblößte die Kirche auch ihrer menschlichen Hilfsmittel, der zum Leben und zur Amtsführung notwendigen Güter.

Das Eigentum der Kirche.

Wahrlich, das Trennungsgesetz verletzt und beschränkt zu den beklagten Nachteilen und Unbilden der Kirche auch das Recht auf den Besitz ihres Eigentums. Denn es treibt die Kirche zum guten Teil aus dem Besitze des mit den gerechtesten Titeln erworbenen Vermögens, welches die Gerechtigkeit mit lautem Einspruch zurückverlangt. Was immer korrekt verfügt sein mag, hebt es auf, sobald Stiftungen für den Gottesdienst oder zum Troste der Verstorbenen in Frage kommen. Freigebige Zuwendungen der Katholiken für christliche Schulen und Wohltätigkeitsinstitute werden den weltlichen Anstalten zugewiesen, bei denen man meistenteils umsonst nach einer Spur katholischer Religiosität sucht. Mit dem Recht der Kirche wird somit offenbar auch das Recht des Testamentes samt den Willensverfügungen der Stifter durchbrochen. Die ungerechteste Verfügung des Gesetzes ist aber jene, welche die kirchlichen Gebäude, die die Kirche ehedem besaß, in Zukunft dem Staate, den Provinzen oder Gemeinden zuweist. Diese Bestimmung ist für Uns ein Gegenstand der größten Sorge. Denn wenn auch den Kultgenossenschaften die

Benützung der Kirchen zum Gottesdienste unentgeltlich überlassen wird, aber nicht definitiv, wie wir gesehen haben, so wird doch diese Verwilligung wieder durch so viele Ausnahmen eingeschränkt, daß die weltliche Obrigkeit ganz freie Hand hat. Endlich müssen Wir für die Heiligkeit der Gotteshäuser fürchten. Die Gefahr ist, wie Wir sehen, keineswegs fern, daß die hehren Wohnstätten der göttlichen Majestät, die für den Franzosen die Stätten der teuersten Erinnerung und ehrwürdigsten Weihe sind, durch profane Feierlichkeiten entweiht werden, nachdem sie einmal der weltlichen Gewalt überwiesen sind. Durch die Bestimmung, welche den Staat von der Pflicht zur Zahlung eines jährlichen Beitrages für die religiös-kirchlichen Bedürfnisse entbindet, verletzt das Trennungsgesetz die feierlich beschworene Treue und Gerechtigkeit jedoch auf das schwerste. Die geschichtlichen Tatsachen und Belege schließen jeden Zweifel aus, daß der französische Staat bei Uebernahme der vertraglichen Verpflichtung zur Zahlung der Summe, welche für den standesgemäßen Unterhalt der Kleriker und die würdige Abhaltung des öffentlichen Gottesdienste jährlich nötig ist, keineswegs aus bloßer Höflichkeit und Güte gehandelt hat. Der Beitrag stellt vielmehr eine wenigstens teilweise Rückgabe der Güter dar, welche der Kirche kurz zuvor durch die öffentliche Gewalt geraubt worden waren. Wenn der Papst bei derselben Vereinbarung aus Liebe zum Frieden verhieß, daß er und seine Nachfolger diejenigen nicht behelligen werden, an welche jene Güter übergegangen waren, so ließ er sich dazu nur mit der Bedingung bestimmen, daß der Staat selbst auch dauernd für den würdigen Unterhalt der Geistlichen und des Gottesdienstes Sorge tragen werde.

Die Folgen für den Staat.

Zuletzt soll es nicht verschwiegen sein, daß dieses Gesetz nicht einmal nur der Kirche, sondern auch Eurem Staate erheblichen Schaden zufügt. Zweifellos bedroht es die Einigkeit und den Zusammenhalt der Bürger, ohne den kein Staat bestehen und erstarken kann, mit schwerer Erschütterung. Aber gerade bei den heutigen Verhältnissen in Europa muß jeder gute und vaterländisch denkende Franzose wünschen, daß diese Einigkeit nicht ins Wanken gerät. Wir haben Unsererseits von Unserem Vorgänger das Erbe ganz besonderer Liebe für Euer Volk übernommen, und als Wir Uns zur Verteidigung des alten religiösen Rechtsbestandes erhoben, da hatten Wir zugleich die Absicht und bewahren sie, den Frieden und die Eintracht unter Euch allen zu festigen, deren bestes Band die Religion ist. Nur mit den größten Befürchtungen erkannten Wir deshalb, daß die öffentliche Gewalt bei Euch einen Schritt unternehmen, der zur völligen Umwälzung des Staatswesens führen kann, nachdem einmal unter das schon so wie so aufgereizte Volk die Fackel des religiösen Streites mit ihren Gefahren geworfen worden ist.

Verurteilung des Gesetzes.

Eingedenk Unserer apostolischen Pflicht, die heiligen Rechte der Kirche gegen jeden Angriff zu schirmen, weisen Wir somit das offiziell bestätigte Gesetz, welches den französischen Staat und die Kirche völlig trennt, gemäß der göttlichen, Uns übertragenen Gewalt zurück und verurteilen es. Die Gründe für diese Verwerfung haben Wir angegeben. Das Gesetz ist ein schweres Unrecht gegen Gott, welchen es feierlich entrechtet, indem es den Grundsatz durchführt, daß der Staat jeglicher Teilnahme an der Gottesverehrung sich entschlagen soll. Es verletzt das Natur- und Völkerrecht und die öffentliche Vertragspflicht. Es steht im Widerspruch zur göttlichen Verfassung der Kirche, ihrem innersten Geist und ihrer Freiheit. Es stürzt die Gerechtigkeit um durch die Vergewaltigung eines Eigentumsrechtes, das auf so gute Gründe sich stützt und durch gesetzliche Vereinbarung sichergestellt war. Es ist eine schwere Beleidigung der Würde des Apostolischen Stuhles, Unserer Person, des Episkopates, des Klerus, der französischen Katholiken insgesamt. Daher beschweren Wir Uns aufs entschiedenste über die Einbringung, Genehmigung und Verkündigung dieses Gesetzes und erklären, daß es keinerlei Kraft besitzt, die durch kein menschliches Unterfangen veränderlichen Rechte der Kirche zu entwerten.

Keine Entmutigung.

Ehrwürdige Brüder! Vor Euch, vor dem französischen Volk und vor allen welche den christlichen Namen tragen, mußten Wir das zur Verwerfung dieses Vorgehens erklären. — Der Ausblick auf die Folgen dieses Gesetzes für die geliebte Nation erfüllt Uns mit schwerer Betrübnis, und das Elend, der Kummer, die vielerlei Beschwerden, mit denen es Euch, ehrwürdige Brüder, und Euren Klerus bedrückt, betrüben Uns tief. Doch auch diese großen Sorgen sollen uns nicht niederschmettern und beugen. Davor bewahrt Uns der Glaube an Gottes Güte und Vorsehung und die festbegründete Hoffnung, daß Jesus Christus seine Kirche niemals seiner Hilfe und Gegenwart beraubt. Ferne sei es, daß Wir für den Bestand der Kirche die geringste Befürchtung aufkommen lassen. Von Gott sind die Grundlagen ihrer Kraft und ihrer Dauer; deutlich beweisen es die Erfahrungen der vergangenen Jahrhunderte. Jedermann weiß, wie viele und schwere Heimsuchungen sie im Verlaufe der verflossenen Zeiten zu ertragen hatte, und daß, wo menschliche Kraft hätte unterliegen müssen, die Kirche nur stärker und größer aus dem Kampfe hervorgegangen ist. Von den Gesetzen, die zum Verderben der Kirche gemacht worden sind, bezeugt hinwieder die Geschichte fast allgemein, daß der Neid sie zwar durchsetzen konnte, daß sie aber hinterher wegen ihrer Schädlichkeit für den Staat hauptsächlich aus Gründen der Klugheit wieder abgeschafft wurden. Das ist auch schon in Frankreich geschehen, und zwar vor gar nicht allzulanger Zeit. Möchte doch das Vorbild der vergangenen Zeit die heutigen Machthaber zur Besinnung bringen, so daß sie die Religion, die Quelle der Humanität und Förderin des Glückes der Allgemeinheit, bald und zur Freude aller Gutgesinnten wieder in den Besitz ihrer alten Würde und Freiheit einsetzten!

Verhaltungsmaßregeln für die Zukunft.

Bis dahin aber müssen die Kinder der Kirche, während die Unterdrückung und Befehdung freien Lauf hat, wenn überhaupt je, angetan mit den Waffen des Lichtes, für Wahrheit und Gerechtigkeit mit aller Macht kämpfen, die ihnen zur Verfügung steht. Ihr, ehrwürdige Brüder, werdet als Lehrer und Führer der anderen in diesem Kampfe alle Unerschrockenheit, Regsamkeit und Standhaftigkeit bewähren, welche der alte glänzende Ruhm der französischen Bischöfe ist. Unser innigster Wunsch ist dabei vor allem, daß Ihr bei allen Maßnahmen zum Schutze der Kirche nach Uebereinstimmung bei Euren Gesichtspunkten und Entschließungen trachtet, wie es von so großer Wichtigkeit ist. Wir haben es wohl überlegt und erkennen sicher, daß es Unsere Aufgabe ist, Euch in geeigneter Weise vorzuschreiben, wie Ihr Unseres Erachtens in diesen schwierigen Verhältnissen vorgehen sollt, und Wir zweifeln nicht, daß Ihr Unsere Vorschriften mit aller Sorgfalt beachten werdet. Fahrt zunächst, wie Ihr schon begonnen habt, fort, den Geist der Frömmigkeit um so eifriger zu kräftigen, den Volksunterricht im christlichen Glauben zu fördern und in weitere Schichten zu verbreiten, Eure Herden vor den Abwegen der Irrlehren und den Lockrufen des Verderbens, die heutzutage so weit verbreitet sind, zu behüten, ihnen mit Belehrung, Ermunterung, Ermahnung und Trost zur Seite zu stehen, kurz, alle Pflichten der liebreichen Hirtensorge zu erfüllen. — In Euren Bemühungen wird Euch Euer Klerus als kraftvoller Helfer zur Seite stehen; Wir wissen, wie reich er ist an ausgezeichneten Männern voll Frömmigkeit, Bildung und Ergebenheit gegen den Apostolischen Stuhl, und wie treu bereit er ist, sich Euch für das Wohl der Kirche und das ewige Heil der Seelen zu unterwerfen. Gewiß werden alle, die diesem Stand angehören, es fühlen, daß sie bei dem gegenwärtigen Sturme so gesinnt sein müssen, wie wir es von den Aposteln lesen: „Sie freuten sich . . ., daß sie gewürdigt wurden, für den Namen Jesu Unbilden zu erdulden." Mögen sie daher fest für die Rechte und Freiheiten der Kirche eintreten, ohne jedoch dabei gegen andere gehässig zu werden; ja im Gegenteil: als Diener Christi ziemt es sich für sie in erster Linie, das Unrecht mit Billigkeit, den Trotz mit Milde, Benachteiligungen mit Wohltaten zu vergelten.

Auch an Euch alle, Katholiken Frankreichs, richten Wir heute Unsere Mahnung. Möge Euch Unsere Stimme zugleich das Zeugnis uneingeschränktesten Wohlwollens sein, das Wir für Euer Volk unaufhörlich voll Liebe gehegt haben, und ein Trost in den bevorstehenden schweren Zeiten. — Verderbliche Parteien haben sich Euch aufgedrängt und sich das Ziel gesetzt, ja, es mit seltener Kühnheit als ihren Entschluß verkündet, die katholische Kirche in Frankreich auszutilgen. Sie streben danach, aus Euren Herzen die letzten Wurzeln des Glaubens herauszureißen, welcher Euren Vätern und Vorfahren Ruhm, Eurem Heimatlande Glück und achtunggebietende Größe verschaffte, des Glaubens, welcher Euch aufrichtet in den Tagen des Kummers, der zur Schutzwehr des häuslichen Friedens und der inneren Ruhe wird und Euch den sicheren Weg zur Erlangung der ewigen Seligkeit führt. Ihr findet, daß zur Verteidigung unseres Glaubens gewiß alle Kraft aufgeboten werden muß. Wisset dabei, daß Ihr Euch umsonst bemühen werdet, wenn Ihr mit zersplitterten Kräften den feindlichen Angriff abzuwehren sucht! Erstickt jeden Zunder der Zwietracht unter Euch, wenn er irgendwo sich einstellen möchte, und bemüht Euch alle, so einmütig im Entschluß und in der Kampfesart vorzugehen, wie es Männer tun müssen, welche eine gemeinsame Sache verteidigen, und zwar eine Sache, für welche jeder bereitwillig auch ein Opfer in Hinsicht auf persönliche Ansichten bringen muß. — Jetzt ist die Zeit, das Beispiel edler Mannhaftigkeit zu geben, wenn Ihr, soweit es an Euch liegt, pflichtmäßig die Religion aus den gegenwärtigen Gefahren retten wollt. Wenn Ihr hier den Dienern Gottes gütig zur Seite steht, dann werdet Ihr auch in besonderer Weise die Huld Gottes erlangen.

Bedenkt nun wohl, daß Ihr, um die Religion würdig zu schützen und in dieser Aufgabe richtig und segensreich auszuharren, als Hauptsache das betrachten müßt, daß Ihr, getreu den Geboten der christlichen Lehre, Eure christliche Haltung und Euren ganzen Wandel dem Bekenntnis des katholischen Glaubens macht, und daß Ihr Euch aufs engste an die eigentlichen Leiter der religiösen Angelegenheiten anschließt, die Bischöfe und die Priester, und an das Haupt, den Apostolischen Stuhl, auf welchen der Katholik in seinem Glauben und der zeitgemäßen Betätigung desselben wie auf den Mittelpunkt sich stützen muß. So bewehrt und vorbereitet, tretet mit Vertrauen in die Reihen zur Verteidigung der Kirche. Aber Euer Vertrauen soll ganz und gar auf Gott sich stützen! Für ihn streitet Ihr! Darum ruft unablässig seine Hilfe an! Sie steht bereit. Solange die Gefahr währt, werden Wir mit Unserm Herzen und Sinn bei Euch sein und an Euern Mühen und Sorgen und Leiden Anteil nehmen. Mit Bitten und Flehen in Demut und Beharrlichkeit werden Wir Uns an den Begründer der Kirche wenden, daß er sich Frankreichs erbarme und aus diesen Stürmen es bald ruhigen Zeiten entgegenführe. Das walte die Fürbitte der unbefleckten Gottesmutter Maria!

Als Unterpfand der göttlichen Gnade und zum Zeichen Unseres besonderen Wohlwollens erteilen Wir Euch, Ehrwürdige Brüder und geliebte Söhne, in aller Liebe den Apostolischen Segen im Herrn.

Gegeben zu Rom bei St. Peter am 11. Februar 1906, im dritten Jahre Unseres Pontifikates.   **Papst Pius X.**

C. Die zweite Verurteilung.

Encyklika „Gravissimi" vom 10. August 1906.

Das erste Verdammungsurteil des Papstes hatte die katholischen Gewissen insofern beruhigt, als es die ewig unwandelbaren Grundsätze der Kirche wieder einmal allen vor Augen gestellt hatte.

Auch ein gewisses Vertrauen war sofort wieder in die gläubigen Herzen eingezogen. Mit Zuversicht erklärte man anfangs, die praktischen Winke des Papstes für die Zukunft abwarten zu wollen.

Und doch schlich sich nach und nach wieder bange Aufregung in die Gemüter, als die großen, schweren Kämpfe um die Aufnahme der Inventare in den Kirchen sich abspielten (von denen wir weiter unten berichten). Das Blut floß, die Erbitterung wuchs von Woche zu Woche bei dem gewalttätigen Vorgehen der Regierung.

Jedermann fragte sich zuletzt mit Schrecken: „Ja, was soll das werden, wenn der Papst schließlich jeden Kompromiß mit der »Tren=nung« verbietet, wenn er die gesetzlichen »Kultusgenossenschaften« in jeder Form verbietet? Wird dann nicht ein richtiger Bürgerkrieg entbrennen, in dem schließlich die Katholiken gewiß unterliegen müssen?"

Es war begreiflich, daß unter den Gläubigen damals eine Strö=mung entstand, die mit vieler Wärme dafür eintrat, daß man einen „essai loyal", einen loyalen ehrlichen Versuch mit der Neuerung wagen könne, um nicht noch höhere Interessen zu gefährden.

Damals liefen in der Presse, auch in der katholischen, die aben=teuerlichsten Gerüchte um über die Meinungsverschiedenheiten, die im französischen Episkopat, ja sogar im Kardinal=Kollegium über diese praktische, schwerwiegende Frage herrschen sollten.

Gewisse Pariser Blätter (wie der „Gaulois") wußten schon vor=aus zu erzählen, daß die Bischöfe Frankreichs auf ihrer Plenarkon=ferenz sich dafür entscheiden würden, sich dem Briand'schen Gesetze anzupassen, wenn dasselbe nicht nachträglich erschwert werde.

Zu verschiedenen Zeiten und an verschiedenen Orten fanden Besprechungen zwischen den Oberhirten des ganzen Landes oder einzelner Provinzen statt. Doch waren diese Unterhandlungen immer streng vertraulich, das Geheimnis über den Verlauf der Debatten wurde gewissenhaft gewahrt. Was man in den Zeitungen über die Beschlüsse u. s. w. lesen konnte, waren Vermutungen, Klatsch.

Ein Schritt, der viel Aufsehen erregte, war das Kollektiv=schreiben, das Ende März 1906 dreiundzwanzig katholische Notabilitäten an alle Bischöfe Frankreichs richteten. Es waren sehr bekannte Männer, meist Berühmtheiten auf dem Gebiete der Natur=wissenschaften, der Literatur oder der Politik, die sich direkt an den Episkopat wandten und dort ihren Einfluß zu Gunsten des „essai loyal" geltend machten. Sie unterwarfen sich zwar von vornherein unbedingt dem kommenden päpstlichen Schiedsspruch, bekannten auch ihr volles Einverständnis mit der ersten Encyklika, glaubten aber die kirchlichen Behörden darauf aufmerksam machen zu müssen, daß man wohl auf Grund des neuen Gesetzes die sog. Kultusvereine gründen könne, da der Staat doch von diesen Gesellschaften nur Rechenschaft über ihre Finanzgestion verlange. (Das Schriftstück ist zum großen Teile abgedruckt bei Sägmüller, „Trennung von Kirche und Staat," eine kanonistisch=dogmatische Studie, Mainz 1907, S. 38.)

Dieser Brief, der geheim bleiben sollte, fand doch bereits am 28. März 1906 seinen Weg in die gesamte Pariser Presse und wir=belte ungeheuren Staub auf.

Gewiß war die Kundgebung der „23 Notablen" gut gemeint; trotzdem bleibt es wahr, daß diese Herren den Geist der ersten Encyklika nicht ganz erfaßt hatten. Schon aus dem folgenden Satze Pius' X.: „Die Kultusvereine werden gegenüber der Zivilgewalt in einer solchen Abhängigkeit sein, daß die kirchliche Autorität offenbar keine Gewalt mehr über sie ausüben kann", hätten die Briefschreiber erkennen können, daß mit der „Trennung" kein Friede geschlossen werden konnte.

Die „Dreiundzwanzig" warnten die Bischöfe vor der Gefahr, daß die 40 000 französischen Kirchen geschlossen werden könnten, wenn man jeden Versuch mit der Reform ablehne. — Das war wahr! Aber an wem lag die S c h u l d, daß man vor einem solchen Verhängnis stand? Doch ganz allein an den rücksichtslosen Kulturkämpfern! Man kann doch nicht — selbst nicht um den schwersten Preis — von der Kirche verlangen, daß sie sich selbst aufgebe!

Selbstredend hatten die Antiklerikalen alles Interesse daran, daß der Papst die Kultusgenossenschaften genehmige. Geschah dies nicht, so war ihr Gesetz, die neue Organisation der Kirche, eben nichts weiter als eine leblose Puppe, ein toter Buchstabe, ein hohler Wortschwall!

Den ganzen Sommer 1906 hindurch wurde mit Hochdruck in der Presse Stimmung gemacht, um den Widerstand des Papstes zu brechen. Die Machthaber hielten es für undenkbar, daß ein hilfloser Greis der freimaurerischen Leitung der großen Republik die Stirne bieten könne!

Und doch ward das Unglaubliche Ereignis! Als am Feste Mariä Himmelfahrt desselben Jahres die Glocken die Feierfreude über die Lande hinaustrugen, da war auch diese Sorge gebrochen und alle Herzen der Katholiken schlugen hoch und stolz: Der Papst hatte zum **zweiten** Male gesprochen und auch dieses Mal wieder mit einer Sicherheit des Blickes, einer Wärme der Sprache, einer Festigkeit des Mutes, die alles elektrisierte und, trotz der gewaltigen Schwere und Tragik der Entscheidung, jede katholische Seele mit Wonne und Begeisterung erfüllte: die **Kultusgenossenschaften**, die freimaurerisch, aber nicht katholisch aufgefaßt waren, sind verworfen. Der Schild der Kirche ist blendend rein geblieben!

Nun hatte der Katholizismus in Frankreich kein Eigentum, keine Freiheit, keine gesetzliche Form mehr, er genoß als Organisation keinerlei staatlichen Schutz mehr!

Die Kirche war vogelfrei, wie der Fink auf dem Ast, ohne staatliche Garantie und Anerkennung.

Aber sie war in sich stark und einig, wenn auch arm und verfolgt! — —

Der „Univers" brachte sofort nach der Entscheidung aus der Feder P. Veuillots folgenden Artikel:

„Sie hatten sich den Anschein gegeben, den Papst bei der Votierung der Kirchengesetze zu ignorieren. Sie hatten das Konkordat gekündigt, ohne selbst den Vatikan darüber in Kenntnis zu setzen. Sie hatten so oft wiederholt, sie seien die Herren in allem. Und jetzt werden keine Kultusgenossenschaften eingerichtet. — Sie haben

ihr Gesetz unter sich gemacht. Nun wohl! Dieses Gesetz wird unaus=
geführt bleiben; das ist alles. Das Gesetz ist nichts weiter als
ein großer Trümmerhaufen. Das Kind des Herrn Briand ist nur mehr
eine Leiche. Sie werden das Gesetz umändern müssen; verschärft oder
gemildert wird es ein anderes Gesetz sein. Die Unterschrift des Herrn
Loubet seligen Andenkens wird seinen Untergang nicht aufhalten.

„Es wird also keine Kultusvereinigungen geben; — der Papst
hat »Nein« gesagt. Es wird aber auch keine anderen Gesellschaften
geben, die zwar einen verschiedenen Namen trügen, die aber von
Regierung und Kammer als Kultusvereinigungen angesehen und an=
genommen werden könnten mit den Worten: »Wie wir doch so
großmütig sind!« — Der Papst hat gesagt: »Nein!«

„Und dennoch waren die Kultusvereinigungen die Basis ihres
ganzen Gerüstes. Alles bricht damit zusammen. Der »Block« war
6 Monate an der Arbeit, und jetzt spricht der Papst ein Wort, und
die ganze Arbeitsleistung des »Block« ist zugrunde gerichtet. An=
gesichts ihres in Staub und Asche zerfallenen Werkes erkennen die
Verfolger, wie lächerlich ihr Gebahren war. Vielleicht wird es jetzt
gehässig werden. Sie ignorieren den Papst. Der Papst hingegen
ignoriert sie nicht. Ruhig und fest spricht er seine Verurteilung aus
und zwingt sie dadurch, ihr ganzes Werk neu zu beginnen. Welchen
Entschluß sie wohl treffen werden? Die Verständigung oder die Ver=
folgung? Ein drittes gibt es nicht.

„Wollen sie eine Verständigung, dann müssen sie das Gesetz in
Einklang bringen mit den Prinzipien der katholischen Theologie,
damit es die Freiheit der Kirche und die Achtung ihrer Hierarchie
garantiere. Werden sie sich für diese durch die Gerechtigkeit, eine
weise Politik und das offenbare Interesse des Landes geforderte
Haltung entscheiden können?

„Wird es den Jakobinern gelingen, auch diesmal die Masse des
Volkes mit sich fortzureißen, welche ihnen bis dahin gefolgt ist, weil
sie mehr Furcht hatte vor den Sektierern, als vor der Ungerechtigkeit?
In dem Falle käme die Verfolgung. — Nun wohl! sie möge kommen.
Die Kirche hat alles getan, sie zu verhindern, aber sie fürchtet sie
nicht. Die Erfahrung von Jahrhunderten lehrt, daß die rauhen
Pfade der Verfolgung die Kirche stets nur zum Siege, zur Wieder=
geburt geführt haben."

* * *

Doch führen wir auch diese 2. Enzyklika „Gravissimi", die wie ein
Donnerschlag auf die Kulturkämpfer hernieder fiel, hier im Wortlaut vor:

Enzyklika „Gravissimi" vom 10. August.
An die ehrwürdigen Brüder, die Erzbischöfe und Bischöfe von Frankreich,
Papst Pius X.
Ehrwürdige Brüder! Gruß und apostolischen Segen!
I. Gründe für die Verschiebung der Entscheidung.
Wir wollen Uns heute einer schweren Verpflichtung Unseres Amtes entledigen,
einer Verpflichtung, welche Wir Euch gegenüber nach der Veröffentlichung des Ge=

ſetzes betreffend die Trennung zwiſchen der franzöſiſchen Republik und der Kirche
auf Uns nahmen, indem Wir verkündigten, Wir würden zu geeigneter Zeit an=
geben, was nach Unſerem Dafürhalten gemacht werden müſſe, um die Religion
in Eurem Vaterlande zu verteidigen und zu erhalten. Wir haben Euch bis zum
heutigen Tage warten laſſen nicht nur wegen der Wichtigkeit dieſer ſchwierigen
Frage, ſondern auch und hauptſächlich wegen der ganz beſonderen Liebe, welche
Uns mit Euch und Euren Intereſſen infolge der unvergeßlichen, von Eurer Nation
der Kirche geleiſteten Dienſte verbindet. Wir haben Euch bis zum
heutigen Tage warten laſſen nicht nur wegen der Wichtigkeit dieſer ſchwierigen

Nachdem Wir alſo, wie das Unſere Pflicht war, dieſes ungerechte Geſetz
verurteilt hatten, haben Wir mit größter Sorgfalt geprüft, ob die Artikel des
erwähnten Geſetzes Uns wenigſtens irgend ein Mittel überließen, um das religiöſe
Leben in Frankreich zu organiſieren, ohne daß die heiligen Grundſätze, auf denen
die Kirche beruht, verletzt würden. Zu dieſem Zwecke hielten Wir es für gut, in
gleicher Weiſe die Meinung des vereinigten Epiſkopats einzuholen und für Eure
allgemeine Verſammlung die Punkte zu beſtimmen, welche den Hauptgegenſtand
Eurer Beratungen bilden ſollten. Und jetzt, da Wir Eure Auffaſſung kennen, ebenſo
wie diejenige mehrerer Kardinäle, ſehen Wir, nachdem Wir reiflich nachgedacht
und in heißeſten Gebeten den Vater des Lichtes angefleht, daß Wir voll und ganz
kraft Unſerer apoſtoliſchen Auktorität das beſtätigen müſſen, was Ihr in eurer Ver=
ſammlung faſt einſtimmig beſchloſſen habt.

II. Die Entſcheidung.

Deshalb entſcheiden Wir hinſichtlich der Kultusgenoſſenſchaften in der Form,
wie das Geſetz ſie vorſieht, daß dieſe abſolut nicht gebildet werden können, ohne
daß damit die heiligen Rechte, welche mit dem Leben der Kirche ſelbſt zuſammen=
hängen, verletzt werden.

Indem Wir alſo von dieſen Genoſſenſchaften abſehen, welche das Bewußtſein
Unſerer Pflicht Uns anzuerkennen verbietet, könnte es angezeigt erſcheinen, zu
prüfen, ob es geſtattet ſei, an deren Stelle irgend eine andere Art von Verei=
nigung, welche gleichzeitig geſetzlich wäre und den kanoniſchen Satzungen entſpräche,
zu verſuchen und ſo die franzöſiſchen Katholiken vor den ſchweren Verwicklungen
zu bewahren, welche ſie bedrohen. Sicherlich, nichts bereitet Uns ſo viel Kummer
und Sorge, wie dieſe Möglichkeiten, und gäbe der Himmel, daß Wir irgend welche
ſchwache Hoffnung hätten, ohne die Rechte Gottes zu verletzen, dieſen Verſuch
machen und ſo Unſere vielgeliebten Söhne von der Furcht vor ſo vielen und ſo
großen Prüfungen befreien zu können!

Da Wir aber dieſe Hoffnung nicht haben, da das Geſetz bleibt, wie es ein=
mal iſt, ſo erklären Wir, daß es keinesfalls erlaubt iſt, dieſe andere Art von
Vereinbarung zu verſuchen, ſolange es nicht in einer ſicheren und geſetzlichen Weiſe
feſtgeſtellt iſt, daß die göttliche Verfaſſung der Kirche, die unabänderlichen Rechte
des römiſchen Papſtes und der Biſchöfe, wie ihre Auktorität über die der Kirche
notwendigen Güter, beſonders über die heiligen Gebäude in den erwähnten Ver=
einigungen, ohne daß ſie zurückgezogen werden dürfen, vollſtändig geſichert ſind.
Das Gegenteil wollen, das könnten Wir nicht, ohne die Heiligkeit Unſeres Amtes
zu verraten, ohne den Untergang der Kirche in Frankreich herbeizuführen.

III. Die Aufgabe der Biſchöfe.

Es iſt alſo Eure Sache, ehrwürdige Brüder, ans Werk zu gehen und von
allen Mitteln, welche das Recht allen Bürgern zuerkennt, Gebrauch zu machen
und für den religiöſen Kultus die Anordnungen zu treffen und ihn zu organiſieren.
Wir werden bei einer ſo wichtigen und ſchwierigen Sache Euch nie Unſere Beihilfe
fehlen laſſen. Dem Körper nach abweſend, werden Wir mit Unſeren Gedanken,
mit Unſerem Herzen bei Euch ſein, und Wir werden Euch bei jeder Gelegenheit
mit Unſeren Ratſchlägen und mit Unſerer Auktorität unterſtützen. Dieſe Laſt,
welche wir Euch aufladen unter der Eingebung Unſerer Liebe für die Kirche und
für Euer Vaterland, nehmet ſie mutig auf Euch und vertrauet das Uebrige der vor=
ſorglichen Güte Gottes an, deſſen Hilfe im gegebenen Moment — Wir haben das
feſteſte Vertrauen darauf — Frankreich nicht fehlen wird.

IV. Abwehr gegen die Feinde.

Was gegen Unser gegenwärtiges Dekret und gegen Unsere Befehle die Feinde der Kirche vorbringen werden, ist nicht schwer vorauszusehen. Sie werden sich bemühen, das Volk zu überzeugen, daß Wir nicht einzig das Wohl der französischen Kirche im Auge haben; daß Wir eine andere Absicht gehabt haben, welche mit der Religion nichts gemein hat; daß die Staatsform der Republik in Frankreich uns verhaßt ist, und daß Wir, um sie zu stürzen, die Anstrengungen der feindlichen Parteien unterstützen; daß Wir den Franzosen versagen, was der apostolische Stuhl ohne Schwierigkeiten anderen gewährt habe. Diese und andere ähnliche Anschuldigungen, welche, wie gewisse Anzeichen voraussehen lassen, in der Oeffentlichkeit werden erhoben werden, um die Geister zu erregen, erklären Wir jetzt und zukünftig mit Entrüstung als falsch. Euch, ehrwürdige Brüder, sowie allen gutgesinnten Menschen liegt die Pflicht ob, sie zurückzuweisen, damit sich einfältige und unwissende Menschen dadurch nicht täuschen lassen.

Was die besondere Anklage gegen die Kirche betrifft, in einem ähnlichen Falle anderswo entgegenkommender gewesen zu sein, wie in Frankreich, so müßt Ihr auseinandersetzen, daß die Kirche so gehandelt hat, weil die Lage hier und dort eine ganz verschiedene war, und weil besonders die göttlichen Befugnisse der Hierarchie bis zu einem gewissen Maße sichergestellt waren. Wenn irgend ein Staat sich von der Kirche getrennt hat, indem er ihr die Hilfsquelle der allen gemeinsamen Freiheit und die freie Verfügung über ihre Güter gelassen hat, so hat er ohne Zweifel und aus mehr denn einem Grunde ungerecht gehandelt; aber man könnte doch nicht behaupten, daß er für die Kirche eine absolut unerträgliche Lage geschaffen hat.

Nun liegt die Sache in Frankreich ganz anders. Die Väter dieses ungerechten Gesetzes wollten in Frankreich kein Trennungs-, sondern ein Bedrückungsgesetz machen. So versicherten sie ihre Friedensliebe, sie versprachen ein Einvernehmen, und sie führen gegen die Religion des Landes einen grausamen Krieg, sie werfen die Brandfackel der heftigsten Zwietracht unter die Bürger und stacheln so die einen gegen die anderen auf zum großen Schaden, wie jedermann sieht, der öffentlichen Sache selbst.

Sicherlich, sie werden sich alle Mühe geben, um die Schuld für diesen Konflikt und für die Uebel, die sich daraus ergeben, auf Uns abzuwälzen. Wer aber ehrlich die Tatsachen prüfen wird, von denen Wir in der Enzyklika »Vehementer Nos« gesprochen haben, wird erkennen müssen, ob Wir auch nur den geringsten Tadel verdienen, Wir, die Wir zunächst aus Liebe für die teure französische Nation Ungerechtigkeiten über Ungerechtigkeiten erduldeten, bis Uns schließlich zugemutet wurde, die Grenzen Unserer apostolischen Pflicht zu überschreiten, und Wir erklärten, das nicht tun zu können, oder aber ob die Schuld nicht vielmehr ganz an denen liegt, welche aus Haß gegen den katholischen Namen sich bis zu solchen Experimenten verstiegen haben.

V. Appell an das katholische Frankreich.

Mögen also die katholischen Männer in Frankreich, wenn sie Uns wahrhaftig ihre Unterwürfigkeit und ihre Ergebenheit bezeugen wollen, für die Kirche kämpfen gemäß den Weisungen, welche Wir ihnen schon gegeben haben, also mit Ausdauer und Energie, ohne indessen aufrührerisch und gewalttätig zu werden. Nicht durch Gewalt, wohl aber durch ihre Festigkeit, indem sie sich in ihrem guten Rechte wie in einer Zitadelle einschließen, werden sie schließlich die Widerspenstigkeit ihrer Feinde brechen; mögen sie wohl sich einprägen, wie Wir das gesagt haben, und es noch wiederholen, daß ihre Anstrengungen vergeblich sein werden, wenn sie sich nicht in einem vollkommenen Einvernehmen zur Verteidigung der Religion vereinigen.

Sie haben jetzt Unseren Urteilsspruch hinsichtlich dieses nichtswürdigen Gesetzes; sie haben sich dem mit vollem Herzen anzupassen; und welches auch bis jetzt während der Erörterung die Meinungen der einen oder der anderen gewesen sein mögen, niemand darf sich erlauben, Wir beschwören sie alle darum, irgend jemanden aus dem Grunde zu verletzen, daß seine Auffassungsart die bessere gewesen war. Was die Einstimmigkeit des Willens und die Vereinigung der Kräfte vermag, das sollen sie von ihren Gegnern lernen; und ebenso wie diese verstanden haben, der Nation das Schandmal dieses Gesetzes aufzuprägen, so werden die unserigen durch ihre Einstimmigkeit es auszulöschen und verschwinden zu lassen verstehen.

Wenn in dieser harten Prüfungszeit für Frankreich alle diejenigen, welche mit all ihren Kräften die höchsten Interessen des Vaterlandes verteidigen wollen, arbeiten, wie sie es zu tun verpflichtet sind, untereinander mit ihren Bischöfen und Uns selbst, für die Sache der Religion, weit entfernt an der Rettung der französischen Kirche zu verzweifeln, so ist im Gegenteil zu hoffen, daß sie bald sich zu ihrer Würde und zu ihrer früheren Wohlfahrt erheben wird. Wir zweifeln in keiner Weise, daß die Katholiken unseren Weisungen und Unseren Wünschen voll und ganz folgen werden. Wir werden denn auch heiß Uns bemühen, ihnen durch die Vermittelung der Unbefleckten Gottesmutter Maria den Beistand der göttlichen Güte zu erflehen.

Als Unterpfand der göttlichen Gaben und als Zeugnis Unseres väterlichen Wohlwollens erteilen Wir aus vollem Herzen Euch, ehrwürdige Brüder, und der ganzen französischen Nation den apostolischen Segen.

Gegeben in Rom bei St. Peter, am 10. August, am Feste des hl. Martyrers Laurentius, im Jahre 1906, im vierten Jahre Unseres Pontifikates.

Papst Pius X.

II. Der Kampf um die Kirchen.

Aufnahme der Inventur.

Bald schon, nachdem das Trennungsgesetz in Kraft getreten war, sollte es ganz Frankreich mit Kämpfen bedecken und die Katholiken in Tausenden von Pfarreien mit der größten Erbitterung erfüllen.

Es war ein regelrechter Bürgerkrieg, der in einer großen Anzahl von französischen Kirchen sich bei Gelegenheit der Inventur-Aufnahme abspielte, wie sie durch die „Trennung" vorgeschrieben war.

Art. 3 des neuen Gesetzes sah nämlich ausdrücklich vor, „daß sofort nach der Veröffentlichung des gegenwärtigen Gesetzes durch die Angestellten der Domänen-Verwaltung ein ausführliches Inventar über die beweglichen und unbeweglichen Güter der öffentlichen Kultus-Anstalten ....." aufgestellt werde.

Durch Dekret des Ministers vom 29. Dezember 1905 wurde die Inventur-Aufnahme nochmals befohlen und in ihren Einzelheiten geregelt.

Die Katholiken, wenigstens jener Teil von ihnen, der etwas weiter in die Zukunft blickte, hegten von Anfang an keinen Zweifel darüber, daß diese Inventarisierung nichts anderes war, als **eine gewaltsame Einleitung der großen, endgiltigen Beraubung.**

Wohl rief man damals in der gesamten antiklerikalen Presse Europas (auch in einigen sogen. katholischen Blättern, die sich durch ihre Naivetät auszeichneten) den französischen Gläubigen zu, man solle die Inventur nur ruhig über sich ergehen lassen; es

handle sich da um eine harmlose Maßregel, eine bloße For=
malität, um den notwendigen Uebergang von dem alten Regime
der Kirchenfabriken in das neue der Kultus=Genossenschaften.

Diejenigen Franzosen, denen ein warmes Herz für ihre reli=
giösen Güter in der Brust schlug, ließen sich durch solche Spiegel=
fechtereien nicht täuschen. Sie rüsteten zum Widerstande, — und
man kann ihnen wahrlich nicht Unrecht geben!

Die Inventuraufnahme war zweifellos zunächst

1. Der offizielle Anfang eines direkten Kirchenraubes.

Von jenen Gütern, die inventarisiert werden sollten, waren ja
nach dem Trennungsgesetz eine große Anzahl direkt der Konfis=
kation verfallen.

Wir nennen hier die kirchlichen Stiftungen für Arme und
Charitas, die alle den „laizisierten" Spitälern und Armenbureaus
übergeben werden sollten; ferner die Fonds, die von Stiftern für
den Unterhalt der katholischen Schulen bestimmt worden waren,
und die nun zugunsten der gottlosen Staatsschule eingezogen wer=
den sollten; dahin gehören weiter eine ungeheure Anzahl von
Kirchen, Pfarrhäusern, Seminarien, die alle in den Besitz
der weltlichen Gewalt übergehen und zum Teil in naher Zukunft
schon für andere, vielleicht unwürdige Zwecke verwandt werden sollten.

Wenn also der Beamte kam und Stück für Stück des Kirchen=
gutes untersuchte und in seinem Verzeichnis, das er dann Inventar
nannte, vermerkte, so mußte doch das blödeste Auge wahrnehmen, daß
dies der erste Akt, der offizielle Anfang eines Raubes an zahllosen
Kirchengütern war. Sollte nun die christliche, ja die ehrlich den=
kende Bevölkerung einem solchen Beginnen mit kaltem Blute und
verschränkten Armen zusehen?

2. Aber auch für die übrigen Güter, die nicht direkt gestohlen,
sondern in den Besitz der Kultusgenossenschaften übergeleitet werden
sollten, war die Inventur=Aufnahme

eine Vergewaltigung, ein unerhörter Uebergriff.

„Die Inventur war notwendig, weil ohne sie der Staat das
übrig bleibende Kirchengut gar nicht an die Kultusvereine über=
weisen konnte", hielt man den Katholiken entgegen.

Schön; aber wer wußte denn damals, ob dieses Vermögen
überhaupt jemals in die Hände jener vielgenannten Gesellschaften
übergehen würde?

Dieses Gut gehörte doch der Kirche; darüber hatte allein der
Papst zu entscheiden. Bis zur Stunde, wo man mit dem Inven=
tarisieren anfing, hatte der Papst nicht das klare Wort gesprochen.
Die Kultusvereine waren damals ein Institut, welches von der
Kirche noch gar nicht anerkannt war; sie bestanden einst=
weilen für die Katholiken noch gar nicht, konnten also noch nicht
Rechtsansprüche auf das Kirchenvermögen erheben.

Inventuraufnahme setzt doch stets irgend einen Besitz= titel voraus, den aber weder der Staat noch die Kultusvereine bis jetzt hatten; sie war also ein offener Gewaltakt, ein Ein= griff in das Haus= und Vermögensrecht der Kirche und in keinem Fall zu Recht bestehend oder entschuldbar. Auf diesen Standpunkt mußten sich notwendigerweise die französischen Katho= liken stellen.

Die Tatsache, daß später die Kultusvereine verboten wurden, also auch nie in den Besitz der inventarisierten Kirchengüter kamen, hat den Braven nachträglich Recht gegeben.

Alle die Güter, die man damals den neuen Genossenschaften durch die Inventur zuschieben wollte, sind auf Grund derselben In= ventur später ausnahmslos in den bodenlosen Taschen des Staates verschwunden.

Des weiteren müssen wir diese Verzeichnung des Kirchenver= mögens als

3. einen bittern Schimpf für die Katholiken

bezeichnen. Vorausgesetzt auch, daß einmal die nicht direkt geraub= ten Güter an die Kultusvereine kämen und deshalb eine genaue Aufstellung derselben angefertigt werden müßte, **an wem war es dann, ein solches Inventar aufzustellen?**

Doch zweifellos an den früheren Kirchenfabriken, die bis dahin das Gut verwalteten; wenigstens hätten diese doch unbedingt bei der Inventur direkt herangezogen und ihre Stimme berücksichtigt werden müssen. Waren denn die Kirchenvorstände, die Priester, die Katholiken überhaupt eine Diebesbande oder eine Gesellschaft von Unmündigen und Unzurechnungsfähigen, daß der Staat über sie hinwegschritt, ihnen einen Vormund hinstellte und sie gar nicht anhörte?

Endlich mußten die Anhänger der Kirche mit Grund befürchten, daß die Inventur=Aufnahme

4. nur die Vorläuferin von neuen, späteren Gewaltstreichen

sein würde.

Das Volk, gewitzigt durch die Vergangenheit der letzten Jahre, war mißtrauisch geworden. Man dachte an die **Ordensleute**, denen Waldeck=Rousseau noch öffentlich versprochen hatte, das Kloster= gesetz werde wenige treffen; sie sollten nur ohne Furcht ein In= ventar ihres Besitztums einreichen und die staatliche Anerkennung nachsuchen. Als die Kloster=Inventare eingelaufen waren, kam Combes, verwarf die Anerkennungs=Gesuche in Massen, ohne sie einmal ordentlich zu untersuchen, und ließ das Klostergut ver= steigern. Die Kloster=Inventare waren der Anfang des berüchtigten „Milliarden"=Attentates, von dem das französische Volk wenig Früchte erntete, das aber desto reichlicher die Taschen jener Herren füllte, die eben die Chance hatten, Liquidatoren oder Advokaten des Staates zu sein.

5. Von der

Ungeſetzlichkeit,

die in der tatſächlichen Durchführung der Inventariſierung lag (das
Dekret des Miniſters vom 29. Dez., das manche Rückſichten ver=
langte, wurde vielfach gar nicht ausgeführt), wollen wir gar nicht
einmal weiter reden.

* * *

Man verſteht es ſehr gut, wenn gegen Neujahr 1906, als die
Beamten in die Kirchen einziehen wollten, ein einziger Entrüſtungs=
ſturm durch ganz Frankreich ging. Die Volksſeele empörte ſich
mit einer Allgewalt, mit einem Elan von Opfermut und Begeiſte=
rung, deren man die gleichgiltigen Franzoſen gar nicht mehr für
fähig gehalten hätte.

Herzzerreißend war das Schauſpiel, das ſich Monate lang in
Frankreich abſpielte!

Tag und Nacht waren die Bataillone der Armee auf den Bei=
nen, gleich als ſei das ganze Land in einem Nu vom Norden zum
Süden von den Kriegsfurien durchbrauſt. Das katholiſche Gewiſſen
ſchrie in Zehntauſenden von glühenden Proteſten wild auf gegen
die Vergewaltigung; das Volk betete, ſang und weinte; die Kir=
chen, die vielleicht oft viel zu wenig beſucht waren, ſahen am
Sonntag wieder größeren Andrang in ihren Mauern; der Klerus
führte eine Sprache, durch die ein Hauch des großen apoſtoliſchen
Freimutes der erſten chriſtlichen Jahrhunderte wehte; ibant gauden=
tes, zu Dutzenden erſchienen ſie vor den Gerichten, und das Pu=
blikum kargte nicht mit Huldigungen gegenüber dieſen prieſterlichen
Helden.

Andererſeits feierte aber auch der niedrige antiklerikale Jan=
hagel, das ſogenannte Apachentum, die wüſteſten Triumphe.
Das brüllte auf die „Pfaffen", das ſtürmte die Gotteshäuſer, das
lieferte den manifeſtierenden, ſingenden Katholiken wahre Schlachten
auf der Straße mit Stockhieben, Steinwürfen, unter dem nachſich=
tigen Auge der Polizei. Das wühlte und arbeitete mit beiden
Armen voll im Kirchenhaſſe, in dem es ſich ſo gut gefiel.

Wir können uns nicht verſagen, hier wenigſtens einige kleine,
aufs Geratewohl gewählte Beiſpiele von kräftigem Widerſtand,
aber auch von antiklerikalen Roheiten zuſammenzuſtellen.

Am 31. Jannar 1906 wurde die Kirche St. Clotilde in
Paris wie eine richtige Feſtung belagert und erſtürmt. Fußbreit
um Fußbreit müſſen Gendarmen und Pompiers die Jünglinge und
Frauen, die das Bollwerk verteidigen, zurückdrängen. Eine regel=
rechte Schlacht! Tauſende ſingen das Credo, wehren ſich mit Kir=
chenſtühlen und Stöcken. Die Kirche iſt von Trümmern bedeckt;
die Ambulanzen tragen die Verwundeten vom Kampfplatz!

In der Kirche St. Pierre du Gros=Caillou ſtürmt die bewaff=
nete Macht vergebens; ſie findet nach ſtundenlangem Gefecht kein

anderes Mittel, um den Widerstand zu besiegen, als durch Sapeurs das Dach besteigen zu lassen und von dort durch eine Oeffnung mit Feuerspritzen das Heiligtum unter Wasser zu setzen.

Zu Seez tritt der wackere Bischof, Msgr. Bardel, am Portal seiner Kathedrale dem Regierungsbeamten entgegen: „Wir protestieren gegen die Inventuraufnahme, wir weisen sie zurück, weil sie nur der Anfang einer Maßregel ist, deren Annahme unser Gewissen uns verbietet. Heute geben wir nur ein erstes und eklatantes Beispiel dessen, was das religiöse Gefühl vermag, wenn es bedroht ist; morgen, wenn dasselbe noch mehr verletzt wird, werden wir, wenn es sein muß, die Freiheit und Rechte unseres Glaubens bis zum Blute verteidigen."

Der Regierungsagent verlangt nun die Oeffnung der Tore. „Nein, nein", rufen die Katholiken. Der Mann zieht sich zurück, kommt aber zweimal wieder. Sofort erheben sich die Barrikaden. Nachdem das Heiligtum geschützt ist, dankt der Bischof den Verteidigern in heißen Worten. Absolute Disziplin, dem Bischof gehorchen alle, er will das Blutvergießen vermeiden. Die Agenten müssen abziehen.

Am 20. Februar sollte die Kathedrale von Nanzig den Besuch des Fiskusbeamten empfangen. Von morgens 6 Uhr ab umringten Truppen die Kirche, worin eine große Zahl von Gläubigen die Nacht zugebracht hatte. Kavallerieabteilungen waren in der Umgegend aufgestellt. Um 8 Uhr tritt der Bischof Msgr. Turinaz vor den Dom, umgeben von zahlreichen Personen, und verliest inmitten der Beifallrufe einen Protest; dann verweigerte er dem Direktor des Enregistrements den Eintritt. Der letztere muß sich zurückziehen. Man ruft überall: „Es lebe die Armee!"

In der Kirche St. Paternus, einer der beiden Pfarrkirchen der Stadt Vannes, war die Aufnahme des Inventars für den 16. Februar morgens halb 8 Uhr angekündigt. Schon am Nachmittag vorher, um 4 Uhr, schickte der Präfekt eine starke Abteilung Gendarmen, sowie ein Bataillon Linientruppen, damit sie sich der Tore bemächtigen sollten. Umsonst! Denn schon um 2 Uhr hatten sich 30 tapfere Männer, darunter 4 Priester, in die Kirche eingeschlossen, und die Gendarmen fanden alles verrammelt. Die eingeschlossenen „Dreißig" bringen die ganze Nacht im Gebet zu, dazwischen finden Ansprachen statt. Um Mitternacht beichten die 26 Laien den 4 Priestern, um halb 4 Uhr treten sie zusammen zum Tisch des Herrn. Um 6 Uhr nach dem Angelus läutet die Sturmglocke. Vom Turm flattern 2 Nationalfahnen. Nach und nach sammeln sich die Menschen in den Straßen.

Um halb 8 Uhr kommt der Inspektor der Regierung, der zwei energische Proteste über sich ergehen lassen muß, einen von seiten des Präsidenten der Kirchenfabrik, den anderen von seiten des Pfarrers. Dreimal werden die Belagerten aufgefordert, die Kirche zu öffnen; vergebens! Zwei Schloſſer aus einer andern Stadt wollen mit einem Dietrich den Zugang erzwingen. Umſonſt!

Man verlangt zwei Pioniere, doch dieſe werfen ihre Aexte den Schloſſern vor die Füße und entfernen ſich. Gegen halb 10 Uhr ſind die Türen eingeſchlagen, und die Gendarmen treten vorſichtig ein. Aber anſtatt der Revolutionäre ſehen ſie nur 30 Gläubige, welche an den Stufen des Altares knieen und Litaneien beten. Um halb 11 Uhr macht ſich der Agent mit den Soldaten wieder davon, und nun ſtürmt das Volk in die Kirche, wo der Pfarrer eine rüh= rende Anrede hält und mit dem Hochwürdigſten den Segen gibt — nach einer Belagerung von 18 Stunden. Am Abend hatten 2000 Perſonen einen Kreuzweg ab.

Zu Toulouſe ſchlichen ſich die Männer der Logenregierung hinter einem Leichenzug in die Kirche ein, aber ſofort entſtand ein Handgemenge. Das Inventar konnte nicht aufgenommen werden. Der Zentralkommiſſar wurde am Kopfe verwundet. Eine junge Dame von 22 Jahren, Jacquette Benaven, ward verhaftet und ſo= fort vor den Kadi geſchleppt. „Ich bedauere“, ſo antwortet die mutige Jungfrau, „den Herrn Kommiſſar verwundet zu haben, aber ich bedauere meinen Proteſt keineswegs. Wenn es morgen wieder losginge, würde ich wieder neu anfangen.“ Sie wird zu einem Monat Gefängnis verurteilt.

Die Kirche zum hl. Erlöſer in Rennes wurde heftig vertei= digt. Berge von Stühlen erhoben ſich am Eingang. Die Belage= rung dauerte 4 Stunden. In Pelotons zu je 15 Mann mußten die Truppen dieſe Barrikaden ſtürmen. Die Kirche ſah jämmerlich aus.

Zu Nizon, einem Flecken der Bretagne, konnte der Mann des Geſetzes nichts ausrichten. Die ganze Bevölkerung war in der Kirche. Schulter an Schulter ſtanden die Männer, der Bürger= meiſter an der Spitze. Vor dieſer lebendigen Mauer mußte der Vertreter der Regierung den Rückzug antreten.

Zu Lille waren große Truppenmaſſen aufgeboten. Ueberall mußten die Kirchentüren eingeſchlagen werden.

Der Widerſtand wuchs immer mehr.

Man fällte Bäume und verrammelte die Plätze vor den Kir= chen; an andern Orten wurden die Kirchen vollſtändig zugemauert. In einem Dorfe der Provence ſperrte man zwei wilde Bären in das Gotteshaus, die dann die Agenten des Fiskus, welche die Türe öffnen wollten, vertrieben.

Es gab Kirchen, die dutzendmale vergebens beſtürmt wurden. In vielen hielt man wochenlang Tag und Nacht eine ſtarke Wache, die immer zur Wehr gerüſtet war. Auf den Türmen ſtanden Poſten, die beim Herannahen der Beamten die Sturmglocke läuteten, ſodaß die ganze Dorfbevölkerung ſich um die Kirche ſtellte.

Keine Woche verging, wo nicht edle Offiziere, ritterliche Ge= ſtalten mit berühmten Namen, ihre Uniform auszogen, um die Truppen nicht bei einer solch schmählichen Operation befehligen zu müssen. Die Bürgermeister, die sich widersetzten, wurden in großer Zahl suspendiert.

Diese schmerzliche Chronik des Kirchensturmes füllte jeden Tag ganze Breitseiten der katholischen Presse. Es ging wie ein Sturm der Entrüstung durch das ganze Land.

Auf der andern Seite feierten die „Apachen“ wahre Orgien. Ein häßliches Stück in dieser Hinsicht spielte sich in der Diözese Carcassonne ab, in einer gewissen Ortschaft La Nouvelle. Der dortige Bürgermeister, ein Mann nach dem Herzen des Herrn Combes, dringt an der Spitze einer Anzahl von Leuten in das Gotteshaus, als dort eben der Einnehmer das Inventar aufnehmen will. Außer dem Pfarrer befinden sich einige Damen in der Kirche, die ihr Recht auf gewisse geschenkte Gegenstände reklamieren wollen. In der Sakristei stülpen die „zivilisierten“ Wilden dem Pastor eine rote Mütze auf den Kopf und tanzen, indem sie dazu die unnenn= bare Carmagnole singen. Einige Frauen wollen protestieren. Da beschimpfte sie der Bürgermeister in den unflätigsten Ausdrücken, welche man unmöglich wiedergeben kann. Der Einnehmer, von Ekel erfaßt, bittet, man solle ihn seine Aufgabe in Frieden erfüllen lassen. Aber mit widerlicher Prahlerei wirft sich der Bürgermeister in die Brust: „Ich bin der Stellvertreter der Republik!“ Dann wird die Kirche geplündert und verwüstet, nachdem man sie durch unsägliche Schmutzereien besudelt hat. Die „Apachen“ setzen sich in die Beichtstühle, und die Weiber kommen zu ihnen, indem sie die schamlosesten Szenen aufführen. — Soweit der Bericht des „Univers“. Ein anderes Blatt fügt hinzu, man habe die Altäre, Kapellen, Heiligenstatuen entweiht, das Kruzifix verhöhnt; die Rotte habe dem Hunde des Bürgermeisters Hostien vorgesetzt, welche man in der Sakristei genommen hatte, und das Tier dann in den Taber= nakel gesetzt (!!); dann habe man Leinwand, Leuchter, Stühle usw. auf einen Haufen in der Kirche zusammengetragen und verbrannt.

Sofort verordnete der Bischof die Schließung der Kirche bis zu einer Sühnezeremonie. Dann wandte sich der Oberhirte in einem Briefe persönlich an den Ministerpräsidenten Rouvier und forderte strenge Untersuchung und Bestrafung der abscheulichen Bande. („Trierische Landesztg.“, 1. März 1906.)

Zu der Verfolgung der Apachen, die ihren Zerstörungsge= lüsten freien Lauf ließen, rührte man sich im allgemeinen wenig.

Die Katholiken aber, die ihr Eigentum verteidigten, wurden prompt vor den Richter geschleppt und schneidig, ohne Aufschub, verurteilt.

Die Gefängnisse waren überfüllt. Arm und Reich, Priester und Laien wurden wie gemeine Verbrecher in den Kerker geschleppt, die schwersten Geld= und Freiheitsstrafen, meist ohne die Vergün= stigung des Aufschubs, hagelten nur so hernieder.

Der allgemeine Zorn stieg auf seinen Siedepunkt, als zu dem allgemeinen Dekret des Ministers über die Inventare ein Zirkular hinzukam, das die Gehässigkeit und Rücksichtslosigkeit soweit trieb, daß es die Oeffnung der Tabernakel verordnete. (10. Jan. 1906.) Wollte der Priester nicht gutwillig den Befehlen des Inventur-Beamten nachkommen, so sollte mit Gewalt vorgegangen werden. Man stand also vor einer gewaltsamen, staatlichen Erbrechung der Tabernakel. Wem hätte da nicht das Blut gekocht?

Briand, der Sozialist, schrieb damals in der „Lanterne", einem Katholikenfresser-Blatte ersten Ranges, das Attentat auf die Tabernakel sei eine **„ungeschickte und überflüssige Brutalität"**. (Siehe „Lux. Wort", 20. Januar 1906.) Haben wir nötig, diesem Worte, das keine Satire, sondern bittere Wahrheit war, etwas beizufügen? Die Regierung selbst mußte schon am 19. Januar eingestehen, daß man hier zu weit gegangen sei.

In einer stürmischen Kammer-Sitzung vom 1. Februar 1906 kam eine große Interpellation über die Inventur-Aufnahme zur Verhandlung. Natürlich verteidigte das Kulturkampf-Kabinett sein Benehmen, ohne mit der Wimper zu zucken. Nur betreffs der Tabernakel versprach der Ministerpräsident, in Zukunft Rücksicht auf das religiöse Gefühl der Katholiken nehmen zu wollen.

Der Regierung lag alles daran, vor den Neuwahlen, die Ende April beginnen sollten, die Inventuraufnahmen durchgeführt zu sehen; doch waren Anfang März von 65 000 Kirchen erst etwa 20 000 inventarisiert. Da man schließlich einsehen mußte, daß durch solches Vorgehen die Katholiken doch aus ihrer Lethargie aufgerüttelt würden, so befahl man den Beamten, ihre Versuche nicht mehr anzukündigen, sondern h e i m l i c h zu kommen, wenn möglichst wenig Gläubige in der Kirche wären, die Türe zu schließen und die Inventur vorzunehmen; oder aber den Pfarrern wurde von Fall zu Fall mitgeteilt, sie würden „in den nächsten Tagen" den Besuch des Finanzbeamten erhalten; Tag und Stunde von dessen Eintreffen wurden aber sorgsam geheimgehalten. So konnte die Konfiskation des kirchlichen Eigentums ohne Protest seitens der Gläubigen vor sich gehen, die Regierung konnte sagen: Unser Gesetz wird vom Lande gebilligt, es gibt keine Kundgebungen mehr! — (Siehe Holzer, franz. Kulturkampf, S. 73.)

Und doch strauchelte das Ministerium Rouvier über die berüchtigte Inventur-Aufnahme. Zu Boeschepe (an der belgisch-französischen Grenze) war am 6. März bei dem Kirchensturm ein Metzger, Henri Ghysel mit Namen, von einem Regierungsbeamten mit einem Revolverschuß getötet worden. Sofort ward der Minister über diesen Zwischenfall in der Kammer interpelliert. Von seiten der äußersten Linken warf Guieysse dem Kabinett vor, es gehe gegen die Katholiken nicht energisch (!?) genug zu Wege; andererseits geißelte im Namen der Katholiken der Abg. Lerolle die Taktik der Kulturkämpfer aufs entschiedenste. Das Ergebnis war ein Mißtrauensvotum für das Ministerium (mit 267 gegen 233 Stimmen), wobei die wütendsten Sozialisten mit den Konservativen gegen Rouvier stimmten. Am selben Tage (7. März 1906) ging das Kabinett ab und machte der Kombination Sarrien-Clemenceau Platz.

Im November 1906 wurden dann — nach einer längern Pause — 4000 Inventare aufgenommen, immer unter denselben Schwierigkeiten.

* * *

Schließen wir dieses schmerzliche Kapitel, indem wir eine Kritik zurückweisen, die damals vielfach an den tapfern französischen Katholiken geübt wurde.

Gewisse, sonst gutgesinnte Leute tadelten den Widerstand in den Kirchen aus dem Grund, weil er sich mit dem Geiste des Christentums nicht vertrage, das die Uebung der Milde und der Geduld predige. Der große Schriftsteller Brunetière erinnerte sogar an die Martyrer, die, anstatt sich zu verteidigen, ihren Hals dem Henker hinhielten. Diesen beiden Herren erwiderte im „Univers“ ein Domherr: „Gewiß, wenn es sich drum handelte, unseren Glauben zu verleugnen oder das Leben zu lassen, wie in den Martyrerzeiten, so würden wir ohne Murren in den Kerker wandern und das Schaffot besteigen. Aber hier handelt es sich um eine ganz andere Sache. Den Glauben verteidigt man, indem man duldet, seine zeitlichen Güter aber, indem man diese den **Dieben** entzieht, mit allen Mitteln, die zu Gebote stehen. Solange man sich auf der Defensive hält, kann die Verteidiger des Kirchengutes keinerlei Vorwurf treffen. Sicherlich billigt niemand einen direkten bewaffneten Angriff auf die staatlichen Räuber, namentlich wenn Blut fließt; aber solange die Verteidigung unserer Rechte in den Grenzen der Notwehr und des Gewissens bleibt, wollen wir sie nicht verdammen. Und über diese Grenzen ist die Aktion der Katholiken kaum hinausgegangen.“

Der Widerstand war im Gegenteil ein Zeichen der Lebensgeister, die sich in den französischen Christen regten — leider hat dieser frische Impuls nicht allzulange vorgehalten.

Wir haben das Kapitel von dem Inventar-Krawalle sehr eingehend behandelt, weil wir nachweisen wollten, daß doch sehr weite Kreise des französischen Volkes mit der Trennungspolitik nicht einverstanden waren, und daß die Widerstandskraft der alten katholischen Nation gegen den Kulturkampf doch noch nicht so siech und gebrochen war, wie es die Logenpresse immer wieder verkündete.

Anderseits soll aber hier auch zugegeben werden, daß der „Kampf um die Kirchen“ schließlich doch vom überwiegenden Teil des Volkes ohne Erregung hingenommen wurde; der nachhaltige Sturm, die konsequente Resistenz gegen den fortschreitenden Kulturkampf, die man damals vielfach für die Zukunft erhoffte, ist meist ausgeblieben. Die Schuld liegt einesteils an dem impulsiven

Volkscharakter, der in der ersten generösen Anwandlung zu großen Anstrengungen fähig ist, später aber, wenn der Reiz der Neuheit verflogen ist, sich leicht in Gleichmut und Unempfindlichkeit hineinwiegen läßt — andernteils aber besonders im religiösen Indifferentismus, dem die Mehrzahl des französischen Volkes leider schon lange verfallen ist.

III. Die Novellen zum Trennungsgesetz.

Als Papst Pius X. mit seiner Encyklika vom 10. August endgültig das Trennungsgesetz von sich gestoßen, geriet die französische Regierung in die größte Verlegenheit.

Zwar erklärte noch am 20. August der Ministerpräsident Sarrien im Rate seiner Kollegen, er werde die Reform i n v o l l e m U m f a n g e zur Durchführung bringen. Worte, nichts als Worte! Sarrien wußte wohl damals selbst am besten, daß das Gesetz tot sei, nachdem der Papst es verworfen hatte.

Kultusgenossenschaften durften keine gebildet werden, dem stand der Wille des hl. Stuhles entgegen. Andererseits bestimmte das Gesetz, daß schon nach einem Jahre (Art. 4) die Kultusgenossenschaften organisiert sein müßten, wenn nicht die Kirchen u. s. w. in andere Hände übergehen sollten.

Sollten es die Machthaber darauf ankommen lassen, die Gotteshäuser jetzt schon den Katholiken zu rauben, weil diese keine Kultusvereine ins Leben riefen? Die Regierung wagte dies nicht; sie wußte sehr wohl, daß aus einer solchen Handlungsweise ein Religionskrieg entbrennen würde, von dem die Kämpfe bei den Inventur-Aufnahmen nur ein Schatten gewesen wären. Die Katholiken hätten in Hunderten von Orten lieber Gut und Blut geopfert, als daß sie ihre Pfarrkirche in einen Geräteschuppen oder in ein Vereinslokal oder einen Theatersaal hätten verwandeln lassen.

Da gab es also für die Regierung nur eine Losung: **Rückzug mit größtmöglicher Deckung!**

Vergebens suchte noch einmal Briand, der unterdessen Kultusminister geworden war, durch ein Rundschreiben von Anfang September, das wie eine Drohung klingen sollte, die französischen Bischöfe zur Annahme der Kultusgenossenschaften zu bewegen.

Die 2. Plenarversammlung des Episkopates, die am 4. September zu Paris begann, stellte sich energisch auf den Boden der päpstlichen Entscheidung.

Am **13. Dezember 1906** sollte der große, **kritische Tag** sein.

An diesem Termin trat das Gesetz in Kraft (da genau ein Jahr und ein voller Tag seit der Veröffentlichung verflossen waren), und die Gotteshäuser gehörten — weil keine Kultusgenossenschaften gebildet waren — dem Gottesdienst nicht mehr. Wird an diesem

fatalen 13. Dezember die Regierung die Kirchen sperren, wird sie
vielleicht jeden Geistlichen, der an den Altar tritt, um die hl. Messe
zu lesen, protokollieren, wird sie mit bewaffneter Gewalt den allge=
meinen Raub beginnen? Man wußte es nicht. Das Ministerkol=
legium hielt eine dringende Sitzung nach der andern zur Besprechung
der „religiösen Frage“, aber zu einer Klarheit kam es nicht.

Einerseits versicherten die Katholiken, sie würden ruhig in
ihren Kirchen bleiben und jeder Gewalt passiven Widerstand leisten;
auf dem entgegengesetzten Flügel trat Combes und sein fanatischer
Anhang für eine Politik des „Zuschlagens“ ein. Das Ministerium
aber saß in einem wahren Engpaß.

Ein letzter Bluff zur Rettung der Situation war eine „Liga
der Katholiken Frankreichs“, die ein gewisser Henry des Hour, Re=
dakteur am „Matin“ zu Paris, ins Leben rief. Mit den salbungs=
vollsten Phrasen lancierte dieser sonderbare „Katholik“ am 18. Sep=
tember einen Aufruf zur Gründung von Kultusvereinen; der Mann
verfiel aber nur dem allgemeinen Gespötte. Ein Individuum von
zweifelhaftester Herkunft wurde sogar von der Liga als Bischof auf
Grund des Trennungsgesetzes in eine Pariser Kirche eingeführt.
Aber die ganze, widerliche Geschichte erstickte sehr bald unter der
ungeheuren Lächerlichkeit, die dieses Unternehmen bedeckte.

So waren denn alle Hilfsmittel der Freimaurerregierung erschöpft.

Am 21. Oktober übernahm Clemenceau als Ministerpräsident
die Bildung eines neuen Kabinetts.

12 Tage vor dem kritischen Tag, also am 1. Dezember, erließ
Kultusminister Briand einen Erlaß an die Präfekten, der von der
größten Bedeutung war. Das Rundschreiben sieht die Anwendung
des gemeinen Versammlungsrechtes auf die gottesdienstlichen Hand=
lungen vor. Es räumt den „loyalen“ (?) Priestern das Recht ein,
auch nach dem 12. Dezember die Kirchen zu benützen, wenn auch
kein Kultverein bestehe. Verschiedene Vorschriften des Versamm=
lungsgesetzes vom 30. Juni 1881 sollen auf gottesdienstliche Zusam=
menkünfte keine Anwendung finden, z. B. die Bildung eines Bureaus,
oder das Verbot, Versammlung über 11 Uhr Nachts hinaus abzu=
halten. Briand hält aber die Pflicht der **Anmeldung** der Gottesdienst=
versammlung aufrecht. Der Minister fordert nur, daß vor den welt=
lichen Behörden die Erklärung gemäß dem Gesetz von 1881 abge=
geben werde, und zwar genüge **eine** Erklärung für ein ganzes Jahr.

Diese Verfügung war **einfach ungesetzlich**; Briand hatte das
selbst herausgefühlt, da er in seinem Zirkular schrieb: „Die gottes=
dienstlichen Versammlungen fallen eigentlich nicht unter das Gesetz
von 1881.“

„Ist“, so fragte damals der „Temps“ (zitiert im „Lux. Wort“,
20. Dezember 1906), „die Anmeldung, welche das Versammlungs=
gesetz fordert, nötig? Das Gesetz (von 1881) fordert sie nur, wenn
es sich nicht um permanente, sondern um gelegentliche Versamm=
lungen handelt. Bei den Gottesdiensten kommt der gelegentliche

Charakter aber ganz und gar nicht in Betracht, sie haben einen öffentlichen und permanenten Charakter, sie werden von jedermann gekannt und gesehen, sie finden an einem öffentlichen Orte, in der Kirche statt, die ausschließlich dem Kultus dient."

Mit welchem Rechte bestimmte ferner Briand, daß e i n e Er= klärung für das ganze Jahr genüge, während doch das Gesetz von 1881 dem Minister gar nicht die Vollmacht einräumte, eine solche Entscheidung zu treffen? Der Mann ging hier einfach wie eine Art Diktator vor.

Und doch hatte das Rundschreiben auf den ersten Blick, nament= lich für das gewöhnliche Volk, das wenig in den Geist des Er= lasses eindrang, einen Anschein von T o l e r a n z , von Freiheitsliebe, da man eben die Katholiken nicht schon sofort mit brutaler Gewalt aus ihren Kirchen hinauswarf.

Natürlich knirschten die Draufgänger von der äußersten Linken!

Um auch diesen letzteren Genugtuung zu verschaffen, enthielt das Rundschreiben eine Anzahl von Härten, die die Katholiken aufs schmerzlichste empfanden.

So sollten die S e m i n a r g e b ä u d e zu ihrem bisherigen Zweck nicht mehr verwandt werden dürfen, weil dazu ein Kultverein un= bedingt notwendig wäre. Wollte der Minister durch diese Unduld= samkeit den Sektierern den Gefallen tun, daß die Heranbildung der jungen Priester hinfüro erschwert oder ganz unmöglich gemacht sei?

Die Gemeinden sollten unter gewissen Bedingungen sofort in den Besitz der P f a r r h ä u s e r , der Bischofspaläste und bedingungs= los in den Besitz der kleinen Seminare treten.

Mit dem 12. Dezember 1906 hörten die alten Kirchenfabriken auf zu bestehen; weil kein gesetzlicher Kultverein da war, wurde einstweilen das Kirchenvermögen, soweit es nicht direkt an die Ge= meinden und den Staat fiel, z. B. die Meßstiftungen, **unter staat= lichen Sequester** gesetzt.

Man gab der Kirche gleichsam einen Vormund, eine Art von **Verwalter**, der der Regierung über die erste Verlegenheit hin= weghelfen sollte. (Dekret des Finanzministers Caillaux vom 12. No= vember 1906.)

Eine neue päpstliche Entscheidung.

Die Frage war nun, ob der P a p s t e r l a u b e , daß die Geistlichen den Gottesdienst für den 11. Dezember auf Grund des **Versamm= lungsgesetzes** von 1881 bei der Behörde **anmeldeten**, so wie z. B. jeder Wahlkandidat, der eine politische Versammlung, oder jeder Wirt, der ein Fastnachtskonzert veranstalten will, eine diesbezügliche Erklärung abgeben muß.

Auch dieses Mal entschied Pius X. mit einem kategorischen: Nein. (Antwort vom 8. Dezember an mehrere Bischöfe.)

Mit Recht urteilte der Papst, daß die Kirche, einmal jedes ge= setzlichen Schutzes, **jeder gesetzlichen Organisationsform beraubt,** die Gewalttätigkeit und den religiösen Krieg der Unterwerfung unter das Joch der Freimaurer vorziehen müsse. Den traurigen Rest herablassender Duldsamkeit, den man dem Katholizismus anbot, nachdem man ihm altes, Eigentum, Freiheit, ja, die legale Existenz geraubt, wies der Papst zurück. Sein Befehl lautete: Den Gottesdienst in der Kirche fortsetzen, sich jeder Erklärung enthalten!

Die Kirche will ihr Recht; verweigert man ihr dieses grundsätzlich, wie es durch die „Trennung" geschah, so kann sie sich in kleinliche Kompromisse nicht einlassen.

Pius X. verwarf die Gleichstellung des Gottesdienstes mit profanen Versammlungen. Alle Zugeständnisse der Regierung sind nutzlos, solange die Selbstbestimmung der Kirche in den religiösen Veranstaltungen nicht gesetzlich gesichert und jeder Versuch des Staates aufgegeben ist, sich in irgend einer Form eine Aufsicht über die innere Kirchenverwaltung anzumaßen und das Eigentum der Kirche an sich zu nehmen.

In der „Liberté" erörterte damals sogar ein Protestant, Armand Los, wie sehr der Papst Recht hatte, die Unterwerfung der Kirche unter die Polizei, auch in Form einer einmaligen jährlichen Anmeldung, nicht zu genehmigen. Los schrieb:

1. Ein Gottesdienst ist ein Akt der Religion und Gottesverehrung, aber keine öffentliche Volksversammlung.

2. Gebet und Gottesverehrung sind Erfüllungen einer Gewissenspflicht; die Polizei hat dabei nichts zu schaffen und es geht sie nichts an.

3. Es ist ganz unmöglich, für ein Jahr Ort und Stunden der einzelnen Gottesdienste im voraus zu bestimmen und polizeilich anzumelden.

4. Es ist Blödsinn seitens der Polizeibehörde, eine Anzeige zu verlangen, daß in den Kirchen Hochzeiten, Stillmessen, Predigten und Segensandachten stattfinden. Auch ein Idiot muß wissen, daß die Kirchen eben nur dafür da sind.

5. Die verlangte Anzeige ist ebensosehr eine gehässige Chikane, als die beabsichtigte polizeiliche Ueberwachung ein unduldsamer Eingriff in das Heiligtum der Religion und der Gewissen ist.

6. Jeder Gläubige, der in eine alten offene Kirche eintritt, um ein Gebet zu sprechen und seine Andacht zu Gott zu verrichten, an den sein Herz glaubt, würde dann auch an einer öffentlichen Veranstaltung teilnehmen und müßte der polizeilichen Ueberwachung verfallen.

Neue drakonische Kulturkampfmaßregeln.

Als die neue Entscheidung des hl. Vaters in Paris bekannt wurde, brauste ein Sturm von Wut durch die ganze Heerschar des Antiklerikalismus.

Briand richtete am 8. Dezember an die Präfekten ein Rund=
schreiben, man müsse **alle Geistlichen**, die am 13. Dezember Messe
hatten wollten, ohne die Versammlungs=Erklärung abgegeben zu
haben, **dem Staatsanwalt anzeigen**, damit sie zur Strafe **vor
Gericht geschleppt** würden.

Am 10. Dezember wurde im Ministerrate auf den Vorschlag
Briands hin im Prinzip beschlossen, als Antwort auf die Verord=
nung des Papstes folgende Maßregeln zu treffen:

1. Abschaffung der mageren, kurzen Pensionen und Unter=
stützungen, die das Trennungsgesetz den alten Geistlichen belassen;

2. sofortige Liquidierung der Güter der öffentlichen Anstalten
des katholischen Kultus;

3. Verfügung über die Pfarrhäuser, bischöflichen Paläste und
Seminargebäude;

4. im Interesse der nationalen Sicherheit zu treffende Anord=
nungen.

Sofort sollte der Wortlaut dieser Vorschläge festgestellt und dann
derselbe als neuer Gesetzvorschlag der Deputiertenkammer vorgelegt
werden.

Ein weiterer empörender Racheakt lag in der Verfügung des
Kriegsministers, daß **5500 Seminaristen** am 7. Januar 1907 zu
ihren Regimentern einberufen würden, um zwei Jahre **Militär=
dienst** nachzuholen. Die Logenmänner wußten, daß sie die Kirche
an ihrem empfindlichsten Punkte träfen, wenn sie die Kandidaten
des Priesteramts erst längere Zeit in die wenig zuträgliche Luft der
Kaserne hineinsteckten.

Der äußerste Gewaltstreich war jedoch die **Ausweisung des
Mfgr. Montagnini**, der seit der Abberufung des päpstlichen Nun=
tius in Paris den hl. Stuhl in halbamtlicher Eigenschaft vertrat.
Montagninis Haus wurde am 11. Dez. durchsucht, er selber mußte
innerhalb 24 Stunden das Land verlassen. Die Archive der Nun=
tiatur, die noch in Paris sich befanden, wurden durchstöbert und
mit Beschlag belegt — eine unerhörte Verletzung aller diplomatischen
Sitten und alles Völkerrechtes.

Die französische Regierung hatte alles Gefühl für Anstand und
Billigkeit verloren.

Nach dem 12. Dezember begann die **Räumung der Bischofs=
paläste und Seminarien.** An vielen Orten, z. B. zu Nancy, kam
es zu ernsten Zwischenfällen. Das Volk bereitete den Kirchenfürsten,
besonders dem greifen Kardinal Richard von Paris (17. Dez.), die
gewaltigsten, rührendsten Ovationen.

Der „Gaulois" forderte damals (10. Dez.) den Kultusminister
Briand heraus, es doch zu versuchen, den Gottesdienst von 45 000
Priestern mit Waffengewalt zu verhindern und gegen die Gläu=
bigen, die einer Messe beiwohnten, Protokoll aufzunehmen!

Wirklich erschienen am 13. Dezember in 69 Pariser Kirchen Po=
lizisten in Zivil und erhoben **Strafanzeige gegen die Priester**,

die ohne „Erklärung" das hl. Meßopfer feierten. — Es war auch
wohl ernste Gefahr für die glorreiche Republik im Anzuge, wenn
friedliche Priester still am Altare die religiösen Zeremonien vollzogen!

In einigen Kirchen wurden die Versammlungs=Erklärungen
abgegeben, aber keineswegs von den Geistlichen, sondern von —
Sozialisten aus der Pfarrei. Die Regierung schämte sich nicht,
einen solchen Akt als gesetzlich entgegenzunehmen.

Auf die massenweise ergangenen Protokolle gegen messelesende
Priester folgten die Massenurteile. Doch was konnte die Re=
gierung schließlich ausrichten? Trotz Richter, Gendarmen, Geldbußen
und Gefängnis gingen die Katholiken ruhig ihre Wege weiter; die
Kirchen waren beim Gottesdienst dichter als je gefüllt, und jeder
war stolz, für seine Ueberzeugung leiden zu dürfen. Am 18. Dez.
hörten endlich zu Paris die Protokolle in den Kirchen auf; die
Regierung erklärte den Widerstand des Klerus als genügend dar=
getan; sie konnte bei dem passiven Widerstand der Priester doch
nicht ewig durch den Büttel einschreiten.

Das neue Gesetz vom 2. Januar 1907.

Die Regierung hatte eingesehen, daß vor lauter Rundschreiben
und Auslegungen das Trennungsgesetz so verschwommen, so unklar
geworden war, daß sie selbst nicht mehr aus diesen Wirrnissen sich
herausfand. Jeder Präfekt, ja jeder Polizeikommissar legte sich
die Geschichte zurecht, so gut und schlecht er eben konnte. Aus
einer **Ungesetzlichkeit** war man in eine andere gefallen! Eine
wahre Anarchie! Man fühlte, daß all den vielseitigen Interpreta=
tionen ohne rechtsverbindliche Kraft ein Ende gesetzt werden müsse.
Das neue Gesetz sollte diesen Zweck erreichen.

Am 21. Dezember stand die Novelle in der Deputierten=
kammer zur Verhandlung.

Der Nationalist Lasies verlas namens seiner politischen Freunde
eine Erklärung, die die Vorlage als ungerecht, unpolitisch und ver=
letzend für die Gewissensfreiheit bezeichnete und aus diesen Gründen
die Unterstützung ablehnte.

Natürlich machte das Logen=Parlament sofort reinliche Arbeit.
Die Dringlichkeit wird sofort ausgesprochen; im Fluge ist die Ge=
neraldebatte zu Ende, und am Schluß der Sitzung sind auch die
sämtlichen Artikel und das ganze Gesetz mit 413 gegen 166 (!) Stim=
men angenommen. Was hätte man anders von dieser Gesellschaft
erwarten können?

Briand selbst, der bereits vorher wegen einiger „liberaler" An=
wandlungen von den Hetzern des Antiklerikalismus verketzert wor=
den war, benahm sich in der Sitzung als Kulturkämpfer von
reinstem Wasser. Nicht umsonst war dem Kabinet Clemenceau schon
wochenlang vorher ordentlich eingeheizt worden, sodaß es einen

Augenblick geschienen hatte, als ob das Ministerium den Boden unter den Füßen verliere. Schon um ihre Portefeuilles zu behalten, ritten die Regierungsmänner mit Hurra die letzten Ueberreste von kirchlicher Freiheit nieder; die ganze Vergewaltigung, die im Handumdrehen zu stande gekommen, war eben nichts anderes, als ein vorher abgekartetes Spiel der Tyrannei.

Doch, studieren wir einmal kurz das neue Kulturkampfsgesetz, das vom 2. Januar 1907 datiert ist.

Art. 1 verfügt, daß Staat, Departement und Gemeinde **sofort** freie Verfügung über sämtliche kirchliche Gebäude hätten, soweit sie „ihr Eigentum sind" und deren Nutznießung nicht durch einen Kultverein gefordert worden ist.

Das betraf namentlich die Pfarrhäuser und Priesterseminarien, soweit der Staat oder die Gemeinden sich das Eigentumsrecht über dieselben zugesprochen hatten. Nach dem ersten Trennungsgesetz (Art. 14) sollten die Bischofspaläste während 2 Jahren, die Pfarrwohnungen und Seminargebäude während 5 Jahren unentgeltlich im Genuß der Kultus-Genossenschaften bleiben. Nun hört diese Galgenfrist auf. Da keine Kultusvereine sich bilden, haben die Gemeinden u. s. w. das Recht, sofort diese Gebäude zu besetzen.

Tausende von armen französischen Priestern hatten nun die traurige Aussicht vor Augen, aus ihren Pfarrhöfen herausgeworfen zu werden. Viele Gemeinden, wo der Kulturkampfgeist zu einer solchen Brutalität noch nicht ausreichte, vermieteten dem Pfarrer die Wohnung; sehr oft war der Mietpreis nur minimal (1 Franken), weil nur der Schein vor den Behörden gewahrt werden sollte. Doch die Freimaurer-Regierung duldete diese Weitherzigkeit nicht; ein Rundschreiben des Kultusministers vom 5. Mai 1907 wies darauf hin, daß ein solcher Mietpreis nicht erlaubt sei, weil er eine Unterstützung des Kultus (und die ist ja nach der „Trennung" streng verboten) bedeute. In einem weiteren Rundschreiben vom 3. Juni 1907 werden die Präfekten aufgefordert, das Gesetz betreffend die Pfarrhäuser, das immer noch nicht überall beobachtet werde, zu vollziehen.

Sehr perfid ist der Artikel 5, dessen erster Abschnitt folgendermaßen lautet: „Sind keine Kultvereine da, so werden die Kirchen und deren Mobiliar — **vorbehaltlich ihrer Bestimmung für andere Zwecke** („désaffection"), **soweit sie im Gesetz vom 9. Dez. 1905 vorgesehen ist** — den Gläubigen und Priestern zur Ausübung ihrer Religion belassen werden" (aber nur unter der Voraussetzung, daß sich andere Vereine bilden, die für die Abhaltung des Gottesdienstes die staatliche Genehmigung nachsuchen oder daß der Gottesdienst als Versammlung bei den Behörden angemeldet wird. Siehe Art. 4).

Kultvereine werden tatsächlich unter den Katholiken keine entstehen; die Kirchen bleiben einstweilen zur Verfügung der Gläubigen — doch behält sich der Staat, resp. die Gemeinde das Recht vor, die Desaffektion zu beantragen, die im ersten Trennungsgesetz vorgesehen und vom 12. Dezember 1907 an zulässig ist. Diese Desaffektion, d. h. Verweltlichung, Verwendung zu andern Zwecken, wird auf Antrag des „Eigentümers" (Gemeinde usw.) durch ein Verwaltungsdekret ausgesprochen, und dann kann die Kirche geschlossen werden, **bis** es der Regierung oder den Gemeinderäten **einfällt**, sie etwa in eine gottlose Schule zu verwandeln oder sie einem Theaterunternehmer, einem Wirte zu verkaufen.

Sehr schlimm ist der Artikel 4, der die Ausübung des Gottesdienstes „regeln" soll. Das ungesetzliche Briand'sche Zirkular über die Erklärungen auf Grund des Versammlungsgesetzes von 1881 wird hier endlich zum Gesetz erhoben.

Hier der wesentliche Teil des Inhalts: „Abgesehen von den Kultusvereinen, die dem Gesetz vom 9. Dez. 1905 entsprechen, kann die Uebung eines Kultes gesichert werden sowohl

durch die Art. 1 bis 9, 12 und 17 des **Vereinsgesetzes** (vom **1. Juli 1901**), wie

durch **Versammlungen**, die in Zukunft auch auf Einzelinitiative (also auf die Anmeldung einer einzelnen Person) hin auf Grund des **Gesetzes vom 30. Juni 1881** und entsprechend den Vorschriften des Trennungsgesetzes (Art. 25) gehalten werden dürfen."

Also auf **dreifache Art** kann in Zukunft der Gottesdienst auf gesetzlichen Boden gestellt werden:

a) Zunächst durch Bildung von **Kultvereinen**, die dem ersten Trennungsgesetz entsprechen. Das war eine freundliche Einladung an etwaige Schismatiker, nur ruhig zuzugreifen und durch Bildung von Genossenschaften, die kirchlich verboten waren, sich in den Besitz der Gotteshäuser zu setzen.

Dann konnte ferner die Sicherheit für die religiösen Andachten gewährleistet werden e n t w e d e r

b) wenn die Katholiken zur Abhaltung des Gottesdienstes **einen gewöhnlichen Verein** (also k e i n e n Kultverein nach dem Trennungsgesetz vom 9. Dez. 1905) bildeten und denselben nach dem Vereinsgesetz von 1901 s t a a t l i c h g e n e h m i g e n ließen, o d e r

c) wenn sie den Gottesdienst als V e r s a m m l u n g behandelten und diese Versammlungen regelrecht nach dem Versammlungsgesetz von 1881 bei den Behörden a n m e l d e t e n. Dabei genügte die Anmeldung des Priesters allein (für ein ganzes Jahr). —

Wer gewährt die Nutznießung? Der Präfekt für Kathedralen und Kirchen, deren Eigentum bisher den Kirchenfabriken zustand, der Bürgermeister für alle anderen Gotteshäuser. Ohne Rücksicht auf die k i r c h l i c h e O b r i g k e i t verfügen hier die weltlichen Behörden auf rein administrativem Wege.

Sehr drückend war die Bestimmung betreffs der vorherigen Anmeldung eines Gottesdienstes; denn durch diese Anmeldung sollte die A n e r k e n n u n g ausgedrückt werden, daß die Kirchen dem Staat und den Gemeinden **gehören**, und daß die Erlaubnis des

Präfekten oder Bürgermeisters zur Abhaltung von Gottesdienst not=
wendig sei.

Sodann konnte nach dem neuen Gesetz auch jeder Ungläu=
bige beantragen, in der Kirche religiöse Uebungen veranstalten zu
dürfen. Von einer Erlaubnis, die die kirchlichen Behörden
zu geben hätten, steht in der ganzen Mache kein Wort. **Das Ge=
setz bietet keinerlei Garantie für die Rechte der kirchlichen
Hierarchie in den Gotteshäusern.**

Was sollte außerdem geschehen, wenn z. B. ein freidenkerischer
Gemeindevorsteher die Genehmigung zur Abhaltung des Gottesdienstes
verweigerte? Die Gläubigen können zwar den Gebrauch der Kirche
kraft des Gesetzes beanspruchen; wenn der Präfekt oder der
Bürgermeister diese Nutznießung nicht zugestehen, so können die
Katholiken ihr Recht nicht vor dem Gericht erzwingen, sie
haben nur den Weg der Beschwerde bei den höheren Verwaltungen
zu ihrer Verfügung (Rothenbücher, S. 303).

So waren also, nach diesem zweiten Trennungsgesetze, die
weltlichen Behörden **völlig Herr** über **das innere Leben der Kirche.
Alles war auf Gnade und Ungnade in ihre Hand gegeben.**

Art. 4 des ersten Systems (9. Dez. 1905) schien wenigstens
in vager Weise Rücksicht darauf zu nehmen, daß die katholische
Kirche eine selbständige Organisation mit eigener Verfassung sei; die
Novelle von 1907 spottete dieser Rücksichten und behandelte Kirche
und Gottesdienst als rein profane Dinge, ohne Rücksichtnahme auf
die katholische Hierarchie. Der Katholizismus war hier gedacht als
einer der letzten und anspruchslosesten Diener und Leibeigenen des
Staates.

Willkür, du herrschest! Mit gebundenen Händen und Füßen war
unsere Religion den Kreaturen der Freimaurerei, die drüben im
schönen Gallien die Gewalt in Händen haben, ausgeliefert. Der
Bürgermeister war der „Laienpfarrer“ und „Laienbischof“ der Zu=
kunft; er konnte (durch die „Desaffektion“, die beim passiven
Widerstand der Katholiken möglich war) die Kirchen öffnen und
schließen, die hl. Messen erlauben oder verbieten, den Gläubigen
den Zutritt gewähren oder untersagen. Er war der „republikanische“
Beherrscher der Seelen. O herrliche „Trennung“!

*　　*　　*

Man sage nicht — wie das so oft in antiklerikalen Blättern
geschah — die Reform vom 2. Januar 1907 habe die **Kirche** auf
den Boden des gemeinen Rechts gestellt, ähnlich wie in Nord=
amerika.

Selbst wenn wir davon absähen, daß in dieser neuen Maß=
nahme die letzten Reste von **Eigentumsrechte**, die die erste „Tren=
nung“ der Kirche gelassen, einfach niedergemäht wurden (siehe weiter
unten), so bleibt es immer wahr, daß das sog. „gemeine Recht“
hier voll von Fußangeln und Gefahren für die Kirche war, und

daß es deren Verfaſſung offenſichtlich mißachtete — ganz im ſchroſ=
ſen Gegenſatz zu der freiheitlichen Auffaſſung in den Vereinigten
Staaten, wie wir weiter unten im Detail nachweiſen werden.

* * *

Was außerdem noch im Geſetz vom 2. Januar 1907 enthalten
iſt, vollendet deſſen Charakter als elende Quälerei und Ausnahme=
Maßregel.

Die „Wohltat“ mit dem Vereinsgeſetze erſcheint in einem neuen
Lichte, wenn man darauf achtet, daß die kirchlichen Vereine, die ſich
auf Grund des Geſetzes von 1901 konſtituieren, keinen Gebrauch
von den Artikeln 10 und 11 dieſes Vereinsgeſetzes machen dürſen
(ſiehe Art. 4 des Geſetzes von 1907); erſterer beſtimmt, daß gewiſſe
Vereine als von ö f f e n t l i c h e m Nutzen anerkannt werden und
auf dieſe Weiſe gewiſſe Vorteile genießen; letzterer erlaubt, daß die
Vereine S p e n d e n und V e r m ä c h t n i ſ ſ e annehmen können.
(Rothenbücher, „Trennung v. St. u. K.“, S. 300.) Von dieſen bei=
den Rechten hat man alſo die Katholiken **in aller Form aus=
geſchaltet.**

Die **Konfiskation** des kirchlichen Vermögens, ſoweit ſie noch
nicht durch das Geſetz von 1905 vollzogen war, wird durch den
2. Artikel der Novelle vollkommen beſiegelt. Alles Gut, das noch
vom erſten Raub übrig blieb, wird darin, in Ermangelung von
Kultusvereinen, den kommunalen Wohlfahrtsanſtalten überwieſen.

Auch die **Prieſter** werden natürlich neuerdings mit drakoniſchen
Maßregeln bedacht: Nach einem Monate von der Verkündigung
dieſes Geſetzes an werden **alle Entſchädigungen (Penſionen uſw.),**
welche nach Art. 11 des (erſten) Trennungsgeſetzes den Kultusdienern
gewährt wurden, **eingeſtellt,** wenn dieſe fortfahren, ihr Amt . . . .
auszuüben, wofern die Bedingungen des (erſten) Trennungs= oder
des vorliegenden Geſetzes nicht erfüllt werden. (Art. 3.)

Das heißt zu deutſch: Gehorchen die Geiſtlichen dem Papſt,
gründen ſie keine Kultvereine oder unterwerfen ſie ſich nicht
betreffs des Gottesdienſtes der weltlichen Behörde, ſo wird die
magere Rente oder Entſchädigung, die den älteren Herren unter
gewiſſen Bedingungen zuerkannt war, nicht mehr ausbezahlt.

Alſo: Fügt Euch der Knute der freimaureriſchen Republik
— oder v e r h u n g e r t !

* * *

Im neuen Geſetze war auch die Möglichkeit vorgeſehen wor=
den, daß die Kultusgebäude an die Pfarrer v e r m i e t e t werden
könnten, und auf dieſe Weiſe der Gottesdienſt auch ohne Kultver=
eine oder Anmeldung bei den Behörden geſetzlich geſchützt würde.
Auf Grund der Beſchlüſſe der Biſchofsverſammlung vom 15. bis
19. Januar 1907 ward wirklich das Formular eines ſolchen P a c h t =
v e r t r a g s ausgearbeitet, und die franzöſiſche Regierung trat durch
den Seinepräfekten mit dem Kardinalerzbiſchof von Paris in dies=

bezügliche **Verhandlungen.** Dieser Versuch einer provisorischen Verständigung scheiterte jedoch daran (obwohl die Regierung manche Konzession machte), daß man staatlicherseits der Kirche die Baulast= verpflichtungen an den Gotteshäusern aufhalsen wollte. Auch wollte die Regierung nicht zugeben, daß jeder Mietvertrag eines Pfarrers die ausdrückliche Genehmigung des Bischofs tragen müsse; man forderte endlich auch noch, daß als Kultusdiener kein Ausländer und kein Mitglied einer nicht autorisierten Kongregation von den kirchlichen Behörden bestellt werden sollte. Rothenbücher selbst, der hier eher dem Staate zuneigt als der Kirche, gibt bezüglich des letztern Punktes zu („Trennung v. St. u. K.", S. 253): „Diese wohl unter dem Einfluß Clemenceaus aufgestellte Forderung bedeutet ein **vollkommenes Aufgeben des Trennungsgedankens,** der doch die völlige Freiheit der Kirche statuiert (statuieren sollte. D. Verf.), sie ist eine Erinnerung an die konkordatäre Vorstellung, daß der Geistliche ein Organ der staatlichen Verwaltung sei, sie zeigt aber auch, daß die staatskirchliche Vergangenheit nicht so rasch ver= gessen werden kann und daß die Staatsgewalt (nach französischem Muster. D. Verf.) das Bedürfnis hat, über **möglichst ausge= dehnte Polizeimaßregeln** gegenüber der religiösen Organisation zu verfügen."

So zerschlug sich auch dieser Versuch, einen einigermaßen be= friedigenden modus vivendi zu erzielen.

* * *

Das war die Novelle vom 2. Januar 1907; sie vollendete den Kirchenguts=Raub, zerstörte jede Gewähr für den Bestand des Gottes= dienstes und setzte der Tyrannei, die das Ganze geschaffen, die Krone auf!

Kein Wunder, daß auch hier Pius X., der Mann mit dem eisernen Willen und der unwandelbaren Glaubensfestigkeit, unver= züglich einschritt und der neuen Perfidie die Larve vom Antlitz riß.

Die dritte große Enzyklika

vom 6. Januar 1907 lautet folgendermaßen:

Trost und Versicherung der väterlichen Liebe.

Die schweren Ereignisse, die sich in Eurem edlen Lande überstürzen, veran= lassen Uns nochmals, Uns an die Kirche Frankreichs zu wenden, um sie in ihren Prüfungen zu stützen und sie zu trösten in ihrem Schmerze. Es ist natürlich, daß, wenn die Söhne sich in der Trübsal befinden, das Herz des Vaters sich ihnen mehr als je zuneigt. Daher wenden Wir Euch, weil Wir Euch leiden sehen, vom Grunde Unserer väterlichen Seele aus die Zärtlichkeiten reichlicher zu. Diese Leiden, verehrungswürdige Brüder und vielgeliebte Söhne, haben in der ganzen katho= lischen Kirche gegenwärtig ein schmerzhaftes Echo gefunden. Aber Wir empfinden es noch viel lebhafter und wir teilen den Schmerz mit einer Zuneigung, die von Tag zu Tag mit Eueren Prüfungen wächst.

In diese große Traurigkeit hat aber Gott, der Herr, für Unser Herz einen kostbaren Trost gemischt. Er kam aus Eurer unerschütterlichen Anhänglichkeit an die Kirche, Eurer seiten Treue gegenüber dem Heiligen Stuhl und der seiten und tiefen Einigkeit, die unter Euch herrscht. Auf diese Treue und diese Einigkeit haben Wir von allem Anfang an gerechnet; denn Wir kannten den edelmütigen Charakter des französischen Herzens zu gut, als daß Wir hätten fürchten müssen, mitten im Schlachtfelde würde die Uneinigkeit über Euch kommen. Wir empfinden nichtsdestoweniger eine große Freude über das herrliche Schauspiel, das Ihr jetzt gebt, und indem Wir Euch vor der ganzen Kirche laut loben, danken Wir aus tiefstem Herzensgrund Gott dafür, dem Schöpfer aller Güter.

Der Kampf verschärft sich.

Die Anrufung dieses unendlichen guten Gottes ist um so nötiger, als der Kampf, anstatt abzunehmen, sich verschärft und ausdehnt. Es ist nicht bloß der christliche Glaube, den man aus den Herzen reißen will, es ist überhaupt jeder Glaube, der den Menschen über den Horizont dieser Welt erhebt. Eine Illusion ist nicht möglich. Man hat den Krieg allem Uebernatürlichen erklärt, weil dahinter sich Gott befindet, und was man aus den Menschenherzen und -Seelen reißen will, ist Gott.

Dieser Kampf wird erbittert und ohne Schonung von seiten jener sein, die ihn führen. Nach Maßgabe dessen, was Ihr bereits erlebt habt, werden sich die Prüfungen wahrscheinlich, und sogar sehr wahrscheinlich, verschärfen. Die Klugheit gebietet daher einem jeden von Euch, sich zu rüsten. Ihr sollt es einfach, tapfer und vertrauensvoll tun in der sicheren Hoffnung, daß, wie auch immer die Heftigkeit der Schlacht sei, schließlich der Sieg in Euren Händen bleibt. Das Unterpfand dieses Sieges wird Eure Einigkeit sein, Einigkeit unter Euch selbst, Einigkeit mit dem Heiligen Stuhl; diese doppelte Einigkeit wird Euch unbesiegbar machen, und alle Anstrengungen werden sich an ihr zerschlagen.

Worum geht der Kampf?

Unsere Feinde haben genau erfaßt, worum es sich handelt. Von der ersten Stunde an und mit einer immer größer werdenden Sicherheit haben sie ihre Angriffsobjekte gewählt: in erster Linie Euch von Uns und dem Stuhl Petri zu trennen und dann die Trennung unter Euch selbst zu verpflanzen.

Von jenem Augenblick an haben sie ihre Taktik nicht geändert, sie sind unaufhörlich darauf zurückgekommen und zwar mit allen Mitteln, die einen mit versteckten Formeln und geschickten Schachzügen, die anderen mit Brutalität und Zynismus. Verlockende Versprechungen, schäbige Prämien für Schismatiker, Drohungen und Gewalttaten, alles wurde herbeigezogen und angewandt. Aber Eure klarblickende Treue hat alle diese Versuche zu Schanden werden lassen. Weil man wußte, daß das beste Mittel, um Euch von Uns zu trennen, das sei, Euch das Vertrauen zum Heiligen Stuhl zu nehmen, hat man nicht gezögert, von der Rednertribüne und von der Presse aus unsere Handlungen zu diskreditieren, indem man sie verkannte und oft auch verleumdete.

Will die Kirche den Kampf?

Die Kirche, so hat man gesagt, sucht den religiösen Krieg in Frankreich anzufachen, und sie sehnt die heutige Verfolgung innerlich herbei. Es ist eine sonderbare Anschuldigung; denn die Kirche, die durch jenen gegründet wurde, der um des Friedens willen in die Welt gekommen ist, und der den Menschen mit seinem Gott aussöhnen will, der Messias des Friedens auf dieser Erde, wird doch nicht den religiösen Krieg wollen, der ihrer erhabenen Mission widerspricht und sie in den Augen aller Lügen strafen würde. Sie bleibt im Gegenteil stets bei der Mission der geduldigen Milde und Liebe und wird es bleiben auf immerdar. Übrigens weiß die ganze Welt heute, und es läßt sich niemand mehr täuschen, daß, wenn der Friede des Gewissens in Frankreich verschwunden ist, es nicht die Kirche war, die den Anlaß bot, sondern die Handlungsweise ihrer Feinde. Die unparteiischen Geister, selbst wenn sie nicht unseren Glauben teilen, erkennen an, daß, wenn man auf religiösem Gebiete in Eurem Vaterlande kämpft, das nicht geschieht, weil die Kirche zuerst die Standarte erhoben, sondern weil man ihr felbft den Krieg erklärt hat. Dieser seit 25 Jahren währende Krieg muß von ihr geduldet werden; das ist die Wahrheit. Die Behauptungen, die tausend und abertausend Male in der Presse gemacht wurden, die im Parlamente, in den Freimaurerzirkularen, auf Versammlungen erfolgten, beweisen es ebenso, daß die Angriffe systematisch geführt wurden. Diese Tatsachen sind nicht wegzuleugnen, und kein Wort kann sie entkräften. Die Kirche will also nicht den Krieg, den religiösen noch weniger als andere; und wer das Gegenteil behauptet, der verleumdet und beschimpft sie.

Außerdem wünscht sie die heftige Verfolgung nicht; sie kennt dieselbe ja, denn sie hat viel darunter gelitten, zu allen Zeiten und in vielen Ländern. Sie hat Jahrhunderte voller Blut geschaut, und das gibt ihr den heiligen Stolz, zu sagen, daß sie die Verfolgung nicht fürchtet und, wo es nötig ist, ihr die Stirne bietet. Aber die Verfolgung an sich ist ein Übel, weil sie eine Ungerechtigkeit ist und den Menschen hindert, Gott in Freiheit anzubeten. Die Kirche kann sie daher nicht wünschen, selbst nicht im Hinblicke auf das Gute, das in ihrer unendlichen Weisheit die göttliche Vorsehung immer daraus zieht. Die Verfolgung ist weiterhin nicht bloß ein Uebel, sondern ein Leiden, und das ist noch ein neuer Grund dafür, daß die Kirche, die die beste der Mütter ist, aus Mitleid für ihre Kinder sie niemals wünschen kann.

Warum kann die Kirche die Güter nicht abgeben?

Was die geistlichen Güter anlangt, die aufgegeben zu haben man uns vorwirft, ist es wichtig zu bemerken, daß diese Güter zu einem Teil das Patrimonium der Armen und, was noch heiliger ist, das Patrimonium der Verstorbenen waren. Es war daher der Kirche nicht mehr erlaubt, sie abzugeben oder auszuliefern, man konnte sie ihr nur mit Gewalt entreißen. Kein Mensch glaubt übrigens, daß die Kirche sie freiwillig aufgegeben hätte. Man weiß, daß es unter dem Druck der gewichtigsten Gründe geschah; denn was man ihr anvertraut hatte, war ihr für die Ausübung des Kultus, für die Unterhaltung der Gotteshäuser, für die Erziehung des Priesterstandes und für die Besoldung ihrer Kultusbeamten sehr nötig. Man hatte ihr perfiderweise die Wahl gelassen zwischen einem materiellen Ruin und einer Zustimmung zur Änderung ihrer Konstitution, die göttlichen Ursprungs ist. Das letztere hat sie abgelehnt, selbst um den Preis der Armut, weil sie an das, was Gott geschaffen, nicht tasten läßt. Man hat ihr daher ihre Güter genommen, sie hat sie nicht aufgegeben. Wenn daher die geistlichen Güter nach Ablauf einer bestimmten Frist als vakant erklärt wurden, sobald die Kirche sich nicht der neuen Organisation unterwerfe, wenn die Kirche diese Unterwerfung nur mit einer Verletzung der göttlichen Verfassung vollziehen konnte und sie daher zurückweisen mußte, wenn man daher diese Güter dritten zuwies, als ob sie herrenlos geworden seien, und man dann behauptet, daß man die Kirche nicht beraube, daß man vielmehr nur über Güter verfüge, die sie selbst aufgegeben habe, so ist das eine Sophistik und ein Spott zu der grausamen Beraubung. Die Beraubung läßt sich nicht leugnen, selbst wenn man behauptet, daß keine moralische Person existiert, der die Güter zugewiesen seien. Denn der Staat ist Herr darüber, die juristische Persönlichkeit, wenn es das öffentliche Wohl erfordert, katholischen Institutionen wie auch anderen Vereinen zu erteilen, und auf alle Fälle wäre es ihm ein leichtes gewesen, die Bildung der Kultusgesellschaften nicht an die Bedingungen zu knüpfen, die in direktem Widerspruch zur göttlichen Konstitution der Kirche stehen.

Nun wohl, das hat man gerade bezüglich der Kultusgesellschaften getan! Das Gesetz hat sie derart organisiert, daß seine Dispositionen gerade gegen die Rechte verstoßen, die der Kirche aus ihrer göttlichen Verfassung heraus zustehen, besonders, was die geistliche Hierarchie anlangt, die der göttliche Stifter ihr als unerschütterliche Basis gab. Außerdem gewährt das Gesetz diesen Gesellschaften Rechte, die der Kompetenz der geistlichen Autorität unbedingt unterstehen, sei es, was die Ausübung des Kultus, sei es, was den Besitz und die Verwaltung der Güter anlangt. Außerdem sind diese Gesellschaften der geistlichen Jurisdiktion entzogen und der weltlichen überantwortet. Deswegen haben Wir in Unsern vorhergehenden Enzykliken die Kultusgesellschaften verworfen, trotz der materiellen Opfer, die damit verknüpft waren.

9*

Ift der Papft parteiifch?

Man hat Uns noch beschuldigt, parteiisch und inkonsequent zu sein. Es ist gesagt worden, Wir hätten in Frankreich zurückgewiesen, was wir in Deutschland billigten. Dieser Vorwurf ermangelt sowohl der Begründung wie der Gerechtigkeit; denn obwohl das deutsche Gesetz verurteilungswert in verschiedenen Punkten war und obwohl es nur geduldet wurde angesichts vieler größerer Übel, die zu vermeiden waren, so waren seine Einzelpositionen doch ganz verschieden, und dieses Gesetz erkannte ausdrücklich die katholische Hierarchie an, was das französische Gesetz ganz und gar nicht tut. Was die jährliche Erklärung, die für die Ausübung des Kultus gefordert wird, anlangt, so liefert sie nicht die gesetzliche Sicherheit, die zu fordern man ein Recht hat. Nichtsdestoweniger, obwohl im Prinzip die Versammlungen in den Kirchen keineswegs mit öffentlichen Versammlungen gleichzustellen sind, und es häßlich ist, sie damit zu vergleichen, würde die Kirche, um größere Übel zu verhüten, diese Erklärung geduldet haben. Aber durch die Feststellung, daß der Pfarrer in seiner Kirche nur ein Besucher ohne Rechtstitel sei, daß er gar keine administrativen Akte vornehmen könne, hat man den Geistlichen in der Ausübung ihres Amtes eine so demütigende Stellung bereitet, daß die Erklärung nicht angenommen werden konnte. Nun bleibt noch das Gesetz, das die beiden Kammern kürzlich annahmen: Im Hinblick auf die geistlichen Güter ist das Gesetz ein Raubgesetz, ein Gesetz der Konfiskation, es hat die Beraubung der Kirche vollendet. Obwohl ihr göttlicher Stifter arm in einer Krippe geboren worden und arm an seinem Kreuze starb, obwohl er von zartester Jugend an die Armut kennen gelernt: die Güter, welche er der Kirche zukommen ließ, gehörten ihr, und niemand hatte das Recht, sie wegzunehmen. Dieses in allen Punkten unbestreitbare Eigentum war offiziell durch den Staat sanktioniert, er durfte dieses Fundamentalgesetz nicht verletzen.

Unficherheit und Willkür.

Im Hinblick auf die Ausübung des Kultus hat dieses Gesetz die Anarchie organisiert. Was es überdies in Wirklichkeit herbeiführt, ist die Ungewißheit und die Willkür. Ungewißheit, weil die Kultusgebäude immer der Wegnahme ausgesetzt sind, so daß den Klerus und den Gläubigen gar nicht frei zur Verfügung stehen. Ungewißheit besteht darin, ob sie erhalten werden und auf wie lange Zeit. Die Zivilbehörden sollen über das Genußrecht und die Genußbedingungen stets die Entscheidung fällen. Ungewißheit für den Kultus, der in so verschiedene Situationen gedrängt ist, als Gemeinden in Frankreich bestehen. In jeder Pfarrei ist der Priester der Gemeindebehörde ausgeliefert, die Konflikte sind von einem Ende des Landes zum andern heraufbeschworen. Anderseits besteht wieder die Verpflichtung, die schwersten Lasten zu übernehmen, und außerdem eine geradezu drakonische Beschränkung, was die finanziellen Hilfsquellen anlangt. Obwohl das Gesetz noch gar nicht so alt ist, hat es bereits unzählige und scharfe Kritiken von seiten politischer Männer aller Richtungen erfahren, alle religiösen Meinungen haben es scharf kritisiert, und diese Kritiken genügen, um es zu richten.

Es war leicht darzutun und Wir haben es getan, ehrwürdige Brüder und vielgeliebte Söhne, daß dieses Gesetz das Trennungsgesetz noch verschärft, und Wir konnten es daher nur verwerfen. Der ungenaue Text verschiedener Artikel dieses Gesetzes stellt den von unseren Feinden gewollten Zweck ins rechte Licht. Sie wollen die Kirche zerstören und Frankreich entchristlichen, wie Wir bereits gesagt haben, aber ohne daß das Volk es merkt, und ohne daß es besonders acht darauf hat, was vorgeht. Wenn ihr Unternehmen wirklich populär wäre, wie sie es behaupten, würden sie es nicht mit verdecktem Visier tun, sondern sie würden offen die Verantwortung für ihr Tun übernehmen. Aber diese Verantwortlichkeit, statt sie auf sich zu nehmen, wird von ihnen abgewiesen, und um besser zum Ziel zu gelangen, wälzen sie sie auf die Kirche — auf ihr Opfer. Von allen Beweisen ist das der eklatanteste dafür, daß ihr verhängnisvolles Wirken nicht den Wünschen des Landes entspricht.

Irreführung der öffentlichen Meinung.

Vergeblich versuchen sie nun, nachdem Wir Uns in die grausame Notwendigkeit versetzt sahen, die Gesetze zurückzuweisen, die sie gemacht haben — weil sie

die Übel ſahen, die ſie ihrem Vaterland bereitet, und weil ſie den allgemeinen Un=
willen merken, der gegen ſie heranwächſt — die öffentliche Meinung auf Irrwege
zu führen und die Verantwortung für dieſe Übel auf Uns zu wälzen. Der Ver=
ſuch wird ihnen nicht gelingen. Was Uns betrifft, ſo haben Wir Unſere Pflicht er=
füllt, wie ſie jeder andere Papſt erfüllt hätte. Das hohe Amt, zu dem der Himmel
Uns berufen hat, trotz Unſerer Unwürdigkeit, wie der chriſtliche Glaube ſelbſt, ſchrie=
ben Uns Unſer Verhalten vor.

Wir haben nicht anders handeln können, ohne Unſer Gewiſſen mit Füßen zu
treten, ohne den Eid zu brechen, den Wir leiſteten, als Wir den Stuhl Petri be=
ſtiegen, und ohne die katholiſche Hierarchie zu verletzen, die der Kirche durch den
Heiland gegeben wurde. Wir erwarten furchtlos das Urteil der Geſchichte. Sie
wird einmal ſagen, daß Wir niemals die Zivilgewalt demütigen noch eine Regie=
rungsform bekämpfen, ſondern das unantaſtbare Werk unſeres Herrn und Heilandes
Jeſu Chriſti bewahren wollten, indem Wir Unſere Augen ſtets darauf gerichtet
hielten, die höheren Rechte Gottes zu verteidigen. Die Geſchichte wird ſagen, daß
Wir Uns mit Milde verteidigt haben, daß Wir für die Kirche, von der die fran=
zöſiſche Kirche die älteſte Tochter und ein integrierender Beſtandteil iſt, den Reſpekt
vor ihrer Hierarchie, die Unverletzlichkeit ihrer Güter und Freiheit verlangt haben.
Wenn man dieſe Unſere Bitte erfüllt hätte, würde der religiöſe Friede in Frank=
reich nicht geſtört worden ſein, und an dem Tage, an dem man Unſere Wünſche
erfüllt, wird dieſer wünſchenswerte Friede wieder erſtehen.

Indem Wir darauf vertrauen, daß die Unbefleckte Jungfrau, die Tochter des
Vaters, die Mutter des Wortes, die Braut des heiligen Geiſtes, Euch von der
allerheiligſten und anbetungswürdigen Dreifaltigkeit beſſere Tage erlangt als
Unterpfand der Ruhe, die dem Sturm folgt, wie Wir zuverſichtlich hoffen, ſpenden
Wir Euch aus ganzem Herzen, Euch, ehrwürdige Brüder, wie Eurem Klerus und
dem ganzen franzöſiſchen Volke den apoſtoliſchen Segen.

Gegeben zu Rom, bei St. Peter, am Tage der Epiphanie, 6. Januar 1907,
im 4. Jahre Unſeres Pontifikates.

Pius PP. X.

Dieſe erneute herrliche Kundgebung des Oberhauptes der Kirche
war gleichſam die feierliche Einleitung der **Biſchofsverſammlung**,
die am 15. Januar zu Paris eröffnet wurde, und die über die wich=
tigſten Intereſſen, beſonders auch über die Beſchaffung der Unter=
haltskoſten für die katholiſchen Einrichtungen, beratſchlagte. Die
Verhandlungen waren, wie immer, geheim — doch ſtand es feſt,
daß aus der immer ſchärfer ſich zuſpitzenden Kirchenverfolgung auch
eine **immer ſtraffere Einheit** und immer freudigerer **Opfermut** der
katholiſchen Kirchenfürſten herauswuchs.

In einer Adreſſe vom 15. Januar an den Papſt ſprach der
Epiſkopat Frankreichs ſeinen Dank für die neue Enzyklika aus
und beteuerte ſeine einmütige und überzeugte Zuſtimmung zu dem
Urteil des hl. Vaters. Die Kirchenfürſten proteſtierten in Ueberein=
ſtimmung mit Rom gegen die Vergewaltigung der heiligſten Rechte
und erklärten, der religiöſe Friede werde nur wieder hergeſtellt wer=
den durch die Achtung der kirchlichen Hierarchie, die Unverletzlich=
keit des Eigentums und der Freiheit der Kirche.

Auch aus den übrigen Ländern, ja, faſt allen Weltteilen hatten
die katholiſchen Biſchöfe ihre Zuſtimmung zu der Haltung der Kirche
Frankreichs öfters feierlich kundgetan. An dieſe fremden Kirchen=
fürſten richteten die Oberhirten Frankreichs eine andere Adreſſe,
worin ſie ihren Dank ausdrückten und ausdrücklich betonten, daß

ihnen alle politischen Nebenzwecke fremd seien und sie mit aller
Sehnsucht nur den Frieden wünschten.

Eine wichtige Kundgebung Combes'.

Ueber den wahren Charakter des „Trennungsgesetzes" hat kein
Geringerer, als Emil Combes (freilich als er selbst nicht mehr Mi=
nister war) sich in einer Weise ausgesprochen, die das spätere Ver=
halten des Papstes aufs glänzendste rechtfertigte. Er schrieb an die
Wiener „Neue Freie Presse" (13. Jan. 1907) einen längeren Artikel,
der ungemein viel Staub aufwirbelte, und aus dem wir hier einige
Sätze wiedergeben:

„Die famose Theorie von den Kultusvereinen, welche die
Grundlage oder auch die Hauptstütze des ganzen Gesetzbaues bildet,
wie er von Mr. Briand unter Mithülfe der Herren Jaurès und
Ribot aufgeführt worden ist, verträgt sich schlecht mit dem obersten
Prinzip des katholischen Glaubens .... Die katholische Religions=
gemeinschaft beruht auf der souveränen Autorität ihres unfehlbaren
Hauptes. Diese Autorität allein gewährt ihr Sicherheit und Dauer.
Der Artikel 4 des Trennungsgesetzes bestimmt ausdrücklich, daß die
Kultusvereine, welche aus dem Gesetze Vorteil ziehen, mit der all=
gemeinen Kultusorganisation übereinstimmen sollten. Dieses anfangs
vorbehaltlos den Rednern der katholischen Partei in der Kammer
gemachte Zugeständnis ist dann unter dem heftigen Druck der radi=
kalen Partei .... teilweise zurückgenommen oder eigentlich nahezu
verunstaltet worden. Es fehlt ihm denn auch wegen des für die
Bildung der Kultusvereine vorgeschriebenen Systems jeder nützliche
Effekt, der das Gesetz der Kirche annehmbar machen könnte."

Im weiteren gesteht Combes offen, daß man sich verrechnet
hatte; auf ein Schisma, ein Wiedererwachen der gallikanischen Ten=
denzen hatte man gehofft, und nun mußte man mit Staunen sehen,
daß es in Frankreich keine gegen Rom frondierenden Bischöfe gab.

Er fährt dann fort:

„Jedermann weiß schließlich, daß in Sachen der Disziplin wie
in jeder anderen Sache die dem Papst zustehende Initiative sich
abwärts bis zu dem Punkte bewegt, wo sie auf den Gläubigen
trifft, den sie mit ihrer sittlichen Anregung erfüllt und an Gehorsam
gewöhnt.

„Die Schöpfer des Gesetzes stürzen diese als göttlich angesehene
Organisation um....

„So entspricht denn — wir meinen, es dargetan zu haben —
die Weigerung Pius' X., der Organisation der vom 1905er Gesetze
vorgeschriebenen Kultusvereine beizustimmen, dem Bewußtsein seiner
Pflichten gegen die Kirche. Es ist kindisch, diese Weigerung als
Eigensinn zu bezeichnen und dem Charakter des Mannes aufs
Kerbholz zu schreiben, wenn dieser Mann selbst von einer oberen,
unabänderlichen und unwiderstehlichen Lehre beherrscht und geleitet

wird. Noch einmal: die Intransigenz des Papstes ist eine Intran=
sigenz der Lehre."

* * *

Schon früher hatten sogar **protestantische** Blätter Englands,
Amerikas, Hollands das Verhalten des Papstes **gebilligt.**

Zitieren wir hier beispielsweise nur einen Artikel aus dem
„**Standard**", dem Organ des kalvinistischen Politikers Kuyper aus
den **Niederlanden.** Das Blatt schrieb:

„In Frankreich geht es los. Statt ehrlich und offen die Selbst=
ständigkeit der Kirche anzuerkennen und ihr die kirchlichen Gebäude
als Eigentum zu geben, hat das Trennungsgesetz den Besitz der
Kirchen von einer Art selbständiger Vereine abhängig machen wol=
len, wogegen der geistliche Charakter einer jeden Kirche sich wehren
wird. Von katholischer Seite sah man von der Bildung solcher
Vereine ab und gab lieber jeden materiellen Vorteil preis, als daß
man die geistige Selbständigkeit der Kirche opferte. Darauf sagte
die Regierung: »Gut, in diesem Falle nehmen wir von den Kirchen
Besitz; Ihr könnet Euch darin versammeln, wie sonst allerlei Ver=
sammlungen abgehalten werden können, Ihr müsset jedoch dem
Gesetze des Jahres 1901 Genüge leisten.« — Im Hause eines Fremden
würde dann der Gottesdienst wie eine Art öffentlicher Versammlung
abgehalten werden müssen, jedoch in der Weise, daß der Kirche jeder
rechtliche Anspruch versagt wäre. Hierfür bedanken sich aber die
Katholiken. Lieber opfern sie alles, als daß sie die Selbständig=
keit verlieren. Man will den Gottesdienst in seiner Kirche hatten,
ein öffentliches Gebäude aber, worin man als ein Fremder aus
Gnade geduldet wird, ist keine Kirche. Es wird also ein harter
Kampf. **Es muß jedoch anerkannt werden, daß die Kirche für
ein hohes, sittliches Recht kämpft.** Zu unserem Bedauern können
wir es nicht verhehlen, daß die katholische Kirche einen höheren
Standpunkt einnimmt, als die Protestanten, die sich in allem dem
Gesetz fügten. Das scheint praktisch und friedliebend, ist aber cha=
rakterlos." (Dez. 1906, angeführt im „Luxemb. Wort", 12. und
13. Jan. 1907.)

Rückzug der Regierung.

Endlich begannen Regierung und Parlament zu begreifen —
freilich etwas sehr spät — daß es ungemein odiös sei, von den
Priestern eine vorherige Anmeldung zu fordern, wenn sie vor einigen
Personen eine stille hl. Messe lesen wollten. Allmählich dämmerte
es den Leuten vom antiklerikalen Block, wie sehr sie selbst
durch die Tausende von Protokollen, die wegen Abhaltung eines
einfachen Gottesdienstes vorgenommen worden waren, sich lächerlich
gemacht hatten.

Es konnte auf diese Weise unmöglich weiter gehen, und so
entschlossen sich denn die Herren Antiklerikalen, in diesem Punkte

(Anmeldung einer Gottesdienst=„Versammlung") einfach zum Rück=
zug zu blasen. **Am 27. März 1907** nahm die Deputiertenkammer
eine Novelle zum Versammlungsgesetz an, die verfügte, daß in Zu=
kunft **für keine öffentliche Versammlung die Anmeldepflicht be=
stehe.** Nun fielen also auch für den Kultus endlich die lästigen
Erklärungen weg, um die man so lange gekämpft, und die so un=
säglich viel Unruhe und Schmerz über das Land gebracht hatten.

Weitere Leiden der Katholiken.

Ein ganzer Band, voll von brennendstem Interesse, ließe sich
über die Tausende von Kulturkampfs=Episoden schreiben, die in den
letzten Jahren, besonders seit dem 2. Trennungsgesetz, im armen,
unglücklichen Frankreich sich abspielten.

Regelrechte Gefechte wurden in unzähligen Orten geliefert, bald
bei der **Austreibung eines Bischofs oder Pfarrers** aus seiner
bisherigen Dienstwohnung, bald bei der Verweltlichung von katho=
lischen **Stiftungen**, bald bei der Entfernung der **Kruzifixe** aus den
Schulen und von öffentlichen Plätzen, bald innerhalb der Kirchen bei
Störungen des Gottesdienstes.

Das ganze Land war von Trauer bedeckt, von Zwietracht zer=
rissen, von Leidenschaften aufgewühlt. Der Handel ging zurück,
das öffentliche Vertrauen sank, Haß und niedrige Habsucht hatten
die Oberhand. Der katholische Volksteil war entmutigt; die Sek=
tierer wüteten nach Herzenslust, die große Masse der Nation aber
ging, abgestumpft durch die antiklerikale und farblose Presse,
achtlos und gefühllos an all dem endlosen Elend vorüber.....

Als zu Touton an Bord des großen Schlachtschiffes „Jena"
eine schreckliche Explosion stattfand, die viele Menschenleben forderte,
wohnte der Präsident der Republik, der dorthin gereist war, dem
Trauergottesdienste für die Toten nicht bei. Beinahe die ganze
Presse verurteilte diese Haltung. Den Priestern, die in den Spitä=
tern den armen, verwundeten Matrosen beistehen wollten, verbot der
Direktor des Krankendienstes den Zutritt **kraft des Gesetzes,** ob=
wohl die meisten Betroffenen katholische Bretonen waren und sich
wegen ihrer Verwundung außer stande sahen, schriftlich den Be=
such eines Beichtvaters zu verlangen. (16. März 1907.)

Im April 1907 veröffentlichte plötzlich die Pariser Presse
einen großen Teil der beschlagnahmten Montagnini'schen Pa=
piere — eine der flagrantesten Verletzungen des Völkerrechtes der
Neuzeit.

Zu Orleans drängt sich die Freimaurerloge in die große
Jeanne d'Arc=Prozession hinein. Der Klerus hält sich von der
Feier fern. Auch die französische Nationalheldin soll „laïzisiert" und
von der Kirche „getrennt" werden!

Sollen wir in dieser Aufzählung noch fortfahren? Die schmerz=
liche Reihe ließe sich noch lange fortsetzen.

*   *   *

Der weiter schreitende Kulturkampf erregte leider in den weiten Kreisen des Volkes, das in dieser Sache schon nicht mehr durch den Prickel der Neuheit gereizt wurde, immer weniger Aufsehen.

Heben wir aus den neuesten Anstürmen gegen Religion und Kirche hier noch eine der odiösesten Maßregeln hervor, die Beraubung der Toten.

IV. Die Beraubung der Toten.
(Gesetz vom 13. April 1908.)

Ein Punkt vor allem war es, der noch immer viele Gemüter erbitterte, das Los der **Meßstiftungen.**

Diese Stiftungen waren Werke r e i n r e l i g i ö s e r Natur; nach dem ersten Trennungsgesetz konnten sie keiner staatlichen oder kommunalen Anstalt zufallen (wie z. B. die Stiftungen für Arme, für Schulen usw.), sondern allein den Kultus-Genossenschaften. Als nun letztere nicht ins Leben traten, wurden die Meßstiftungen unter S e q u e s t e r gestellt; ein staatlicher Beamter verwaltete einstweilen diese Güter.

Die Folge war, daß Hunderte von Familien gegen den Sequester P r o z e s s e anstrengten, worin die Stifter oder ihre Erben entweder die Abhaltung der Messen oder die Herausgabe der Stiftung verlangten. Die Klagen hatten vielfach Erfolg. Daraus entstanden denn für die Regierungsleute sehr viele Schwierigkeiten und Verdrießlichkeiten. Die Lage wurde auf die Dauer unhaltbar; man mußte eben wieder den altgewohnten Ausweg betreten — d. h. ein neues Gesetz schmieden.

Das Gesetz über die Meßstiftungen trägt den Namen „**Devolutionsgesetz**"; die Pflicht, den Willen der Stifter zu erfüllen, soll auf andere Schultern „abgewälzt" werden.

In dieser Novelle liegt zunächst eine **schneidende Verletzung des allgemeinen Erbrechtes.** In Zukunft können Seitenerben (z. B. Neffen) **und testamentarische Erben,** soweit sie nicht die gesetzlichen d i r e k t e n Erben sind, **nicht** mehr auf Herausgabe einer Stiftung bei Gericht **Klage führen.**

Die **Stifter** selbst oder ihre **direkten** Erben können zwar noch mit Erfolg sich um Wiedererwerbung ihres Stiftungskapitals vor der Justiz bemühen, aber dies nur mehr **innerhalb einer kurzen Frist** (6 Monate).

Hat z. B. ein Geistlicher eine Messe gestiftet, und ein Verwandter von ihm, den er im Testament als Erben eingesetzt, verlangt später vor Gericht, daß das Stiftungsgeld, worauf der Staat seine Hand gelegt, wieder zurückerstattet werde, so wird er abgewiesen.

Dasselbe geschieht, wenn der Stifter selbst (oder dessen direkter Erbe, z. B. der Sohn) sein eigenes Geld zurückverlangt, aber dies nicht innerhalb der wenigen Monate tut, die das Gesetz vorsieht.

Das Erbrecht gilt unter allen Umständen, nur betreffs der katholischen Meßstiftungen ist es zum größten Teil aufgehoben und illuforisch gemacht.

Der Grundsatz, daß **Eigentum unverletzlich** sein soll, ist also auch hier wieder einmal durchbrochen worden!

Was diese Neuerung ganz besonders ungeheuerlich macht, ist die Bestimmung, daß das Gesetz **rückwirkende Kraft** hat. Obwohl die Novelle erst am 13. April 1908 in Kraft trat, übte sie ihre annul= lierende und einschränkende Wirkung auch schon über eine Zeit aus, die vor diesem Datum liegt. Eine ganz unbegreiflich häßliche Maß= regel! Im französischen, wie in jedem anderen Recht ist es ein un= umstößlicher Grundsatz, daß ein neues Gesetz, welches alte Rechte ver= nichtet, nie rückwirkende Kraft haben kann. Das allerelementarste Rechtsgefühl verbietet nämlich, daß eine Verfügung, die jemandem gewisse Rechte nehmen soll, ihre Wirksamkeit auf eine Zeit aus= dehnen solle, wo diese Verfügung noch gar nicht bestand.

Hier haben wir also wieder ein abstoßendes Beispiel von der Rücksichtslosigkeit und Brutalität, mit der man die Katholiken unter Ausnahmegesetze stellt.

B r i a n d suchte im Senat den unglaublichen Rechtsmord, der hier vorliegt, damit zu begründen, daß er behauptete, das Devo= lutionsgesetz sei eigentlich nicht neu, sondern nur eine A u s l e g u n g des Trennungsgesetzes, könne also in seiner Wirkung bis auf das Entstehen der „Trennung" zurückwirken.

Diese Theorie ist jedoch so fadenscheinig und schäbig wie nur möglich. Fast alle Gerichtshöfe Frankreichs, die vorher die Stif= tungsprozesse zugunsten auch der Seitenerben entschieden, hatten die Briand'sche Behauptung schon im voraus widerlegt; auch die maß= gebendsten Rechtsgelehrten widersprachen dem sozialistischen „Kultus"= minister. Aber was gelten die besten Beweise? — Gewalt geht vor Recht.

Außer der Verkürzung und Verkümmerung des Erbrechts ent= hält das Devolutionsgesetz einen zweiten Punkt. Es handelt sich nämlich um die Frage: Was soll mit den Meßstiftungen geschehen, deren Kapital den Erben nicht mehr zurückerstattet wird? Sollen die Messen, die damit verbunden sind, nicht mehr abgehalten wer= den? **Wem wird überhaupt dieses Geld zufallen?**

Die Deputiertenkammer hatte eine Vorlage angenommen, der zufolge dem Staat das Recht zustehe, diese Kapitalien nach Belieben einem anderen Zwecke zuzuwenden. Die Freimaurer=Abgeordneten behaupteten einfach, das Stiftungsrecht sei öffentliches Recht; also habe auch der Staat das Recht, nach Gutdünken hier einzugreifen. Sonderbare Theorie! Mit einer solchen Lehre könnte der Staat sich schließlich alles erlauben und jedermanns Rechte mit Füßen treten.

Im Senat rückten die gemäßigten Elemente dem empörenden Raubgesetz energisch zu Leibe. Herr de Lamarzelle führte aus, es handle sich um eine Vermögensbeschlagnahme und um eine Verge=

waltigung des Willens der Stifter; denn ihr Eigentum werde anderen, vielleicht sogar entgegengesetzten Zwecken zugeführt, als den von ihnen bezeichneten. Zur Begründung der Devolutionsvorlage berufe man sich auf die Ablehnung der Kultvereine durch die Katholiken. Ja, sollte man denn dem Willen des Papstes entgegenhandeln und es zu einem Schisma kommen lassen? Mit der vorliegenden Rechts= frage habe aber in Wahrheit die Kultvereinsangelegenheit und der Papst gar nichts zu tun.

Der Senat war in diesem zweiten Punkt einer gemäßigteren Politik zugänglich; auch der Kultusminister mußte nachgeben, und so wurde denn schließlich das sogenannte Amendement Berger angenommen.

Dieser Antrag bezog sich nur auf die Messestiftungen. Staat, Departements, Kommunen und die öffentlichen Anstalten, welche Be= sitzer der ehemaligen Stiftungsvermögen geworden sind, sollen, so= weit keine Herausgabe an die direkten Erben erfolgt, einen den Stiftungsbedingungen entsprechenden Kapitalteil zurücklegen. Dieser Kapitalteil wird den **Gesellschaften auf Gegenseitigkeit, welche die Geistlichen** unter sich **gebildet haben**, in Form eines Renten= titels überwiesen. Diese Gesellschaften übernehmen damit die Ver= pflichtung, den dauernden Messestiftungen zu entsprechen.

Wenn **nach Verlauf von 18 Monaten keine** der in Frage kommenden Gesellschaften die Ueberweisung des Rententitels oder der Fonds verlangt hat, sind Staat, Departement usw. von ihren Verpflichtungen befreit und **bleiben Besitzer der Kapitalien, ohne die Bedingungen betreffend die Messen zu erfüllen.**

Diese Gesellschaften zur Unterstützung alter oder kranker Priester usw., welche jetzt die Messeverpflichtungen übernehmen sollten, ge= hörten zu jenen „Mutualités ecclésiastiques", über die in letzter Zeit so viel gesprochen worden war, und über die das letzte ent= scheidende Wort Roms immer noch fehlte. Waren es einfache Ge= nossenschaften, die mit dem Regime der „Trennung" weiter nichts gemein hatten? Waren es gewöhnliche Unterstützungskassen, die die Geistlichen unter sich gründeten, und die sie einfach staatlich aner= kennen ließen, so wie jede Arbeiter=, Kranken= oder Sterbekasse die gesetzliche Anerkennung verlangt?

Der Charakter dieser neuen Organisationen, denen auf einmal ein bedeutender Teil des geraubten Kirchenvermögens zugewiesen werden sollte, war gänzlich unklar.

Briand hatte in der Kammer im November 1907 erklärt, daß solche Gesellschaften sich nicht mit Kultushandlungen befassen dürften; und nun wies man ihnen gottesdienstliche Handlungen zu? Würde man nun nicht auch den Versuch machen, diesen „Mutualités" den Charakter von regelrechten „Kultvereinen" nach den Vorschriften des Trennungsgesetzes zu geben?

Durch diese Neuerung, die sich wiederum in das Mäntelchen der Milde und Gerechtigkeit hüllte, war Rom abermals in eine sehr heikle Lage gekommen.

Natürlich kündigten sofort sämtliche radikale Blätter an, daß, wenn die Kirche dies neue Entgegenkommen ablehne, ihr die Verantwortung dafür zufalle, was dann geschehen werde.

Frisch-fröhlich drohte man mit Wiedervergeltung, wenn die Kirche über diese ihre eigensten Angelegenheiten anders entscheiden sollte, als der Senat. Man hatte eben seit 1905 nichts gelernt und nichts vergessen.

*   *   *

Auch dieses Mal verleugnete sich der durchdringende Geist und die unbeugsame Geradheit unseres hl. Vaters nicht.

Unter dem 17. Mai 1908 richtete Pius X. ein

Schreiben an die französischen Kardinäle,

das die zweifelhafte „Großmut" der Logen-Regierung ablehnt und wieder einmal den Schleier, den die Kulturkämpfer um ihre perfiden Manöver gesponnen, mit einem Griff weit lüftet.

Um Wiederholungen zu vermeiden, haben wir in diesem bedeutsamen Schriftstück des Papstes jene Stellen mit Fettdruck wiedergegeben, die die Verwerfung der neuen Art von „Trennungs"-vereinen begründen. Die Beweisführung ist ganz klar und nur eine Folgerung aus den Motiven, die wir schon früher wiederholt auseinandergesetzt. Eine weitere Erklärung ist also ganz überflüssig.

Nachfolgend das wichtige Schreiben:

„Der Augenblick scheint uns gekommen, um euch Unsere Entscheidung hinsichtlich der sog. (staatlich) genehmigten Unterstützungsvereine zur Kenntnis zu bringen, damit durch eure Vermittelung alle Glieder des Episkopats und des Klerus darüber unterrichtet werden. Wir haben die Angelegenheit mit großer Sorgfalt und unter allen Gesichtspunkten Unserer Prüfung unterzogen im Wunsche, ein Mittel zu finden, um den französischen Geistlichen neue Opfer zu ersparen. In Unserer Liebe für Frankreich und für Unsere Priester, deren bewundernswerte und großmütige Anstrengungen unter dem Druck grausamster Verfolgung Wir Schritt für Schritt verfolgen, wären Wir geneigt gewesen zum Zugeständnis der weitesten Konzessionen, wenn nur das Gesetz den Priestern Frankreichs gestattet hätte, ihre Würde zu wahren und die kirchliche Disziplin aufrechtzuerhalten.

Aber nun fordert man den französischen Klerus zur Bildung von Unterstützungsvereinen auf, die allen zugänglich sind, welche sie in irgend einer Form und aus irgend einem Interesse in Anspruch nehmen, ohne daß mit gesetzlichen Mitteln verirrte oder gar von der Gemeinschaft der Kirche ausgeschlossene Glieder daraus entfernt werden können. Kurz, man verlangt von den französischen Geistlichen, sich als abgesonderte Korporation zu konstituieren und ihres Priestercharakters in Verbindung mit dem apostolischen Stuhl zu vergessen. Sie sollten sich als einfache Bürger betrachten, aber als Bürger, die eines allen Franzosen zustehenden Rechtes beraubt sind, nämlich aus ihren Unterstützungsvereinen unwürdige Glieder auszuschließen. Und dies, um materielle Vorteile erringen zu können, die sehr fraglich, widerruflich und umgeben sind von Einschränkungen, die der Hierarchie feindlich sind. Ihre geringste Kontrolle ist positiv und ausdrücklich durch das Gesetz ausgeschlossen.

Die Ausübung ihres heiligen Dienstes, der großmütig allen ihren Mitbürgern ohne Unterschied von einem Ende Frankreichs bis zum andern gewidmet wird, gibt den alten und kranken Priestern Anrecht auf Unterstützung, wenn auch noch fo gering. Indeffen verweigert man die Anerkennung diefer geiftlichen Verrichtungen und zugleich der Dienfte, welche fie ftändig der Kirche und ihrem Vaterlande erweifen.

Da die Urheber des Gefetzes das Odium von fich abfchütteln möchten, armen, alten und kranken Prieftern das Brot genommen zu haben, bieten fie die Rück= gabe eines kleinen Teiles von fo vielen fequeftrierten Gütern an. Aber was fie mit der **einen** Hand geben, nehmen fie mit der anderen wieder **weg** durch Ein= fchränkungen und Ausnahmebeftimmungen.

Unter diefen Umständen ift es Uns **nicht möglich**, zur Bildung der fogen. approbierten Unterftützungsvereine Unfere **Ermächtigung** zu geben.

In feiner gewohnten Klarheit fchrieb Unfer erlauchter Vorgänger im Jahre 1902 den Bifchöfen Frankreichs, daß „in dem Gedanken der Feinde die Trennung der Kirche von dem Staate zur abfoluten Indifferenz der weltlichen Macht im Hinblick auf die Intereffen der chriftlichen Gefellfchaft, d. h. der Kirche und felbft zur Verneinung ihrer Exiftenz führen müßte".

Man macht indeffen einen Vorbehalt, den man alfo formuliert: Sobald die Kirche die Hülfsmittel benutzt, welche das gemeinfame Recht zum wenigften allen Franzofen zugefteht, wird fie durch Verdoppelung ihrer angeborenen Tätigkeit ihre Werke zur Blüte bringen können. Doch wird und muß elsbald die Inter= vention des Staates die Katholiken felbft außerhalb des gemeinen Rechts ftellen. Um alles in einem Wort zufammenzufaffen: Das Ideal diefer Leute würde die Rückkehr zum Heidentum fein. Der Staat kennt die Kirche nur dann, wenn er fie mit einer Verfolgung bedenken will. Das ift das Schaufpiel, welches wir heute fehen.

Viel ernfter noch ift die Frage hinfichtlich der geftifteten Meffen, geweihten Erbgutes, auf das man zum Schaden der Seelen die Hand zu legen gewagt hat, und wobei man den letzten Willen des Erblaffers preisgab. Es ift in der Tat unbeftreitbar, daß diefe Stiftungen nach der Abficht der Verftorbenen dazu dienen follten, heilige Meffen lefen zu laffen, **nicht** in einer beliebigen Art und durch beliebige Perfonen, fondern in den gefetzlichen Formen und in vollkommener Uebereinftimmung mit der Disziplin der kathol. Kirche.

Allein, anftatt diefe Stiftungen ohne Einfchränkung wiederherzuftellen, bietet man die Unterftützungsvereine an, die man ihres ganzen kirchlichen **Charakters** völlig entkleidet, und bei denen man jede gefetzliche Einmifchung der Bifchöfe unterfagt. Das Gefetz läßt in der Tat keine Einmifchung der geiftlichen Auto= rität gelten, die fich fomit in Zukunft jeder gefetzlichen Befugnis für immer und überall entblößt fehen würde, die ordnungsmäßige Feier der heiligen Meffen ficher= zuftellen; demgemäß würde trotz aller Maßnahmen, die der Epifkopat treffen könnte, und trotz des guten Willens der großen Mehrheit der würdigen Priefter in Frankreich **die Feier diefer Meffen** den fchlimmften Gefahren ausgefetzt fein. Wir aber müffen den Willen der Erblaffer fchützen und unter allen Umständen die gefetzliche Feier des heiligen Ortes ficherftellen.

Wir können alfo das nicht gutheißen, was im Widerfpruch mit den Ab= fichten der Verftorbenen ift und den Gefetzen entgegenfteht, die die ordnungs= mäßige Feier des heiligften Aktes der katholifchen Kultus regeln.

Mit tiefer Trauer fehen Wir, wie zahllofe Beraubungen dadurch gefchehen, daß man Hand anlegt an das Erbgut der Verftorbenen. Zu dem Zwecke, diefes Unrecht nach Möglichkeit wieder gut zu machen, richten Wir einen Aufruf an alle Unfere lieben Priefter in Frankreich, einmal im Jahre eine Meffe in der Abficht der frommen Stiftungen zu lefen, fo wie Wir es felbft einmal im Monat tun werden. Außerdem haben Wir trotz unferer befchränkten Mittel bereis die not= wendige Summe hinterlegt **zur Feier von** jährlich zweitaufend Meffen in der gleichen Abficht, damit die Seelen der Verftorbenen nicht der kirchlichen Fürbitten verluftig gehen, auf die fie ein Unrecht hatten, und die das Gefetz, fo wie es heute gefaßt ift, nicht berückfichtigt.

Als Unterpfand Unferer lebhaften und väterlichen Liebe zu Frankreich erteilen Wir euch, liebe Söhne, eurem Klerus und den Gläubigen eurer Diözefen aus ganzer Seele den Apoftolifchen Segen.

Gegeben zu Rom, den 17. Mai 1908, im fünften Jahre Unferes Pontifikats."

Das schöne Antwortschreiben der Kardinäle

auf die Entscheidung des Papstes in Sachen der Priester=Unter=
stützungskassen ist vom 19. Mai aus Bordeaux datiert und lautet:

„Die französischen Kardinäle haben mit kindlicher Ergebenheit den Brief
erhalten, den Eure Heiligkeit freundlichst in Sachen der genehmigten kirchlichen
Genossenschaftskassen an sie gerichtet hat. Ihre Antwort ist ein Bekenntnis ab=
soluten Gehorsams gegenüber dem Befehlsworte des Statthalters Jesu Christi.
Der Papst hat von Gott die Hut der Grundsätze erhalten, die das Werk Christi
rein und unberührt bewahren sollen. Zu wem sollten wir gehen, um nach den Mit=
teln zur Wahrung dieser Grundsätze und zur Verteidigung jener Verfassungsord=
nung zu fragen, die allein der Kirche Leben und Unsterblichkeit geben kann?
Der ganze französische Episkopat denkt und handelt wie wir. Und alle werden
mit dankbarer Bewegung wiederholen, wie großherzig die Güte ist, welche der
Papst Frankreich bezeigt, indem er **großmütig die schwere Ausgabe** für die Lei=
tung eines Teiles der aufgehobenen Seelenmessen auf sich nimmt. So offenbart
sich das Herz des Vaters nach der notwendigen Unbeugsamkeit des Papstes.
Praktische Fragen können verschieden beurteilt werden; indessen kann es hin=
sichtlich der Fundamentalregeln keine Verschiedenheit des Denkens geben; dem Haupte
der Kirche wohnt die Autorität bei, welche angibt, welches Nebensächliche zu opfern
ist, damit die Prinzipien gewahrt bleiben.“

Zum Schlusse bitten die vier Kardinäle, ihr Schreiben als ein
Zeichen der Treue und der aufrichtigen Liebe zur Kirche entgegen=
zunehmen.

*   *   *

Damit war der gordische Knoten wieder einmal entzwei gehauen
und der Fallstrick, den die Heuchelei der Kirche gestellt, zu Schanden
gemacht.

Nun waren alle Versuche, jene göttliche Gesellschaft, die Christus
auf Erden eingesetzt, in staatliche Bande zu fesseln, endgültig ge=
scheitert!

Pius X. wußte wohl, daß alle Schritte, die die französische
Regierung auf dem Wege zur Trennung zurücklegen würde, von
freimaurerischem, antichristlichem, nicht aber von katholischem Geiste
eingegeben und durchweht waren. Er bewies diesen Leuten aber
auch, daß man die Kirche berauben, verfolgen, entrechten kann, daß
sie aber nie sich selbst aufgibt, nie in ihrer Lehre und Disziplin
wankt.

Nun war alles dahin, was der Katholizismus von seiten eines
Staates erhalten kann. Kein Eigentum, keine gesetzliche Organi=
sation mehr, überall gelästert und verraten; selbst die toten Gläu=
bigen, die längst auf dem Friedhof tief unten schliefen, waren noch
im Grabe beraubt worden. Ihre Meßstiftungen, soweit sie nicht durch
Gerichtsurteil den Räubern entrissen werden konnten, waren dem
Fiskus verfallen; der feierliche Trauergesang in den Gotteshäusern,
den sie selbst sich bestellt und den sie für immer gesichert glaubten,
erscholl nicht mehr für sie; nur in aller Stille weinten und beteten
freiwillig der Papst in Rom und der arme, gehetzte Pfarrer in
Frankreich für die Seelenruhe der dahingeschiedenen Glaubensbrüder

und für den Frieden der Kirche, die der Gotteshaß unter einer Lawine von Unrecht und Despotismus zu ersticken gehofft hatte.

Es liegt etwas ergreifend Großes in diesem Schauspiel; die Tochter des Himmels schüttelt alles Irdische, womit man sie belasten und an den Kot der Erde ketten wollte, ab und schreitet durch den Strom der Leiden dahin, strahlend im Glanze des Martyriums, das Haupt umfunkelt von der Glorie, die das Recht und die Wahrheit um dasselbe weben, das Herz geschwellt von der unerschütterlichen Zuversicht, daß der Schmerz adelt, und der endliche Sieg sich doch einmal an die Fahne Gottes heften muß!

Per crucem ad lucem! Durch Kreuz zum Licht!

Wir wollen uns versagen, auf die Drohungen näher einzugehen, die eine Regierung der Kirchenverfolgung nach dieser letzten mutigen Tat des Papstes ausstieß. Schon im Mai 1908 kündigten die Pariser Blätter an, die Kulturkämpfer wollten nun aus Rache auch noch die kläglichen Reste von klösterlichen Anstalten und katholischen Vereinen vom französischen Boden wegfegen. Es entzieht sich unserer Kenntnis, ob der Leidensbecher, den die Kirche in Gallien auszutrinken hat, noch nicht auf der Neige ist. Warten wir die Dinge ab, in Ruhe — und vor allem auch mit Vertrauen auf Denjenigen, der die Sterne in seiner Hand trägt, und der die Nationen lenkt wie Wasserbäche . . .

Die Kirche und ihre Diener stehen außerhalb des Gesetzes, sie sind vogelfrei. Trennung von Kirche und Staat bedeutet tatsächlich Vernichtung der Religion. Doch wir haben einen Mann am Steuerruder der Kirche, an dem jeder Zoll ein Papst ist. Er hat die Katholiken aller Länder aufgeklärt, er hat ihnen den Weg gezeigt, den sie zu gehen haben.

V. Die neuesten Kundgebungen.

Aus der jüngsten Vergangenheit haben wir noch über ein Schauspiel zu berichten, das jeden Katholiken mit Stolz und Genugtuung erfüllen muß, nämlich über eine Reihe von

Manifesten der Bischöfe,

deren Glaubensmut geradezu an die apostolischen Zeiten erinnert.

Ein förmlicher Kampf tobte im Frühjahr 1909 um einen Hirtenbrief, den Kardinal Andrieu anläßlich seiner Uebersiedelung vom Marseiller Bischofssitz auf denjenigen von Bordeaux veröffentlicht hatte. Dieser energische Kirchenfürst hatte die Illiberalität der Freimaurer=Regierung gegeißelt, die „Trennung" verurteilt und dann in seiner ersten Predigt in der Kathedrale von Bordeaux auch die Schulfrage gestreift und den Eltern angeraten, solchen Plänen der

Regierung, die sich mit der Gewissenspflicht eines Katholiken nicht vereinbaren lassen, Widerstand zu leisten.

Der Hirtenbrief, der am 23. März verlesen wurde, enthält folgende Stelle:

„Welche Antwort werden wir dem Cäsarismus geben? Keine andere, als die der Apostel: Non possumus! Euere Gesetze sind schlecht! Nun verpflichten die schlechten Gesetze im Gewissen nicht, und da jene, die Ihr erlasset, die geheiligten Interessen der Kirche und der Familie kompromittieren, haben wir nicht nur das Recht, sondern auch die Pflicht, ihnen nicht zu gehorchen.“

Wegen dieser Redewendung wurde der neue Erzbischof von Bordeaux auf Grund des Trennungsgesetzes vor Gericht gezogen. Die katholische Presse protestierte scharf gegen das Vorgehen der Behörden. Der inkriminierte Text bezog sich auf die Schulfrage; der Kardinal hatte dabei die bevorstehende Gesetzgebung Doumergue im Auge, welche darauf abzielt, die Volksschule ganz zu einem religionsfeindlichen Institut zu stempeln, indem sie die Eltern jeglichen Einflusses auf den Lehrplan beraubt. Bekanntlich ist die Laienschule nach dem Gesetz in religiöser Hinsicht neutral, während sie in der Praxis in sehr vielen Fällen direkt antikatholisch und antireligiös geleitet wird.

Die katholischen Familienväter hatten vielfach versucht, die ungläubigen Lehrer in ihrer antiklerikalen Propaganda in der Schule zu kontrollieren und ihrem Treiben selbst durch gerichtliches Vorgehen ein Ende zu setzen. Durch die Gesetzgebung, die Doumergue beantragt, sollte nun der radikale Lehrer „geschützt“ werden, indem der Staat für ihn die Verantwortung gegenüber dem Familienvater übernahm. Mit Recht wies darum Kardinal Andrieu darauf hin, daß von den vielgerühmten Menschenrechten nichts mehr übrig bleibt, sondern daß an ihre Stelle der Cäsarismus des Staates gestellt wird. Uebrigens war die Aeußerung des Kardinals hypothetisch schon allein deshalb, weil sie ein Gesetz betrifft, das noch gar nicht erlassen ist.

Vor dem Untersuchungsrichter gab der treffliche Mann folgende mannhafte Erklärung ab:

„Herr Richter! Sie haben mich in Ihr Arbeitszimmer vorgeladen, und ich bin aus Achtung vor der Justiz gekommen. Da aber das mir zur Last gelegte Vergehen mit der Ausübung meines Hirtenamtes zusammenhängt, muß ich Ihnen erklären, daß ich keiner menschlichen Justiz das Recht der Kontrolle und der Begutachtung jener Lehre zugestehe, die ich meiner Diözese verkünde, und welche die Lehre der Kirche selber ist. In diesem Punkte unterstehe ich nur dem Papste und Gott. Uebrigens ist die Ansicht der Kirche über den Ungehorsam gegen die ungerechten Gesetze in der Erklärung der Menschenrechte enthalten, die von den großen Vorfahren formuliert wurden, sowie in allen Lehrbüchern einer gesunden Philosophie. Deshalb hat auch einst in öffentlicher Kammer=

ſiҍung ein Philoſoph, der nicht zu den „Klerikalen" gehörte, den aber
die Tyrannei empörte, den bekannten Schwur getan: »Wenn Sie
das Geſeҍ annehmen ſollten, ſo ſchwöre ich, daß ich mich ihm nicht
unterwerfen werde.« Ich lege auch Wert auf die Erklärung, daß
ich der von Ihnen vertretenen Juſtiz nicht das Recht zugeſtehe, mich
auf Grund eines Paragraphen des Trennungsgeſeҍes zu verfolgen.
D i e ſ e s G e ſ e ҍ b e ſ t e h t f ü r d i e K a t h o l i k e n e i n f a c h n i c h t,
da ihr Oberhaupt, der unbeſtechliche Hüter der Sitten der einzelnen
Menſchen und der Nationen, es wiederholt als ein Attentat auf das
Eigentum, die Autorität und die Freiheit der Kirche v e r u r t e i l t
h a t. Und man kann dieſe drei Merkmale nicht beſtreiten, wenn
man an die geſeҍlich vorgeſchriebene Gütereinziehung denkt, an das
geſeҍlich organiſierte Schisma und die geſeҍlich angedrohten Stra=
fen, die ich aber nur übernehmen werde, wenn man mich mit Ge=
walt dazu zwingt. Indem ich Ihuen dieſen Proteſt meines ober=
hirtlichen Gewiſſens kundtue, will ich gewiß nicht Ihre Maßnahmen
heraufbeſchwören; aber ich kann ſie auch nicht fürchten, da ich weiß,
daß die S i e g e d e r G e w a l t v o n k u r z e r D a u e r ſind, und
daß das Recht immer vor dem Richterſtuhl desjenigen einen Rächer
findet, der ſelbſt über die Entſcheidungen der Gerichte ein endgül=
tiges Urteil fällt, gegen das es keine Berufung gibt. Ich bitte Sie
demnach, Herr Richter, zu beachten, daß im Falle einer Strafver=
folgung wegen des mir zur Laſt gelegten Amtsvergehens ich mir
die Freiheit nehmen werde, nicht vor Gericht zu erſcheinen, da es
ſich um eine d u r c h u n d d u r c h r e l i g i ö ſ e Angelegenheit handelt,
da ferner die betroffene Perſon gottgeweiht iſt, und die Strafgewalt
ſich nicht auf die Verhängung von Strafen erſtrecken kann, die
durch ein den Rechten der Kirche und dem chriſtlichen Gewiſſen
offenbar zuwiderlaufendes Geſeҍ beſchloſſen worden ſind."
　　Das ſind mutige Worte, die lebhaft an die bündigſten Erklä=
rungen der preußiſchen Biſchöfe in den ſiebziger Jahren erinnern.
　　Nichtsdeſtoweniger ward der mutige Kirchenfürſt v e r u r t e i l t
wegen „Aufforderung zum Ungehorſam gegen die Staatsgeſeҍe".
　　Darauf erließ der Kardinal ein Manifeſt, das eine neue, ſchnei=
dende Verurteilung der Trennungskomödie iſt. Es heißt in der Kund=
gebung:
　　„Das Trennungsgeſeҍ iſt nicht liberal. Artikel 1 verſpricht uns
allerdings die Freiheit; aber die folgenden knebeln dieſe ſo, daß ſie nur
mehr in der Einbildung beſteht, und wenn wir ſie nötig haben, um
den Katholiken Grundſäҍe theologiſcher und philoſophiſcher Moral in
Erinnerung zu bringen, wie folgende: „Man muß Gott mehr ge=
horchen, als den Menſchen; wir haben nicht nur das Recht, ſondern
auch die Pflicht, ſchlechten Geſeҍen den Gehorſam zu verweigern",
dann wendet man gegen uns im Intereſſe eines Geſeҍes, das eigent=
lich nur eine Herausforderung des Gewiſſens eines ganzen Volkes
iſt, eine Härte an, die man ſich gegenüber den gefährlichſten und
hartnäckigſten Störern der geſellſchaftlichen Ordnung nicht geſtattet.

Das Urteil von Bordeaux läßt nach denjenigen von Auch und
Bayonne daran keinen Zweifel mehr. Die Lage der französischen
Katholiken ist unerträglich; sie macht ihnen eine feste und mutige
Haltung zur Pflicht, gleich jener ihrer irischen Brüder zur Zeit
O'Connells und ihrer deutschen Brüder gegenüber dem sog. Kultur=
bampf. Die Kirche bricht nicht in das Rechtsgebiet des Staates ein;
der Staat soll nicht in das Rechtsgebiet der Kirche einbrechen, und
da die religiöse Freiheit die notwendigste ist, insofern alle anderen
in ihr ihren Daseinsgrund haben, müssen ihre wahren Freunde —
und diese haben nichts zu tun mit den sogenannten Liberalen, deren
Joch wir tragen — sich so schnell wie möglich zusammenschließen
und wie Jeanne d'Arc zu ihrer Wiedererlangung mit den unerschüt=
terlichsten christlichen Tugenden die kräftigsten kriegerischen Tugenden
vereinigen."

Der gesamte Episkopat sprach in öffentlichen Erklärungen dem
Kardinal Andrieu seine Zustimmung aus.

Die Oberhirten verboten den Gläubigen aufs strengste, die Hand
zu den kulturkämpferischen Räubereien zu bieten. Die Entschieden=
heit, mit der dabei z. B. der Bischof von Coutances, Msgr. Gue=
rard, die Anmaßung der „Trennungs"=Regierung zurückwies, ver=
dient der Nachwelt erhalten zu bleiben. Am 6. Juni 1909 hatte
das „Journal officiel" das Verzeichnis der in der Diözese Coutances
beschlagnahmten Güter veröffentlicht. Darauf wandte sich der Bischof
in folgendem Schreiben an den Kultusminister:

„Herr Minister! Durch das »Journal officiel« vom 6. Juni haben
Sie mir das Verzeichnis der Güter mitgeteilt, welche den Kultus=
einrichtungen im Departement der Manche gehört hatten, und welche
der Staat nun kraft eines Gesetzes, dem Ihr Name anhaftet, in
seine Gewalt bringt. Ich sende Ihnen deshalb folgende Erklärung
zu: Bischof nach, wie vor der Trennung, fordere ich für meine noch
immer bestehende Diözese alle Güter, die ihr durch Gottesraub ent=
rissen wurden. Es ist ein Axiom des gesunden Menschenverstandes,
daß kein menschliches Gesetz gegen das Naturrecht oder das gött=
liche Recht Geltung haben kann. Für die Kirche ist das Eigen=
tumsrecht eine unmittelbare Schlußfolgerung aus ihrer Existenzbe=
rechtigung. Deshalb ist die Rechtstheorie, welche der Kirche Christi
die Fähigkeit zu erwerben und zu besitzen, abspricht, wenn nicht die
vorherige Genehmigung des Staates erteilt sei, eine durchaus falsche
Theorie. Jede Beschlagnahme, die an den Gütern meiner Diözese
durch die Zivilgewalt vorgenommen wird, erkläre ich für null und nichtig
und ohne jede Wirkung im Bereiche des Gewissens. Ich verbiete von
neuem jedem Katholiken, solche Güter zu kaufen oder zu pachten,
wenn er sich nicht des Einverständnisses der kirchlichen Obrigkeit
vergewissert hat. Gegen die große Ungerechtigkeit, deren Opfer nun
die Kirche von Coutances geworden ist, lege ich vor dem Richter=
stuhle Gottes Berufung ein."

Der Bischof von Bayonne, der sich gegen die von Paris — trotz vorheriger Ablehnung des Staatsanwalts — befohlene Anklage wegen Beeinträchtigung von Staatshandlungen (durch Verbot an die Katholiken, von dem konfiszierten Kirchengut zu kaufen) verteidigte, führte Mitte Juli 1909 vor den Richtern aus: „Man sieht in unsern Hirtenbriefen »eine direkte Aufforderung, der Gesetzesausführung Widerstand zu leisten«. Daß ich gewisse Gesetze verurteilt und gegeißelt habe, das stimmt; daß ich gesagt habe, es gibt Gesetze, denen wir nicht gehorchen dürfen, ist wahr. Wenn ein Gesetz im Widerspruch steht mit dem Gesetze Gottes, oder wenn es die Gewissensrechte verletzt, dann ist es eben kein Gesetz. Man bedroht uns mit Geldstrafen, und es ist möglich, daß man auch noch weiter geht — bis zur Gefängnisstrafe. Doch man wird unsern Willen nicht beugen. Die 80 Bischöfe und 50000 Priester Frankreichs, sie werden ein und dieselbe Antwort geben: Non possumus. Entweder wird man auf dieses gewaltige Wagnis verzichten, oder man wird es weiter auszuführen suchen. In jedem Falle aber wird die Niederlage folgen. Die Verfolger der Kirche werden besiegt, wie sie besiegt wurden seit zwei Jahrtausenden. Es ist immer dasselbe Beginnen. Man läßt viel zu viel die Geschichte aus dem Auge. Thiers mußte am Ende seiner Laufbahn eingestehen, daß er eine kostbare Zeit dadurch verloren habe, weil er diese Wahrheit verkannte. »Man muß die Kultusgenossenschaften nehmen, wie sie sind,« sagte er, »ohne an ihre Einrichtungen und ohne an ihren Glauben zu tasten. An Religionssachen zu rühren, ist der größte Fehler, den eine Regierung begehen kann.« Es steht vor Ihnen kein Revolutionär. Die Bischöfe sind die gewissenhaftesten Beobachter der gerechten Gesetze; sie sind aber auch die Hüter der Rechte des Gewissens, und im gegebenen Augenblick ist es ihre Aufgabe, die Schwachen zu beschützen, indem sie sich den Starken widersetzen."

Msgr. Amette, Erzbischof von Paris, erließ an die Geistlichen seiner Diözese ein Schreiben, dem er das im Amtsblatt vom 11. August 1909 erschienene Verzeichnis der Kirchengüter des Seine-Departements, die der Staat eben einzog, beilegte. An der Spitze stand die Herz-Jesu-Kirche auf Montmartre. Dagegen legte Msgr. Amette Verwahrung ein, da die Güter das rechtmäßige Eigentum der Kirche seien und nicht angetastet werden könnten. Auch Msgr. Amette drohte allen denen, die sich mit Verkauf von Kirchengütern befaßten, sie kauften, mieteten oder zu ihrem persönlichen Vorteil benutzten, mit der Exkommunikation. Er brachte ferner denen, die die Verwaltung solcher Güter übernehmen würden, in Erinnerung, daß sie diese den rechtmäßigen Eigentümern ausliefern müßten, sobald es von ihnen verlangt werde, und er befahl den Pfarrern, ihre Pfarrkinder genau von dem Inhalt seines Schreibens zu unterrichten.

Aus diesen Kundgebungen des Episkopates erkennt man unschwer die wachsende Widerstandskraft der Kirche. Viele hatten geglaubt, der Katholizismus sei ohnmächtig, das Gebäude sei morsch und werde bald zusammenfallen, wenn einmal die Staatsstützen ab=gebrochen seien — und nun zeigte sich, daß mit der Verfolgung auch der Mut und der Pflichteifer der gottgesetzten Hirten und Führer wuchs. Die ewig sich verjüngende Kraft der katholischen Kirche hat auch hier nicht versagt.

Das letzte und herrlichste Bild von Geschlossenheit und Glaubens=eifer haben die französischen Bischöfe gegeben, als sie am Rosen=kranzsonntag (3. Okt. 1909) von allen Kanzeln des Landes ein Kol=lektiv=Hirtenschreiben über die „Pflichten der Eltern gegenüber der neutralen Schule" verlesen ließen und 14 gottlose Handbücher na=mentlich verdammten. Ob der klaren, unbeugsamen Sprache, die die Kirchenfürsten in diesem Rundschreiben führen (dem wirklich eine universelle Bedeutung zugesprochen werden muß), geriet der ganze antiklerikale Heerbann in Verwirrung und Aufruhr. Eine Reihe von Kulturkampf=Blättern schäumte wirklich vor Wut. Diese Auf=regung hat wieder einmal bewiesen, daß die totgeglaubte Kirche noch lebt, und daß ihre Lehren auch unter der Aera der „Trennung" an Stoßkraft gewiß nichts verloren haben.

Briands „Versöhnungsaktion".

Der ehemalige Kommünarde Clemenceau ward ziemlich unerwartet am 20. Juli 1909 gestürzt, und jener Mann, der am „Trennungs"=Werke den größten Anteil genommen hat und als dessen geistiger Vater angesprochen werden muß, Aristide Briand, ist zum französi=schen Ministerpräsidenten hinaufgerückt. Damit haben wir das Schauspiel erlebt, daß ein Sozialist, der jahrelang den sozialen Krieg gepredigt und in der heftigsten Weise für den Generalstreik und den politischen Umsturz geredet hat, heute die oberste Regierungsgewalt der Republik in seiner Hand trägt.

Merkwürdige Erscheinung! Dieser gewesene Revolutionär und Volksaufwiegler hat sich soweit „durchgemausert", daß er mit „Ver=söhnungs"=Reden seine neue Laufbahn einleitet.

Am Sonntag, den 10. Oktober 1909, benützte Briand die Ein=weihung eines patriotischen Monumentes zu Périgueux, um sein Programm des „Friedens" zu proklamieren. Des alten Jakobiners Lippen troffen buchstäblich von Honigseim; er erklärte, die Brüder=kämpfe müßten aufhören, anstelle derselben müsse Beschwichtigung und Nachlassen der bisherigen Spannung treten. Das Ministerium wolle der Spannung zwischen den Parteien ein Ende machen, es wolle für alle Parteien die Meinungsfreiheit einführen, damit die Gewissen sich nicht bedrückt fühlten und die Gerechtigkeit herrsche, ohne die es keine Republik (!) gebe. Die „Trennung" war ein „liberales" (freiheitsfreundliches) Werk; die Kirche hätte nicht dar=unter gelitten, wenn sie sich hätte „entschließen können, mit Ge=rechtigkeit (!) behandelt zu werden." Trotz aller Angriffe habe

die Regierung die Ruhe bewahrt, sie habe die „Schlachten beharr=
lich abgelehnt." Um nicht den Schein der „Verfolgung" zu er=
wecken, habe sie sogar manchmal nachgegeben, große Konzessionen
gemacht. Aber heute kenne jeder (?) die Bedeutung der Reform.
„Die Republik hat den Katholiken ihren Teil (?) gegeben, auf den
sie Recht (!) hatten. Sie sind Herr über ihr Gewissen, Herr über
ihre Kirchen. Sie hatten die Möglichkeit, all ihre Güter zur Ver=
fügung zu haben. Man hat ihnen eine Gesetzgebung geboten, die
ihnen erlaubt, sich zu rekrutieren, zu leben und zu gedeihen."

Wie unschuldig und harmlos und gutgemeint ist doch diese
Trennung! Wie sehr haben die Katholiken Unrecht, diesem Friedens=
apostel Briand nicht heiß dafür zu danken!

Die Erklärung für die Friedensmelodien des Er=Sozialisten
liegt darin, daß Briand gegenüber der wachsenden Anarchie und
Revolution die Hülfe der Konservativen braucht, um überhaupt
regieren und die dringendsten Reformen durchführen zu können.
Der glatte Diplomat möchte sich möglichst weich betten; darum
möchte er einen Schleier über die unangenehme Vergangenheit ziehen
und alle Welt zur Zufriedenheit überreden. So fand denn der
ehemalige Umstürzler und Antimilitarist zum Schluß seiner Rede
hochtönende, rührende Akkorde zum Lob aller Auktorität, der Ord=
nung und des Patriotismus. Ja, so ändern sich die Zeiten!

Die „Correspondance de Rome" (12. Okt.) brachte als Ant=
wort auf die Versöhnungsrede Briands einen kurzen Artikel, den
die „Croix" am 15. Okt. abdruckte und der u. a. besagt:

„Die aufrichtigen und intelligenten Katholiken lassen sich durch
die »Mäßigung«, die Briand zur Schau trägt, nicht nasführen.
Sie erinnern sich an dieselbe verderbliche Rolle, die einst Waldeck=
Rousseau gespielt, jener große Künstler, der für die ganze Tren=
nungsverfolgung zuerst verantwortlich ist, und der Combes und
Clemenceau erst möglich gemacht hat.

Aber setzen wir auch einmal voraus, daß sein Erbe Briand wirklich
die Verfolgung beschwichtigen will und uns keine bitteren Ueberraschun=
gen für eine mehr oder weniger nahe Zukunft vorbehält. Es bleibt
nichtsdestoweniger wahr, daß Briand das ganze antikatholische Ge=
rüst der „Trennung" und die Block=Gesetzgebung bestehen läßt, welche
die Katholiken hindert, Kultusgesellschaften zu bilden, die für unsere
Gewissen annehmbar wären.

Nun wohl, wenn die Katholiken sich mit diesem auf Sand
gebauten Frieden begnügten, der übrigens nicht allein vom Willen
des Herrn Briand, sondern auch von seinem Verbleiben im Amte
abhängt (und man reitet schnell in Frankreich), so käme sicherlich
ein Tag, wo der Fall Briands und die Rückkehr eines Kampf=
Ministeriums den kurzen Frieden von heute zerstören würde. Dann
wäre ein ausgezeichnetes Terrain für die heftigen Kulturkämpfe vor=
bereitet; denn die Versöhnung Briands hätte nur dazu gedient, die

Katholiken zu entwaffnen und sie unter einem trügerischen Traum einzuschläfern.

Diese Erwägungen sind so einfach und evident, daß man außerordentlich verblendet sein müßte, um sie zu übersehen.

Briand weiß sehr gut, welche objektiven Garantien er den Katholiken bieten kann und muß. Alles andere ist Flitter!"

„Versöhnung!" Der „Univers" (11. Oktober) hatte durchaus Recht, wenn er sagte: „Die Trennung, die Briand zu dem gemacht, was er ist, hindert ihn unüberwindlich an der Erreichung dessen, was er als sein Ziel hinstellt. Der Ministerpräsident könnte sein Beruhigungsprogramm, dessen Notwendigkeit er anerkennt, nur ganz verwirklichen, wenn er sein Unrecht eingesteht und sein eigenes Werk zerstört. Aber weder seine Partei, noch sein Hochmut, noch seine Vorurteile erlauben ihm solches Geständnis, solchen Mut."

Wenn Briand die Kette der Leiden und Bedrückungen für die Katholiken für den Augenblick abschließen wollte, so wäre ihm jedermann gewiß dankbar. Aber es bleibt wahr, daß in der Periode, wo der Ex-Sozialist die Friedensflöte blies, jede Nummer des französischen Amtsblattes einen öffentlichen Raub am Kirchengut sanktionierte. Eine „Versöhnung" baut sich nicht darauf auf, daß man ein geschehenes Unrecht bekräftigt und den besiegten Gegner als unverständigen Toren schilt, wie dies der Ministerpräsident in der Rede zu Périgueux getan. Solange das Unrecht nicht eingestanden wird und man keine Anstalten trifft, die angerichteten Verwüstungen wieder gut zu machen, kann von prinzipiellem Frieden keine Rede sein.

Folgen der Trennung.

Wer zahlt die Zeche?

Wenn man die antiklerikalen Wühlreden über die „Trennung von Kirche und Staat" durchgeht, hat man unwillkürlich den Eindruck, als ob es sich bei dieser „Trennung" um einen kolossalen Fortschritt, um eine ungeheure soziale Wohltat handle, die jedem Volke ein neues, goldenes Zeitalter verspreche und jedes Land in ein kleines Paradies verwandeln könnte. Die Kultur= kämpfer gebärden sich, als genüge es, den „Trennungs"=Kampf durchzufechten, um eine Nation zum Schlaraffenland zu machen.

Lassen wir also für den Augenblick alle rechtlichen und religiösen Streitfragen bei Seite und stellen wir uns die große, **praktische Frage: Wer zahlt denn eigentlich die Zeche bei dem ganzen „Trennungsrummel"? Hat das Volk wirklichen Vorteil von diesem Kulturkampf? Wird aus der Beraubung und Knechtung der Kirche ein neuer Wohlstand für ein Land erblühen?**

Mancher, der für Konkordat, für spitzfindige Verfassungsfragen, für unverdauliche Gesetze usw. wenig Verständnis und Vorliebe hat, interessiert sich aber für die wichtige, persönliche Frage: Habe ich persönlich Gewinn oder Schaden bei dieser Geschichte?

Gewiß ist dieser Standpunkt kein idealer; aber es lohnt sich sehr, einmal auch auf dieses Thema in seiner ganzen brutalen, praktischen Tragweite einzugehen.

Die „Bilanz" der Trennung hat Minister Briand selbst in einem Buche in Frankreich aufzustellen versucht, das im Frühjahr 1909 zu Paris erschienen ist, und das hauptsächlich die Reden dieses Mannes während den Separationsdebatten in der Kammer und im Senat enthält.

Der „Matin" faßte diese Bilanz folgendermaßen zusammen (wir zitieren die Uebersetzung, die die „Frankfurter Zeitung" am 4. April 1909 gegeben):

„Auf der Seite der katholischen Kirche durch den Willen des Papstes das traurige Schauspiel von Ruinen, eine prekäre und außergesetzliche finanzielle Organisation, Versiegen oder doch minde= stens Bedrohung der Anwerbung des Klerus, Herabwürdigung der

Priester zu „Vagabunden", wie der Abbé Lemire sagte; dagegen
auf seiten des Staates Freiwerden eines Budgetpostens von 30
Millionen (die bald auf 37 Millionen anwachsen werden, wenn
die lebenslänglichen Pensionen der alten Konkordats=Priester ver=
schwunden sind), der den Gemeinden zur Verfügung gestellt wird,
um ihnen zu gestatten, die Lasten der neuen sozialen Gesetze, be=
sonders der Greisen=Unterstützung, zu tragen; ferner Freiwerden einer
Summe von nahezu sechs Millionen jährlich infolge der Strei=
chung der lokalen Kultusbudgets und der Vermietung der 30 000
Pfarrhäuser. Außerdem sind mehr als 250 große Gebäude, Bischofs=
paläste, Seminarien usw., die die Kirche für ihre Kultusverbände
verschmäht hat, in Hospitäler, Museen, Bibliotheken, Universitäten
und Schulen umgestaltet und so gemeinnützig gemacht worden. Vor
allem aber ist auf die Gewinnseite des Staates die Verteilung von
Vermögen, deren ungeheure Liquidation die Kirche zweifellos nicht
voraussah, zugunsten der Armen einzutragen, eine Liquidation, die
seit der Nationalisierung der Kirchengüter während der Revolution
nicht ihresgleichen gehabt hat. Hier haben wir eine ungeheure
Ziffer, nahezu eine halbe Milliarde (genau 411 546 154 Frs.
nach der vor einigen Tagen veröffentlichten offiziellen Abschätzung
der Kultusvermögen), die den Gemeindeanstalten für Wohltätigkeit
und Unterstützung zufließen wird. 70 000 Dekrete für die Zuertei=
tung dieser Vermögen und Liegenschaften werden von der Kultus=
Verwaltung ausgestellt werden, unter die Herr Fallières und
Herr Briand ihre Unterschriften setzen müssen. Man kann schon
mit Gewißheit behaupten, daß abzüglich der Passiva und gewisser
Rückerstattungen an Stifter oder deren Erben mehr als 350 Mil=
lionen Frs. für die öffentlichen Wohltätigkeitsdienste in Frankreich
frei werden."

Die moralische Bilanz, fährt der Artikel des „Matin" fort,
verdiene gleichfalls hoch veranschlagt zu werden: „Zum ersten Male
ist da ein Kultusregime in voller Unabhängigkeit ohne Verhand=
lungen mit einer fremden Gewalt (dem Papst. D. Verf.) or=
ganisiert worden. Trotzdem sind alle von dem Laienstaate gegebe=
nen Versprechungen und übernommenen Verpflichtungen gehalten
worden. Man hatte feierlich erklärt, die Kultuskundgebungen wer=
den frei bleiben, und alle Kirchen sind auch tatsächlich geöffnet
geblieben; täglich verfügen Zivilgerichte oder der Staatsrat in ihren
Erkenntnissen, daß der Ausübung des Kultus, sogar den Pro=
zessionen und dem Glockenläuten, solange die öffentliche Ordnung
nicht gestört wird, kein Hindernis in den Weg gestellt werden
darf. Man hatte versprochen, die Republik würde neutral bleiben
und kein Schisma fördern. Gerichts= und Staatsrats=Erkenntnisse
wachen täglich darüber, daß diese Verpflichtung gehalten werde, und
daß die alten katholischen Kirchen dem alten römischen Kultus, nicht
aber Phantasiekulten gewidmet bleiben. So ist die vielleicht größte
Reform, die die dritte Republik unternommen hat, verwirklicht."

Sehen wir uns diese Bilanz einmal etwas näher .an!

Keine Erleichterung!

In den französischen Freimaurerlogen wurde seinerzeit die Fabel von der Milliarde erfunden, welche die Klöster besitzen sollten; damit hat man die Begehrlichkeit des Volkes gereizt und die Leute verhetzt, ja, mit dem Versprechen geködert, diese Milliarde werde der Staat für die allgemeine Altersversicherung verwenden! Und heute — ist die „Milliarde" für die große Masse des Volkes so gut wie im Sande verronnen; eine kleine Zahl von Leuten, die eben an der Staatskrippe saßen, haben sich daran gesättigt und sich die Finger vergoldet; jedenfalls sind die damit geköderten Volks=massen die Betrogenen. Eine Altersversicherung besteht noch heute nicht und wird noch vielen Schwierigkeiten begegnen.

Französische Blätter, welche der Regierung Combes' nahestan=den und bisher den französischen Kulturkampf verteidigen halfen, veröffentlichten im Sommer 1909 folgende, zum Nachdenken auf=fordernde Erörterung über das Ergebnis des Verkaufes der Kirchen=güter, aus denen bekanntlich die einem Orden angehörigen Lehrer, Erzieher, Krankenpfleger vertrieben wurden (zitiert im „Lux. Wort", 13. Juli 09):

„Die Klostergüter sollten dem Staate wenigstens eine Milliarde einbringen. Acht Zehntel aller dieser Güter sind bereits verkauft und der Reinertrag beträgt genau erst 227 Millionen. Und noch sind alle Auslagen nicht bezahlt. Und auch die Pensionen für die alten und invaliden Religiosen sind noch nicht ausbezahlt. Dagegen sind in ganz Frankreich alle Prozesse beendet, die zwischen den staatlichen Liquidatoren und jenen Personen oder Vereinen, die be=haupten, Besitzer der Häuser zu sein, worin die Religiosen lebten, geführt wurden. In 91 auf 100 Fällen hat der Staat den Sieg davongetragen. Manches Mal war aber dieser Sieg teuer, da z. B. zu Perpignan ein Gebäude, das 9000 Fr. eingebracht hat, 18 000 Franken an Prozeßauslagen verschlungen hat. Die Advokaten können ja nicht umsonst arbeiten. Man hat verkauft, verkauft und wird verkaufen die letzten Stifter, Klöster, bischöflichen Paläste und Aecker, die zu kirchlichen Gütern gehörten. Eine genaue Unter=suchung beweist, daß diese Güter um ein Drittel ihres wirklichen Wertes verkauft wurden. Der Durchschnittspreis würde noch um ein bedeutendes geringer gewesen sein, wenn nicht der Staat oder die Gemeinden Seminarien und Klöster über ihrem wirklichen Wert angekauft hätten, um diese in Lyzeen oder Schulen umzuändern."

Es wird dann noch geschildert, wie gerade Juden es gewesen seien, die sich an der Zerschlagung der Kirchengüter bereichert hätten; da=bei gingen sie sogar so weit, selbst die päpstlichen Vorschriften über das Verbot des Ankaufes solcher Kirchengüter zu plakatieren, um die Konkurrenz der Käufer fern zu halten und die Güter möglichst

billig zu erstehen. Es sind also an 400 bis 500 Millionen Wuche=
rern und Güterschlächtern in die Taschen gefallen. — Das ist der
große Kulturerfolg des großen Sturmes auf die Kirchengüter in
Frankreich. Wenn jemals, so hat jetzt die „tote Hand", unter der
das gesunde, volkswirtschaftliche Leben erstickt, die Güter im Besitz.

Die Liquidation der Klostergüter ist zum wahren Skandal ge=
worden, so zwar, daß die antiklerikale Kammer im Sommer 1909
eine eigene Untersuchungskommission einsetzte, deren Präsident der
Kulturkampfs=Veteran Combes (!) wurde. Was von dieser Kom=
mission an unschönen Dingen aufgedeckt wurde, spottet jeder Be=
schreibung.

Der bekannteste Liquidationsskandal spielt um die berühmte
große Karthause bei Grenoble, die von dem traurig berühmten Le=
couturier „verwaltet" wurde.

Die „Köln. Volkszeitung" läßt sich Anfang Oktober darüber
schreiben:

„Man bewertete die Immobilien der Karthäuser=Mönche vor
dem Klosterraub auf fünf Millionen und ihre industrielle Marke
(Chartreuse=Likör) auf acht Mill. Es sollten also 13 Millionen
mühelos in die Staatskassen eingehen. Der Liquidator kam, er
nahm Besitz von den Immobilien und den Magazinen. Und
heute, nach 4½ Jahren, wie stellt sich die Bilanz der „Grande
Chartreuse"? Aktiva (wirklicher Wert) sind 750 000 Franken vor=
handen, während die Passiva (Schulden) mehr als 5 Millionen
betragen. Das sind amtliche Angaben, die dieser Tage dem Tribu=
nal in Grenoble vorgelegt wurden.

Anläßlich eines Prozesses, der aus der von den Karthäuser=
patres geübten Wohltätigkeit entstand — **sie wendeten jährlich eine
Million Franken zu Wohltätigkeitszwecken auf** — wurde die
nationale Schande eines staatlichen Diebstahls bekannt. Die Mönche
verteilten täglich **große Mengen Brot** an die Armen. Als jene
verjagt waren, hatte die Verteilung ein Ende. Es entstand aber
eine solche Unzufriedenheit unter den Armen, daß die Brotvertei=
lung aus den Klostermitteln von den Liquidatoren wieder eingeführt
werden mußte, auf Weisung der Pariser Zentralbehörden aber in
vermindertem Umfang. Heute ist die Verteilung fast ganz wieder
eingestellt.

Auch ein **großes Hospital** hatten die Mönche gebaut, nicht
nur für sich, sondern für die Kranken der ganzen Provinz. Es
war nach den Vorschriften der modernen Hygiene und Therapie
eingerichtet und mit allem wünschenswerten Komfort ausgestattet, so
daß sein Bau 1 500 000 Franken kostete. Das Budget des Klosters
war durch die Unterhaltung dieses gewaltigen Spitals mit jährlich
80 000 Franken belastet. Bei der Liquidation wurde verfügt, auch
das Hospital solle verkauft werden. Doch diesmal erhob sich sogar
in den radikalen Provinzbehörden ein Protest. Man berichtete

nach Paris, die Versteigerung des Spitals werde zu schweren Unruhen führen.

Im Jahre 1908 wurden insgesamt **fünfzehn Patienten** im Hospital behandelt, und dafür mußten die interessierten Gemeinden **vierzigtausend Franken** aufbringen. Während die Ordensleute mit 80 000 Franken **Tausende** verpflegt hatten, brauchten die Liquidatoren für ein Dutzend schon die Hälfte dieses Betrages. Die Gemeinden wollen diese hohen Leistungen nicht tragen und verlangen auf dem Prozeßwege, daß die Liquidationsmasse diese Kosten trage.

Die Mönche hatten auch ihren Angestellten **Pensionen und lebenslängliche Renten** ausgesetzt. Als die Mönche vertrieben waren, hatten auch diese Renten ein Ende. Die Pensionäre gingen klagend gegen die Liquidationsmasse vor und verlangten von ihr die Pensionen. Der Liquidator bestritt im Prinzip die Forderung nicht, er machte nur die überraschende Feststellung, daß er **kein Geld** mehr habe und dafür **fünf Millionen Schulden**.

Es genügten vier Jahre „Liquidation", d. h. staatlichen Raubes, damit ein Immobilienwert von vielen Millionen soweit zusammengeschmolzen ist, daß das vorhandene Vermögen nicht mehr als drei Millionen bei fünf Millionen Schulden beträgt. Das Tribunal in Grenoble konnte keinen Entscheid fällen, sondern nur den Tatbestand feststellen, daß nichts mehr vorhanden sei.

Die Folge ist, daß die Gemeinden im Departement Isère alle Armen- und Spitallasten sich aufgebürdet sehen, und daß der Verdienst für viele Familienväter geschwunden ist.

Der radikale Deputierte des Wahlkreises hatte seinen Wählern versprochen, daß aus den fünf Millionen die Gemeinden reichen Ersatz erhielten. Reichen Ersatz! Dieser verbrecherische Schwindel!"

Combes mag wohl Recht gehabt haben, als er sich in einer Unterredung mit einem Redakteur des „Journal" betreffs der Liquidation der aufgelösten Kongregationen folgendermaßen ausließ:

„Was haben diese Leute aus meinem Werke gemacht! Ein **Banditen-Unternehmen!** Gewiß hatte die moderne Gesellschaft das Recht, die Kongregationen aufzulösen (?) und ihre unnützen Reserven (?) an Männern und Reichtümern zurückzunehmen, aber nicht, sie ohne Kontrolle der Gier der **Vampire** auszuliefern. Ein Liquidator ist bereits gegangen, andere werden ihm vielleicht folgen, aus Gesundheitsrücksichten, die mehr den Rücksichten auf „eine — **Zellenkur**" gleichen. Die Ehre der Republik erfordert, daß man unerschütterlich weitergehe bis zum äußersten Ziele der Ahndung und des Lichts!" (Zitiert nach der „Frankf. Ztg." vom Freitag, den 29. Okt. 1909.)

Von der Klostermilliarde blieb dem französischen Volk nichts, rein nichts übrig, als das Beispiel und der Eindruck eines Bankrotts . . . . .

Glaubt Briand im Ernst, mit dem Raub der Pfarreien und Bistümer werde es zum Schlusse anders sein?

Wird es mit den 40 Millionen des aufgehobenen Kultusbud=gets, welches der französische Finanzminister vor den letzten Kam=merwahlen den Gemeinden, d. h. wieder dem Volke, versprochen hat, anders gehen????....

Die Güter und Gebäude, die im Werte von 400 Millionen an die bürgerlichen Wohltätigkeitsanstalten und die Gemeinden fallen, werden sie wirklich eine Erleichterung für das Volk bedeuten? Wir glauben es nicht.

Die „republikanische" Wohltätigkeit wird aus diesen gestohlenen Gütern wenig Frucht herausschlagen; dazu ist die Moral derjenigen, die das Ruder vielfach in Händen haben, zu korrupt. Die öffent=liche, staatliche oder gemeindliche, Wohltätigkeitsfürsorge wird mit dem Kirchenvermögen nie auch nur den vierten Teil von dem Gu=ten ausrichten, was die Kirche mit ihrer haushälterischen und ge=wissenhaften Verwaltung zu erreichen vermochte. Man hat früher Tausende von katholischen Schulen konfisziert — und Zehntausende von Kindern fanden keinen oder nur ungenügenden Unterricht. Man hat die katholischen Spitäler laizisiert — und die Kranken=pflege ward immens verschlechtert und verteuert; auch die gestohlenen Pfarrhäuser und Meßstiftungen werden kein öffentliches Budget in irgend einer Beziehung dauernd erleichtern, und sollte auch ihr wirklicher Wert sich auf die 400 Millionen belaufen, die Briand angibt.

So hat selbst der revolutionäre Syndikalist und Sozia=list Janvion, also gewiß ein unverdächtiger Zeuge, in der Pa=riser „Libre Parole" (zitiert im „Lux. Wort", 8. Juni 1908) den Kirchenfeinden ins Gesicht gesagt, mit dem Antiklerikalismus, mit dem Priesterhaß und dem Vernichtungskampf gegen die Religion seien die Arbeiter betrogen worden. Sogar jetzt nach der Trennung wolle man nach dem gleichen Rezept wirtschaften, um ja keine So=zialpolitik treiben zu müssen. Die Hochfinanz bediene sich der Frei=maurerei und des Antiklerikalismus, um das Volk weiter ausbeuten zu können. Die „reaktionäre" Gefahr, gegen die man die Arbeiter sammeln wolle, um sie von ihren berechtigten Forderungen abzubringen, bestehe nicht. Redner, Sekretäre, Schriftsteller, Führer der Arbeiter=bewegung seien ständig von Lockungen in Gestalt von Präbenden und allen möglichen Unterstützungen umgeben, damit sie recht heftig das antiklerikale Feuer anblasen, hinter dessen Rauch sich die Geld=leute, besonders jüdische Kapitalisten, versteckten. Die Arbeiter der sozialrevolutionären Richtung sollten sich dadurch nicht einfangen lassen, und den Antiklerikalismus, weil eine Finte, resolut ablehnen. —

Das Volk bezahlt, seitdem die „Trennung" durchgeführt ist, keinen **Centime an Steuern weniger.** Frankreich hat nach wie vor die **drückendsten indirekten Steuern,** die gerade den **kleinen Mann treffen.**

Trotz der Klostermilliarde und trotz der halben Milliarde, die die „Trennung" ergab, hat der französische Finanzminister bald nach dem Regierungsantritt des Kabinetts Briand verlauten lassen, daß eine „Finanzreform" notwendig sei, daß man zur Deckung des Defizits im Staatssäckel neue Steuern von über 200 Millionen schaffen müsse. Die radikale Deputiertenkammer wird sich bald an dieses undankbare Geschäft heranmachen müssen. Ob man sich dann nicht fragt, wo denn der Goldsegen des Kulturkampfs geblieben sei?

Dabei ist trotz des wiederholten Milliardenraubes und trotz der hundert Mal wiederholten feierlichen Versprechungen der Kulturkampfs-Minister die Sozialreform in all den letzten Jahren noch nicht um einen Schritt vorwärts gekommen!

An dem dürren, längst abgeschabten Knochen des Antiklerikalismus, den die Pfaffenfresser dem „pauv' ouvrier" zur Atzung vorgeworfen haben, wird sicherlich das darbende Volk seinen Hunger nicht stillen können.

Auch in den übrigen Ländern würde zweifellos keinerlei Erleichterung für das Volk eintreten, wenn man das „Trennungs"-geschäft nach französischem Vorbilde besorgte!

Soll man uns neue Lasten aufbürden dürfen?

Fragen wir uns einen Augenblick, was bei uns — in nichtfranzösischem Lande — eintreten wird, wenn einmal die große „Kulturforderung" der Trennung verwirklicht wäre?

Eine Erleichterung tritt für das Volk nicht ein, wenn die Kirche ausgeraubt und auf die Folterbank gespannt wird — in Deutschland ebensowenig, wie in Frankreich werden die öffentlichen Steuern dadurch sinken, anderseits aber auf vielen Gebieten eine schreiende Not einreißen.

Noch mehr! Gerade die gläubigen Christen, ob Katholiken oder Protestanten, werden, wenn die traurige „Trennung" eingeführt wird, mit drückenden neuen Lasten belegt werden.

Setzen wir einmal den Fall für die Katholiken der Rheinprovinz! Weitaus die Mehrzahl derselben erfüllen ihre religiösen Pflichten, besuchen die Kirchen, erziehen ihre Kinder im katholischen Glauben usw.

Heute, wo die Freidenker noch nicht die Knute über ihnen schwingen, kommen die öffentlichen Gewalten, vor allem der Staat, zum großen Teil für die Kosten auf, die die Pflege der Religion notwendig mit sich bringt, z. B. für die teilweise Versorgung der Geistlichen, für die Kosten des Religionsunterrichts, der in der Staatsschule erteilt wird, für die Kultusgebäude usw.

Was geschähe nun, wenn das Kultusbudget verschwände, wie es drüben in Frankreich geschehen ist?

Niemand anders, als das katholische Volk selbst müßte unmittelbar für diese Kultus-Ausgaben aufkommen. In Frank=

reich werden alle diejenigen, die den Gottesdienſt beſuchen, die Sa=
kramente empfangen wollen, durch Kollekten, Kirchenſteuern, Taxen
zur Beſtreitung der Unkoſten herangezogen. Aehnlich in den an=
deren Ländern, wo die „Trennung" beſteht! Man frage einmal die
Nordamerikaner, welch' ſchwere Kirchen= und Schulſteuern ſie
zu zahlen haben!

Schwindet das Kultusbudget, ſo iſt das „gewonnene" Geld
bald ausgegeben. Die Katholiken aber, d. h. das Volk, müſſen
ſeufzend **aus ihren eigenen Taſchen** das verflogene Kultusbudget
erſetzen, d. h. **neue Steuern und Auflagen auf ſich nehmen!**
Haben wir denn noch nicht dieſer Laſten genug? Soll es denn ſtets
heißen: „Immer zahlen muß der Sachſe"?

Iſt das ein „Fortſchritt", eine „Förderung des nationalen
Wohlſtandes", wenn man den breiten Maſſen der Bevölkerung,
beſonders dem Mittelſtand, der immer treu kirchlich iſt, mit der
Steuerſchraube das Blut unter den Nägeln hervorpreßt?

Man merke ſich wohl, daß die Kirchen, Kapellen u. ſ. w. ſamt
ihrem Mobiliar **nicht von ſelbſt** aus dem Boden wachſen oder
fertig vom Himmel herunterfallen, noch auch ſich **ſelbſt unterhalten.**
Soll Gottesdienſt ſtattfinden können, ſo erfordert dies, wie jeder
Haushalt, viele Koſten! Wenn aber der Staat und die Gemein=
den ſich nicht mehr um den Unterhalt der Gotteshäuſer kümmern
und die Pfarrhäuſer ſtehlen, wer muß dann **bezahlen?** Niemand
anders, als der Bauer, der Handwerker, der Kaufmann, der Be=
amte, der Arbeiter, d. h. die braven Leute aus dem Volke, die
ohne Gewiſſen und ohne Herrgott nun einmal nicht durchs Leben
gehen wollen.

Auch die Geiſtlichen ſelbſt können nicht von der Luft
leben! Schon heute iſt das Einkommen der meiſten Prieſter nicht
zu reichlich bemeſſen, namentlich, wenn man es mit den Gehältern
und Einkünften vergleicht, die ihre Studienkameraden aus den an=
deren Ständen beziehen! Sollte nun die ſozialiſtiſch=freidenkeriſche
Kulturkampfs=Partei dem Klerus das Kultusbudget ſtreichen, ja,
wer muß dann wiederum die Zeche zahlen? — Nochmals das
Volk, das dieſe Prieſter **braucht,** um ſeine Kinder zu erziehen, den
Gottesdienſt zu halten, die Sakramente zu ſpenden, den Geiſt der
Religion im Leben überall zu pflegen.

**Ohne Prieſter kommen die Katholiken, die deutſchen wie
die franzöſiſchen, nicht aus;** ſie ſind nun einmal keine Menſchen,
die ſich mit der freidenkeriſchen „Herrenmoral" begnügen, oder
die Sonntags und Werktags ausſchließlich am Staube der Erd=
ſcholle kleben. Ein chriſtliches Volk hat höhere Bedürfniſſe:
**es verlangt für den ſozialen Körper den heilſamen wohltätigen
Einfluß der Geiſtlichkeit,** die von keiner Polizei und von keinem
ſozialiſtiſchen Hetz=Prediger erſetzt werden kann.

Man mute uns, den deutſchen Katholiken, nicht zu, daß wir
neben den vielen Steuern auch noch das ganze Kultusbudget auf

unsere eigenen Schultern direkt übernehmen sollen. Da würde die sprichwörtliche katholische Gutmütigkeit denn doch ein großes Loch bekommen, und die Geduld würde endlich reißen!

Einwand.

„Aber", — antwortet ein Freidenker — „was brauche ich zum Kultusbudget beizutragen, wo ich doch selbst nicht in die Kirche gehe? Wer den Geistlichen in Anspruch nimmt, soll ihn auch selbst bezahlen, und ich protestiere dagegen, daß ein Teil von den Steuern, die ich entrichte, auf den Unterhalt des Gottesdienstes und des Klerus verwandt wird!"

Sachte, sachte! Zu Trier, Köln u. s. w. besteht ein Stadt= theater, zu dessen Unterhalt auch ein Teil der öffentlichen Steuern verwandt wird, und doch geht nur ein geringer Teil des Publi= kums ins Schauspiel oder in die Oper. Was würde man sagen, wenn wir die Behauptung aufstellten: »Wer ins Theater gehen will, soll selbst die Schauspieler bezahlen!«

Deutschland hat eine große Reihe von Gymnasien, Universitäten usw.; nicht ein Viertel der deutschen Knaben hat das Glück, an diesen Anstalten eine bessere Ausbildung zu genießen; welches Ge= schrei würde sich erheben, wenn alle übrigen — wenn sie einmal erwachsen sind — sich weigerten, durch Steuerzahlung zum Unter= halt der mittleren Schulen und der Professoren beizutragen?

Ja — erwidert man hier — diese Anstalten sind von **öffent= lichem Nutzen;** es ist nicht mehr wie recht, daß die Gesamtheit der Bürger zu diesem gemeinnützigen Unternehmen beitrage! — —

Ist denn vielleicht die Religion, die Kirche nicht eine Einrich= tung, die der **ganzen menschlichen Gesellschaft die größten Dienste leistet?** Verdanken wir nicht einen sehr großen Teil, ja, sogar den größten Teil der heutigen Zivilisation den herrlichen Ideen des Christentums? Leistet die Religion als die letzte Hüterin der Moral und die solideste Erzieherin der Gewissen für den Staat nicht mehr, als alle Polizei und alle Gerichte? Trägt die Kirche mit ihren Gnadenmitteln zum Herzensfrieden, zur Linderung der inneren Leiden nicht mehr bei, als alle Theater der Welt?

Wenn es je ein Institut gab, das man als gemeinnützig bezeichnen kann, so ist es doch gewiß die christliche Religion und die katholische Kirche im besonderen.

Selbst der **Freidenker,** der keine Kirche besucht, profitiert von den herrlichen sozialen Wohltaten, die aus dem Born des Katho= lizismus hervorströmen, und die das **ganze** öffentliche Leben ver= edeln. Es geschieht ihm also wirklich kein Unrecht, wenn er zu dem Kultusbudget im Verhältnis zu seinem Vermögen beitragen muß — abgesehen davon, daß überhaupt in dieser Sache nicht allein die Nützlichkeitsfrage, sondern vor allem auch die **Gerechtigkeit,** die öffentliche, staatliche Schuld, an der jeder Bürger mitzutragen hat, in Betracht kommt.

Schäden für die Geschäftswelt.

Aber auch ein anderer Gesichtspunkt ist hier von Bedeutung: der Rückschlag der „Trennung" auf die Geschäfts= und Arbeiterwelt.

Der ungeheure Schaden, den der neueste Kulturkampf in Frank= reich auf diesem Gebiete angerichtet hat, macht vielleicht auf man= chen Eindruck, der anderen Argumenten nicht zugänglich ist.

Am 20. November 1905 machte im französischen Senat der Katholik **Piou** die Blockarden und Jakobiner darauf aufmerksam, daß mit dem Ruin der Kirche auch **allen Industrien**, die für den Kultus arbeiten, der Ast abgesägt wird. Diese Gewerbe stellen — so führte er damals aus — einen **Wert von 257 Millionen** dar und gewähren **65 400 Arbeitern** lohnenden Verdienst.

Das Elend all dieser Leute rührte diese „Freunde des Prole= tariats" natürlich nicht im geringsten.

Wem könnte es ferner entgangen sein, daß der Kloster= und Kirchensturm ganz Frankreich Schaden zugefügt hat? Man hat Zehntausende von Ordensleuten vertrieben, die alle fleißige, spar= same, ehrliche Bürger waren, und von denen Hunderttausende von Franzosen geschäftlichen Gewinn bezogen.

Dr. Holzer berichtet u. a. (Der franz. Kulturkampf, S. 107 ff.): „Das Trennungsgesetz hat so manchem Geschäftszweig den Todes= stoß versetzt. Am schwersten schädigte es die zahlreichen Goldschmiede, Juweliere, Paramentenhändler, überhaupt die Erzeuger kirchlicher Kunstgegenstände in dem dafür klassischen Viertel Saint=Sulpice in Paris. Sechs alte Geschäftshäuser dieser Branche sind verschwunden; es ist auch kaum anders möglich, wenn man bedenkt, daß diese Geschäfte seit 1905 mit einem Verluste von 50 bis 70 Prozent arbeiten müssen . . . .

Und diese Häuser haben in Paris und draußen in der Provinz Hunderte von Leuten beschäftigt. Man schätzte z. B. für Paris die Zahl der in der Goldschmiedekunst beschäftigten Künstler und Arbeiter auf 2000, die der sonstigen dabei Angestellten auf etwa 1000; die Löhne der ersteren erreichten sechs Millionen, die der letzteren zwei Mil= lionen pro Jahr; da nun gewiß die Hälfte dieser Leute entlassen werden mußte, so ergibt sich für diese eine Branche in Paris allein ein Lohnverlust von vier Millionen. Hinter dem Hauptgeschäfte stehen seine Lieferanten und die zahlreichen Hilfskräfte, die vollstän= dig vom Hauptgeschäfte abhängig sind und nun anderswo ihr Brot suchen können . . . .

Das gilt nicht allein von Paris, sondern ebenso von Marseille, wo die Bronze=Industrie mit der deutschen und englischen Konkurrenz zu kämpfen hatte; von Toulouse, wo die Herstellung von Statuen mehr als 300 Arbeiter beschäftigte und jährlich einen Umsatz von einer Million aufwies; von Lyon, wo die Geschäfte in Gold= und Bronze=Arbeiten von 4.5 Millionen auf eine halbe gesunken sind und die Erzeugung in der Stoffbranche um 80 % herabgegangen ist!. . . . .

Aus einer Enquete im Departement Haute Loire ergab sich, daß die mit dem Kultus zusammenhängenden Geschäfte schon während der Beratung des Trennungsgesetzes 818 000 Franken an Umsatz, 240 000 an Löhnen verloren ....

Eine große Glockengießerei in Orléans, die vor der Trennung einen Umsatz von 100 000 Francs hatte und 9000 Francs an Löhnen zahlte, hatte 1906 nur mehr 7 Glocken zu liefern; aus Paris, Dijon, Nancy, Mans sind die Firmen ausgewandert nach Canada, Deutschland, der Schweiz. Nicht besser erging es den Orgel- und Harmoniumfabrikanten, sowie den Musikern.

Vollends unberechenbar ist die Summe, welche das Baugewerbe und alle von ihm in Anspruch genommenen Handwerke verloren haben; denn an den 20 000 Klostergebäuden und den 35 000 Pfarrhäusern gab es immer etwas zu arbeiten. Großenteils ruiniert ist eine französische Spezialität: die Glasmalerei.

.... Da hören wir von einem Gewölbekonstrukteur in Paris, daß ihn die Trennung von Kirche und Staat 60 bis 80 % seines Erwerbes kostet; hatte er bis 1904 durchschnittlich zirka hundert Arbeiter beschäftigt, so mußte er diese Zahl mit der Votierung des Trennungsgesetzes auf 15 bis 20 herabsetzen. In der Stadt Lille berechnete ein Baumeister den Ausfall mit einer halben Million Franken; hat er früher 125 Arbeiter gehabt, so kann er jetzt nur 25 in Partien, abwechselnd zu 12 und 13, arbeiten lassen. Zur Ehre der Katholiken muß gesagt werden, daß auch der Absatz an Luxusartikeln zurückgegangen ist, freilich damit auch der Verdienst ...
Hierbei sind die Nahrungsmittelgewerbe gar nicht in Betracht gezogen ....

Wenn das Volk nicht ganz mit Blindheit geschlagen ist, wird es die ungeheure Schädigung, welche ihm das Trennungsgesetz gebracht hat, langsam zwar, aber endlich doch einsehen. Hunderttausende kosten die neuen Schulbauten, die neuen Lehrer, andere Hunderttausende die Krankenpfleger und -Pflegerinnen. Darüber bringt ja täglich eine oder die andere Zeitung aus dieser und jener Stadt eine Notiz. Erst jüngst hat der Pariser Gemeinderat Houdé die Aufmerksamkeit der Bevölkerung auf die Tatsache hingelenkt, daß sich das Budget der öffentlichen Wohlfahrtsanstalten in Paris seit 15 Jahren um 33 % vermehrt hat; und dabei gibt es immer noch Tausende ohne Heim, ohne Brot, ohne Kohle. Wie kommt dies? Die freiwilligen Arbeiter im Dienste der Armut hat man verjagt, und infolgedessen sind die Ausgaben für das seit 1892 um 6261 Köpfe gestiegene Personal um 144 % gewachsen, es verzehrt 65 % des ganzen Budgets. Bezüglich der Spitäler erklärt Houdé, daß die von der Gemeinde votierten Summen nicht ihrem Zwecke entsprechend für die Kranken und Elenden verwendet wurden, sondern fast gänzlich für das Personal; eine Krankenschwester kostete die Gemeinde früher 200 Francs pro Jahr; ein Wärter oder eine Wärterin bekommt heute wenigstens 1100 Francs. Freilich steht an der Spitze auch ein Mann, der das — Rechnen versteht: Herr Mesureur, nebenbei bemerkt Großmeister der Großloge von Frankreich), und er bezieht für seine Arbeit im Dienste der Armen ein Gehalt von 40 000 Francs!

Die Weltgeschichte ist nicht immer so unlogisch, wie es scheint. Die Orden waren eben doch in jedem ihrer Mitglieder eine Mah= nung zur Opferwilligkeit. Sie sind gegangen, mit ihnen aber auch das Opfer; das bezeugt klar eine kurze Statistik, welche die „Pa= riser Revue" letzthin brachte; darnach geht die öffentliche Wohltätig= keit rapid zurück."

Soweit Dr. Holzer.

Glaubt man denn, die Verfolgung eines Teiles — und zwar des ruhigsten und konservativsten — der Bevölkerung ziehe keine finanziellen Folgen nach sich? Der öffentliche Kredit wird geschädigt, Treue und Vertrauen werden untergraben. Wenn Frankreich im letzten Jahrzehnt unter einer ganzen Reihe von Nationen im Han= del und Verkehr, in der Ausdehnung des Unterrichtes, vor allem in der Sozialreform zurückgeblieben ist, wem hat es dann diese traurige Tatsache zu verdanken? Zum großen Teil den Kultur= kämpfern, die durch die Verhetzung der Kirche die Nation unter= minierten und vor lauter Pfaffenfresserei keine Zeit und Lust zu energischer sozialer Arbeit, zur Unterstützung von Handel und Ge= werbe hatten!

Niedergang der Sittlichkeit.

Wer will ferner den indirekten Schaden bemessen, der durch den allgemeinen Niedergang der Religion, vor allem der Sittlich= keit, entstanden ist?

Im April 1908 ging durch die französischen Blätter folgender Alarmruf:

„Das statistische Amt hat die Bearbeitung der Zivilstandsakte von 1907 noch nicht beendet. Die Veröffentlichung der Ergebnisse wird in Frankreich und in Europa einen für unser Land bedauer= lichen Eindruck machen. Es ist der traurigste Glockenton, den ein Volk hören kann. Die offizielle Statistik wird feststellen, daß die Ziffer der Geburten und Sterbefälle in Frankreich sich für das Jahr 1907 folgendermaßen stellt:

Zahl der Geburten . . . . rund 773 000
Zahl der Sterbefälle . . . rund 793 000

Also 20 000 Sterbefälle mehr als Geburten!

Die Abnahme der Geburten in Frankreich ist seit langen Jah= ren eine andauernde, aber seit 20 Jahren hat die Bewegung sich in ungeahnter Weise beschleunigt. Im Vorjahre (1906) belief sich die Zahl der Geburten noch auf 806 000. Im Laufe eines einzigen Jahres ist somit eine Abnahme der Geburtenzahl von 33 000 ein= getreten!"

Im Jahre 1908 war das Resultat etwas weniger trostlos, besonders weil es gelang, durch hygienische Maßnahmen die Sterbeziffer etwas herunter zu drücken. Aber auch dieses Mal mußte der bekannte Statistiker Dr. Bertillon im „Figaro" (zitiert im „Lux. Wort", 18. August 1909) das Ergebnis als ein „neues Unglück" und eine „neue Niederlage" bezeichnen.

Die Blätter nennen das beschönigend einen „traurigen Glockenton". Sie würden vielleicht zutreffender von der Totenglocke reden; denn jedes neue Jahr, das ins Land geht, ist für Frankreich ein neues Sedan, ein weiterer Kräfteschwund, der schließlich den Tod der Nation zur Folge haben muß.

Eine Pariser Zeitung („Libre Parole") schrieb auf die Feststellung der Bevölkerungsabnahme im Jahre 1907 hin: „Deutschland hat heute schon 62 Millionen Einwohner, Frankreich dagegen nur 39 Millionen. Da Deutschland jedes Jahr 900 000 Köpfe gewinnt, während Frankreich deren 20 000 verliert, so braucht man kein großer Mathematiker zu sein, um leicht auszurechnen, daß die deutsche Bevölkerung in siebzehn Jahren doppelt so stark sein wird, wie die französische, falls unser Abstieg in demselben Verhältnis wie bisher andauert. Was will man gegen eine derartige Möglichkeit sagen oder tun, da es doch in niemandes Macht liegt, ihren Eintritt zu verhindern? Schon vor geraumer Zeit schrieb ein deutscher Schriftsteller: »Der Tag ist nicht mehr fern, wo die fünf Söhne der deutschen Familie endgültig mit dem einen Sohne der französischen fertig werden müssen.«\ Das ist sonnenklar! So verletzend es auch für unsere Eigenliebe, so grausam es auch für unsern Patriotismus sein mag, man muß es eingestehen, und uns bleibt nichts übrig, als uns vor dem Schicksal zu beugen. An dem Tage, wo achtzig Millionen Deutsche dreißig Millionen Franzosen gegenüberstehen werden, wird die Ueberfülle Germaniens einen Ausweg nach Gallien suchen, ebenso wie die Ueberfülle Japans sich nach Korea und der Mandschurei ergossen hat." — —

Gegen diese nationale Schwindsucht hat man alle möglichen Heilmittel vorgeschlagen: Nachlaß von Steuern oder Geldgeschenke für kinderreiche Familien, ehrenvolle Diplome u. s. w. Aber das alles sind Lächerlichkeiten!

Wenn die Leute, die an der Seine die Macht in Händen haben, aufrichtig wären, müßten sie eingestehen, daß Frankreichs Niedergang von der Sittenlosigkeit herkommt, die seit den Kulturkampfszeiten in grauenvoller Weise zugenommen hat.

Eine Krebswunde heilt man nicht mit einem Senfpflästerchen! Die „Laienmoral", die „Laienschule", der „Laienstaat", die systematische Entchristlichungs= und ‚Trennungs"politik, tragen die Schuld an dem Uebel, das alles zerfrißt! Wenn man das Volk von Gott, von Religion, von den Zehn Geboten, von der Predigt und den Heilsmitteln der Kirche, von Beicht und Kommunion „trennt" und ihm als Gegenstücke für das alles nur Genußsucht, einen seichten

Bildungsdusel und besonders den radikalsten Unglauben, Frivolität und Antiklerikalismus anerzieht, so soll man sich nicht wundern, wenn das Ganze riesig bergab geht. Die „Trennung von Kirche und Staat" ist ein neuer, tiefer Spatenstich an dem Grabe, das die Jakobiner der Wohlfahrt ihres eigenen Landes graben.

Und erst die zunehmende Verbrecherzahl unter der französischen Jugend!

Anfang Juni 1909 beging ein Lycealschüler von Clermont-Ferrand Selbstmord. Ein französisches Blatt knüpfte daran folgende Erwägungen (zitiert im „Lux. Wort", 9. Juni 1909):

„Tatsächlich dürfen die Freimaurer und Sozialdemokraten Frankreichs auf ihre Schulen ohne Gott stolz sein. ‚Die Zahl der Verbrecher von 16 bis 20 Jahren', schreibt Duprat in seinem Buche »La criminalité dans l'adolescence«, ‚die im Jahre 1880 noch ein Sechstel von der Zahl der erwachsenen Verurteilten ausmachte, hat jetzt ein Fünftel erreicht. Vor dem Jahre 1880 bildeten unter den Verbrechern die Jünglinge 17.9 %; im Jahre 1893 zählten wir bereits 18.4 %, und jetzt machen sie bereits 20 % der Verbrecher aus (35.418 auf 184.510)."

Diesen Zuwachs der jugendlichen Verbrecher kann man nicht dem Umstande zuschreiben, daß die Zahl der Jünglinge in Frankreich jedes Jahr zunimmt. Das Gegenteil ist der Fall. Zählte man z. B. im Jahre 1900 noch 4 045 706 Jünglinge zwischen 16 bis 20 Jahren, so standen im Jahre 1905 bloß 3 248 598 Jünglinge im selben Alter. Während also die Zahl der Jünglinge in fünf Jahren um 800 000 abnahm, wuchs die Zahl der jugendlichen Verbrecher um mehrere Prozente. Die Zahl der jugendlichen zum Tode verurteilten Verbrecher im Vergleich zur Zahl der zum Tode verurteilten in höherem Alter wuchs von 1896 bis 1904 von 18,7 pCt. bis 24 pCt. Bei den für einige Jahre zu den Galeeren verurteilten jugendlichen Verbrechern betrug der Zuwachs in denselben Jahren 16 zu 18 pCt.

„Hierzu kommt noch", schreibt der genannte Statistiker, „daß in Frankreich sehr häufig die Verfolgung und Verurteilung jugendlicher Verbrecher unterlassen wird. Unsere Behörden verzichten aus verschiedenen Gründen darauf, Jünglinge, die in kurzen Zwischenräumen verschiedene Verbrechen begangen haben, den Gerichten auszuliefern; manchmal wird erst nach dem zehnten oder fünfzehnten der Polizei gemeldeten Verbrechen das gerichtliche Verfahren gegen solche Jünglinge eingeleitet."

Muß nicht jedem Menschlichfühlenden vor diesen Erscheinungen grauen? Und es gibt in den nichtfranzösischen Ländern noch Leute, die die Oeffentlichkeit bereden wollen, dem Beispiel der französischen Republik zu folgen! —

Ein Wort noch über den immer mehr sich vordrängenden Geist des gesellschaftlichen Umsturzes!

Wie weit die Revolution die Geister in Frankreich bereits er=
faßt hat, beweist wohl am besten der bekannte große Streik der
Postbeamten vom 15.—23. März 1909, der sich dann zum Teil im
Mai wiederholte. Zehntausende von Beamten hatten die Arbeit
niedergelegt oder leisteten durch sabotage (Pfuscharbeit) passiven
Widerstand. Tausende von Telegraphendrähten wurden durchschnit=
ten, Paris war tagelang vom Weltverkehr beinahe abgeschnitten.
Man hat berechnet, daß dieser Poststreik das Land rund 150 Mil=
lionen Franken gekostet hat. Die ganze Bewegung, der sich alle
sozialistischen Arbeiter= und Angestelltenverbände — wenigstens durch
ihre Sympathiekundgebungen — anschlossen, war direkt parlaments=
und staatsfeindlich. Es war kein bloßes Ringen mehr um materielle
Vorteile, es war reiner, bewußter, gewollter Aufruhr gegen die welt=
liche Auktorität als solche. Das war so wahr, daß eine Reihe von
Blättern, die immer der antiklerikalen Politik der Regierung zuge=
stimmt, das Ende des Staates herannahen sahen und nach dem
Knüttel riefen, um die aufsteigende Revolution mit Gewalt nieder=
zuschlagen. In den begeistertsten Lobrednern der amtlichen Kulturkämpferei, die vor dem unwiderstehlichen Anmarsch des Umsturzes
zu zittern begannen, regten sich die Bourgeoisinstinkte, sobald sie
erkannten, daß die Republik samt ihrer glaubensfeindlichen Basis
Gefahr lief, von den immer radikaler sich auswachsenden Volks=
massen niedergetreten zu werden.

Es ist nachgewiesen, daß die revolutionäre Beamtenbewegung
— das böseste Anzeichen des staatlichen Verfalls — besonders seit
dem Jahre 1905 eingesetzt hat, also ungefähr von dem Zeitpunkt
an, wo man zum letzten Schlag gegen die Kirche ausholte. Ist
dieses zeitliche Zusammenfallen nicht auffallend?

Durch die Vergewaltigung der Kirche und des Gewissens der
Katholiken glaubte nach dem bekannten Viviani'schen Worte das
Kabinett Clemenceau es erreicht zu haben, daß der Mensch in Frank=
reich sein Auge nicht mehr gläubig und hoffnungsvoll zum Him=
mel erhebt, sondern, wie der Vierfüßler, nur mehr den Blick zur
Erde, auf das Materielle, richtet. Sie haben „mit kühnem
Griff die Sterne des Himmels ausgelöscht".

In der Tat, die Herrschaften haben es erreicht, wenigstens in
umfassendem Maße; aber sie haben als notwendige Folge auch er=
reicht, woran sie nicht dachten und was sie nicht wünschten: indem
sie sich bemühten, der Seele die Flügel für den Aufschwung zum
Höheren, Erhabenen zu nehmen, das Verantwortlichkeitsgefühl vor
dem unsichtbaren Richter zu ersticken und zu vernichten, entfesselten
sie die „Moral des reinen Materialismus", gaben sie die
Instinkte der rücksichtslosen Selbstsucht und rohen Gewalt frei, von
denen sie selbst im Namen des Götzen Staat sich haben leiten lassen.

Die Revolution steigt, von ferne sieht man die Vernichtung und
Verneinung der Gesellschaft heraufziehen. Nun ernten die „Tren=

nungs"männer ihre Früchte: in ohnmächtiger Wut die Frucht haſ=
ſend, gelegentlich ein ſtrenges Wort vergebens in den Wind rufend,
verkriechen ſie ſich ängſtlich vor dem ſozialen Anſturm.

Man hat zur Niederwerfung des Poſtſtreiks Strenge ange=
wandt und von da an von oben gegen die Unbotmäßigkeit gewütet,
mit Worten und Taten.

Aber auf welche Grundſätze wollen die regierenden Athei=
ſten ſich dabei berufen, die durch die „Trennung" den religiöſen
Nihilismus zur Staatsreligion erhoben haben? Tauſend und aber=
tauſendmal haben Clemenceau und Genoſſen dem Volke vorgehal=
ten, die Gerechtigkeit ſei lediglich Menſchenwille. Nnn
ſchließt das Volk ſich zuſammen, um ſeinen Willen, alſo ſeine
Gerechtigkeit, zur Geltung zu bringen — und da ſoll auf einmal
dieſer Wille nicht maßgebend ſein?

Jetzt wird der gewaltige Betrug offenbar, der darin be=
ſtand, die Geſellſchaft lediglich auf die „menſchliche Gerechtigkeit"
aufzubauen.

Dem Volke eine andere ſolide Sittlichkeit beibringen, als jene,
die aus dem Glauben an Gott und dem Einfluß der Religion her=
ausquillt, iſt ein Ding der Unmöglichkeit! „Trennt" man die Nation
von der religiöſen Moral, ſo nimmt man der erſtern das beſte Blut
aus den Adern und impft Gift an deſſen Stelle ein!

Schäden an der Schule.

Ein anderer Punkt, der unabſehbare Folgen nach ſich zieht,
iſt die Entchriſtlichung der Schule! Denn machen wir uns keine
Illuſionen: wenn es je bei uns Nichtfranzoſen mit der „Trennung
von Kirche und Staat" ernſt werden ſoll, ſo iſt jedenfalls die
Schule das erſte Gebiet, wo man „trennen" wird!

In Frankreich iſt man ſtufenweiſe, Schritt vor Schritt, an die
Verweltlichung der Schulen herangegangen! Würde die „Trennung"
bei uns zur Wirklichkeit, ſo ſtänden wir plötzlich, ohne Vorbereitung
und Uebergang, vor der religionsloſen Kindererziehung durch den
Staat. Welche Kataſtrophe!

Drüben in Frankreich hatte ferner die Entfernung der Religion
aus der Schule **noch nicht die entſetzliche Härte**, die ſie in den
Ländern mit ſtaatlichem Unterrichtsmonopol haben würde. Dort
hat man nämlich **freie, katholiſche Schulen**, die dem Staate und
der Freimaurerei nicht unterſtehen (die aber auch ganz allein aus
den Taſchen der Katholiken unterhalten werden); in Deutſchland
aber z. B., wo man die ſtaatliche Zwangſchule hat, gibt es ſolche
freie Unterrichtsanſtalten **nicht**. Würde man dieſen Ländern, wo
keine Unterrichtsfreiheit beſteht, die „Trennung" aufdrängen, ſo wäre
mit einem Schlage das ganze Schulweſen ausnahmslos dem moder=
nen Heidentum ausgeliefert, **ohne** daß es den chriſtlichen Eltern

überhaupt möglich wäre, den Kindern einen Unterricht zu sichern, der ihrer eigenen Ueberzeugung entspräche!

Haben wir notwendig, hinzuweisen auf die **fürchterlichen Folgen**, die die religionslose (oder besser religionsfeindliche) Schule nach sich zieht?

Mit salbungsvollen, aber innerlich hohlen Redensarten von „Zivilmoral" und „Bürgerpflichten", mit faulem Aufkläricht über „vergleichende Religionsgeschichte" und wie das Zeug heißt, das man anstelle der Glaubenslehren setzen will, bildet man keine Kindergewissen, die später im Leben dem Andrang der Leidenschaften und der öffentlichen Verderbnis widerstehen.

Nachstehend zwei Geständnisse über die „Laien"schule, die wir in einem Artikel des „Courrier de l'Escaut" (zitiert im „Lux. Wort", 26. März 09) finden: 1. Geständnis von Hrn. Briand, sozialistischem Unterrichtsminister in Frankreich, enthalten in der Motivierung eines Gesetzprojektes vom 24. Januar 1907: „Im Jahre 1882", so heißt es dort, „betrug die Zahl der Analphabeten (illettrés) 14%; zur Zeit ist das Verhältnis 25—30%." In den letzten 27 Jahren, d. h. in der Zeit der Laienschule, hat sich ihre Zahl somit verdoppelt. — 2. Geständnis, entnommen einer Statistik des öffentlichen Seine-Ministeriums: „Auf hundert Kinder, welche vor Gericht erschienen, waren 11 in katholischen und 89 in Laienschulen gewesen."

So ist denn in den letzten Zeiten im Lande der „Trennung von Schule und Kirche" die Verwahrlosung der Jugendlichen in erschreckendem Maße angewachsen. Die Gefängnisse, die Irrenhäuser, die Zwangsanstalten für die verwahrloste Jugend sind überall überfüllt. Die Roheit, die Verwilderung nimmt zusehends zu.

Die „Trierische Landesztg." läßt sich aus Paris unterm 15. Oktober 1909 folgendes Ergebnis einer zehnjährigen Atheistenpolitik melden:

„Das französische Amtsblatt (Journal officiel) ist dieser Tage zu einem Oppositionsblatt ersten Ranges geworden, natürlich ganz unwillkürlich. Der Fall liegt einfach. Das genannte Organ veröffentlichte den Bericht der französischen Kriminaljustiz vom Jahre 1907. Dieser Bericht ist eine schreckliche Anklage gegen die entchristlichte Schule. **Die Kriminalfälle haben in einem Jahre um 10 Prozent zugenommen.** Sie sind von der Ziffer 2143 (1906) auf 2357 (1907) hinaufgeschnellt. Seit 1907 fehlen die genauen statistischen Angaben. Man geht in der Annahme jedoch kaum fehl, daß die Steigerung seither eine noch stärkere ist. In demselben Jahre ist eine sechsprozentige Zunahme der polizeigerichtlichen Verurteilungen zu verzeichnen.

Zu beachten ist hierbei, daß das Anwachsen der Bestrafungen nicht auf eine Vermehrung der Bevölkerung zurückgeführt werden kann. Frankreich zählt nach wie vor 39 Millionen Einwohner. **Die Zunahme der Morde betrug 22 Proz., der Verwundungen,** die den Tod herbeiführten, 17 Proz., der Sittlichkeitsvergehen 18 Prozent.

Das alles in einem Jahre! In fünf bis sechs Jahren könnte man demnach mit einer Verdoppelung der Verbrechen niederster Sorte rechnen. —

Dazu gesellt sich noch ein weiteres erschwerendes Merkmal. Die Verbrecher rekrutieren sich mehr und mehr aus den Kreisen der **Minderjährigen**. Auch die Zahl der leichteren Vergehen schwillt unheimlich an. Im Jahre 1907 haben die Polizeigerichte 182 386 Delikte gesühnt, also 12 509 mehr als im Vorjahre. Das repräsentiert 222 398 Angeklagte. **32 140 von ihnen hatten das zwanzigste Lebensjahr noch nicht erreicht.**" —

Und darf man sich über diese allgemeine Kalamität wundern, wenn man sieht, was gewisse Leute, vor allem ein großer Teil der staatlichen **Lehrer**, aus der „Trennung von Schule und Kirche" gemacht haben?

Im April 1908 hatten sich zu Lyon die französischen Lehrersyndikate zugleich mit den Arbeitergewerkschaften auf einem Kongreß zusammengefunden. Diese Männer, in deren Hände die Jugend, die Zukunft Frankreichs gelegt ist, stellten dort derartige Forderungen auf, daß ein erzfreimaurerisches und kulturkämpferisches Blatt, der „Radikal", damals schrieb:

„Von dem Vaterlande, von der Republik soll nach diesen Lehrern in den Volksschulen nicht mehr die Rede sein. Patrioten und Antipatrioten sind veraltete Begriffe. Der Unterricht in der Volksschule wird sich fortan darauf beschränken, alle Bürgerpflichten zu leugnen und aufzuheben. Wenn es nach dem Lyoner Kongresse ginge, **so würde die Volksschule fortan eine Pflanzstätte der Anarchie, das Konservatorium der Pfuscharbeit (Sabotage), das Seminar der direkten Aktion (Umsturz durch Gewalt) werden.**"

Die französischen Regierungsmänner sollten sich wahrlich nicht beklagen; sie haben nun, was sie wollten; denn die weltliche Auktorität fällt mit dem Altar.

In den staatlichen Lehrerkreisen geht es immer mehr nach Links, immer mehr der Revolution entgegen. Das erhellt so recht aus den Beschlüssen des **französischen Lehrertages**, der vor Mitte April 1909 in Paris abgehalten wurde.

Nach kurzer entscheidender Debatte stimmten dort die Kongreßmitglieder einmütig folgender Resolution zu: „Die zu einem Kongreß zusammengetretene Föderation der Lehrer- und Lehrerinnensyndikate — in anbetracht des Umstandes, daß ein gesetzliches Beamtenstatut nur dann Wert haben kann, wenn es hinter einer hinreichend mächtigen syndikalen Macht steht, um seine Beachtung von seiten der Regierungen zu gewährleisten; in anbetracht des weiteren Umstandes, daß das hierauf bezügliche Regierungs- und Kommissionsprojekt, unter dem Vorwand, angeb-

liche Garantien für die Beamten zu gewährleisten, nur das Ziel ver=
folgt, die syndikalen Freiheiten zu vernichten und eine Schranke
zwischen dem Verwaltungsproletariat (prolétariat administratif) und
der organisierten Arbeiterklasse zu errichten — weist jeden Ent=
wurf eines Beamtenstatuts zurück und fordert für die Staats=
besoldeten (les salariés de l'Etat) und die Angestellten der öffent=
lichen Dienstzweige das gemeine Recht, das heißt das Gesetz vom
Jahre 1884 mit allen seinen Folgen."

Man muß bei diesem beachtenswerten Manifest — ein solches
ist es in der Tat — auf jedes Wort achten, um sich den ganzen
Unterschied zwischen früher und jetzt vor Augen zu führen. Eine
solche Sprache führen Staatsbeamte, die bisher stolz darauf waren,
keine „Arbeiter", auch keine gewöhnlichen „Angestellten" irgend eines
Privatbetriebes zu sein. Sie fordern volle Gleichstellung mit
den Industriearbeitern, mit denen sie sich ausdrücklich zu
identifizieren suchen! Jetzt begreift man auch die Anwesenheit
der Vertreter des revolutionären „Allgemeinen Arbeitsbundes" auf
diesem Kongreß! Was das zuletzt erwähnte Gesetz vom Jahre 1884
anbelangt, so bezieht dieses sich auf die Arbeitersyndikate und
mittelbar auch auf das Streikrecht der Arbeiter. Die Lehrer
wollen nun ebenfalls der „Segnungen" dieses „fortschrittlichen" Ge=
setzes teilhaftig werden; sie sind ja in ihren eignen Augen bereits
Staatsarbeiter, Besoldete des Gemeinwesens, Brüder der soziali=
stischen Industriearbeiter!

Sie empfehlen auch die Anwendung derselben Mittel, welche der
berüchtigte „Allgemeine Arbeitsbund" angewandt hat: Intensive Agita=
tion, Druck auf die Abgeordneten, Verbindung mit den Arbeitern zur
Geltendmachung ihrer Rechte, und sogar die „action directe", die
„Propaganda durch die Tat". „Eine Konföderation der Bezahlten
(salariés) der öffentlichen Dienstzweige", heißt es weiter in dem
Sitzungsbericht dieser Tagung, „wird kämpfen, um dem Parlament
die notwendigen Reformen zu entreißen, wobei sie sich auf das
organisierte Proletariat der Arbeitsbörsen und des »All=
gemeinen Arbeitsbundes« zu stützen haben wird."

Und so stark ist diese Bewegung — wir können sie ohne Ueber=
treibung Revolutionsbewegung nennen — geworden, daß die
Regierung nicht mehr den Mut hat, dagegen aufzutreten!

Die Schule ist gottlos, der Lehrer sehr oft ein Sozialist und
Prediger des Affenevangeliums, das Gewissen des Kindes wird ver=
giftet, sein Gemüt wird ausgedörrt, sein Verstand gefälscht, es fällt
später den Vereinigungen des Umsturzes widerstandslos zum Opfer.
Ja, das sind die glorreichen Folgen der „Trennung" und des Kul=
turkampfes.

Schlußfolgerung.

Wer hat also den Schaden aus der elenden Kirchenstürmerei, die man „Trennung" nennt? Besonders und vor allem die breiten Schichten des Volkes, das 1. eine schwere **Geldsteuer** (Unterhalt des Kultus, Schädigung mancher Industrien, allgemeiner materieller Rückgang), ferner 2. eine wahre **Blutsteuer** entrichten muß.

Oder wäre es keine Blutsteuer, wenn man, welches Land es auch sei, mit einem Schlage Hunderten seiner Kinder, Klosterleuten, Kranken= und Schulschwestern, Geistlichen usw. ihr Eigentum ge= raubt, das Einkommen das ihnen der Staat **schuldet**, entzogen hätte, wenn man alle diese Leute entrechten und auf die Straße werfen würde? Viele dieser Landeskinder, bei uns Blut von unserm Blute und Fleisch von unserm Fleische, wären wohl zur **Auswande= rung** oder gar zum Betteln gezwungen (wie man dies in Frankreich sieht) — und das soll keine Blutsteuer sein?

Hat das Volk keine m o r a l i s c h e Blutsteuer zu zahlen, wenn man die Schäden berechnet, die aus einer solchen „Trennung" für **die Erziehung der Jugend, für die öffentliche Sittlichkeit, für den rechtlichen Sinn unseres Volkes, für die ganze soziale Ruhe und Wohlfahrt** entständen? Glaubt man denn, das Volk werde ehrlicher, rechtlicher, ruhiger, wenn es sieht, wie die Großen ohne Gewissensbiße einen ganzen Stand bestehlen und der Religion den Hals umdrehen wollen?

Gerade der Arme, der Arbeiter, wird durch die Kalamität be= troffen.

Auch nach der „Trennung" kann der R e i c h e sich den Luxus leisten, seinem Kinde einen christlichen Hausunterricht erteilen zu lassen, für seine Kranken eine Schwester im Hause zu halten, alle Wohltaten der Religion zu genießen. Er braucht ja die Kosten nicht zu scheuen.

Aber der Arbeiter, die niederen Klassen, d. h. die ungeheure Mehrzahl der Nation, besitzt diese Mittel n i c h t. Der Mann aus den e i n f a c h e n Ständen k a n n sich keine Krankenschwester für seine sieche Gattin, keine katholische Lehrerin für seine Tochter halten. Er muß mit Zähneknirschen sehen, wie gerade wegen seiner Armut seine Familie der Religionslosigkeit verfällt uud damit den festen Halt fürs Leben verliert.

Und man wagt es noch, unser Volk, das über diese Dinge wenig aufgeklärt ist, mit den lügnerischen Schlagworten von Fort= schritt, Aufbesserung usw. für eine solche Politik, die ein Verbrechen und ein Bankerott zugleich ist, zu ködern?

Schließen wir dieses eminent praktische Kapitel mit einer Rede ab, die der energische Kardinal Andrieu zu Anfang der sozialen Woche von Bordeaux hielt (Ende Juli 1909): „Man hat in der Trennung laizisiert", sagte der Kirchenfürst, „bis zu den Kirchen, wo wir nur noch als Nutznießer uns aufhalten dürfen, bis man uns ganz daraus vertreibt. Nachdem Frankreich entchristlicht war, mußten, um diesen Zustand auf die Dauer festzuhalten, die Franzosen ent= christlicht werden. Daran arbeitet man sehr eifrig, sei es durch die Presse, deren Ausschreitungen man nicht nur nicht unterdrückt, son= dern sogar fördert, sei es durch die Schulen, wo die Lehrer als regelrechte Pfarrer des Unglaubens und des Sozialismus ungestraft Religion, Moral und Vaterland schmähen, sei es durch Gesetze, die den geheiligten Rechten der Kirche bei der Eheschließung und der Familienväter beim Unterricht keine Rechnung tragen, sei es schließlich durch behördliche Maßnahmen, mit denen alle jene Be= amten von der Gunst der Machthaber ausgeschlossen werden, die nur ein wenig verdächtig sind, „klerikal“ zu sein. Die religiöse Dechristianisierung Frankreichs und der Franzosen bildet aber nur einen Teil aus dem Programm der Sekte. Obwohl sie jetzt durch= geführt ist, fürchtet man doch, daß der klerikale Leichnam am Ende noch Leben zeigen könnte, deshalb will man auch die soziale Ent= christlichung durchführen, um die Gemeinde von morgen auf neuer Basis errichten zu können. Mittels des Staatssozialismus steuert man auf die Beseitigung des Eigentums, auf die Gütergemeinschaft los. Man kann aber dazu nicht gelangen, ohne die Gemeinschaft der Kinder und die Gemeinschaft der Frauen geschaffen zu haben. Die erste bereitet man vor, indem man den Familienvätern das Erziehungsrecht an den Kindern nimmt und es dem Staate über= trägt. Die Gemeinschaft der Frauen schafft man durch die Erleichte= rung der Scheidung, so daß es nicht mehr weit zu der freien Ver= bindung von Mann und Weib ist, die das fatale Ende darstellt. Und die Männer, was werden sie? Sie werden, was sie ehemals in der heidnischen Zeit waren, wo die Individuen nichts waren, weil der Staat alles war. Da in diesem Staate die Regierungs= maschine auch nicht von selbst läuft, wird es bald eine herrschende Klasse geben, die nicht weniger egoistisch, nicht weniger rücksichtslos sein wird, als jene, die über die Sklavenherden regierte, bevor Christus das Evangelium der Freiheit in die Welt gebracht.“

Zweiter Teil.

Trennung in anderen Ländern.

Einige Grundsätze.

Kirche und Staat lassen sich mit zwei Hausvätern vergleichen, die **neben einander wohnen.**

Sind die beiden Nachbarn gute **Freunde,** so können sie sich gegenseitig viele und kostbare Dienste leisten. Leben die Beiden aber in **Feindschaft** zusammen, so verbittern sie sich regelmäßig das Leben aufs Grausamste. Besser als die Feindschaft wäre dann immer= hin der Zustand der gegenseitigen Trennung, der darin bestände, daß die zwei Nachbarn einander gar nicht beachteten und sich völlig fremd blieben.

Auch zwischen Kirche und Staat ist das Verhältnis der Freund= schaft zweifellos das Beste, das Idealste, wie wir dies bereits früher dargelegt haben. Entschieden zu verurteilen ist der Zustand der Feind= schaft, weil er beiden Teilen unendlichen Schaden zufügt. Läßt sich eine richtige Freundschaft, ein Bündnis= oder Verwandtschafts= verhältnis nun einmal aus gewissen Gründen nicht erreichen, so ist immerhin eine reinliche Trennung, eine gegenseitige Nichtbeachtung bei weitem der Feindschaft vorzuziehen.

Die „Trennung" kann also unter Umständen sogar wünschens= wert sein; **sie ist dies aber immer nur als das kleinere Uebel.**

*　　*　　*

Wir behaupten des weitern, daß eine v o l l k o m m e n e Tren= nung zwischen den beiden Gewalten **nicht denkbar** ist und **auch wirklich nirgends in der Welt besteht.**

Weil Kirche und Staat aus denselben Mitgliedern bestehen (wie wir bereits früher dargelegt) und in vielen Punkten gleiche Rechte, das gleiche Interesse (z. B. auf die Schulen, die öffentliche Moralität) haben, können sie sich nicht gegenseitig gänzlich fremd sein. Mag man auch immerhin behaupten, in diesem oder jenem Lande sei die Scheidung durchgeführt, **eine volle „Trennung" ist es nie;** es muß auch in diesem Verhältnis immer **entweder Liebe ode**r **Haß** mit unterlaufen.

F r a n k r e i c h ist ein eklatanter Beleg für diese Wahrheit. Man gibt dort vor, Kirche und Staat seien „getrennt"; es ist dies aber n i c h t der Fall. Diese sog. „Trennung" ist nichts anderes, als eine fortgesetzte, systematische **Verfolgung** und Beraubung der Kirche, wie die vorliegende Schrift es im einzelnen bewiesen hat. In andern

Ländern bedeutet die „Trennung" wenigstens bis zu einem gewissen Grad einen Zustand wohlwollender Duldung, ja, offenen Schutzes.

Wir dürfen uns hier auf eine Auktorität berufen, die gewiß nicht im Verdacht des „Klerikalismus" steht. Am 15. Oktober 1908 hat Hr. Professor Dr. Wilhelm K a h l (Jurist) zu Berlin über das Thema „Trennung von Kirche und Staat" seine Antrittsrede als Rektor der Friedrich=Wilhelms=Universität gehalten. Er sagt dort u. a.: „Gibt es derartiges (nämlich „Trennung") **folgerichtig durch=geführt** in irgend einem Kulturstaat der Welt mit christlicher Ge=sellschaftsauffassung? **Die vorbehaltlose Antwort lautet: Nein.**" An einer andern Stelle: „So verschieden auch . . die Lage in den einzelnen Trennungsstaaten ist, in e i n e m trifft ihr Recht zusammen: in **keinem ist das System konsequent durchgeführt.**" Ueber Frankreich heißt es dort: „Ein anderes (wie die Trennung in Nord=amerika) ist die Trennung von Staat und Kirche in Frankreich. **Ein politischer Akt mit unverkennbarer Richtung gegen den Katholizismus im Staatsleben.**" Und weiter: „Alles in allem bleibt der Eindruck zurück: der französische Staat habe im Gesetz vom 9. Dezember 1905 **sich von der Kirche, nicht aber die Kirche von sich getrennt,**" — d. h. der Staat schlägt seine Pflichten gegen=über der Kirche in den Wind, er verlangt aber, daß die Kirche in vielen Stücken noch von ihm abhängig bleibe. Endlich sagt Kahl: „Was schließlich im (Trennungs=) Gesetze zum Niederschlage kam, ist den ersten Forderungen gegenüber maßvoll. **Aber genug, um die Tendenz mit Händen zu greifen.**"

So redet ein p r o t e s t a n t i s c h e r Gelehrter bei feierlichster Ge=legenheit, wo er gleichsam ein Lebensprogramm vorlegt. Diese Rede fand in der gesamten Tagespresse die höchste Beachtung. (Wir haben zitiert nach der „Internationalen Wochenschrift für Wissenschaft, Kunst und Technik", 2. Jahrgang, Nr. 43, wo die Rede veröffentlicht ward.)

Man bleibe uns also mit dem elenden Argument vom Leibe: „Die Trennung ist schon in vielen Ländern vollkommen eingeführt und hat sich überall gut bewährt. Warum sollte sie nicht auch für unser Land passen?"

Es darf hier nicht vergessen werden, daß die antiklerikalen Elemente, die heute in allen nicht=französischen Ländern nach der „Trennung" wie nach einer Wohltat für die Menschheit rufen, ge=rade die Reform **nach dem Muster des französischen Kulturkampfs** vor Augen haben. Eine andre Art von „Trennung", die unter manchen Umständen eine Erlösung von hartem Druck für die Kirche sein könnte, l e h n t das internationale Freidenkertum beinahe immer energisch a b.

*　　*　　*

Doch gehen wir einmal der Reihe nach die Staaten durch, in denen man von „Trennung" im Ernste reden kann.

Nach Kahl (a. a. O.) hat das System der Trennung im posi=tiven Recht eine Geschichte von etwa 120 Jahren. Es besteht seit

1787 in den Vereinigten Staaten von Nordamerika; von 1794 bis 1802 zum erstenmal in Frankreich; mehr nur auf dem Papier vom 2. April 1871 ab für die Tage der Kommune in Paris; nachfolgend ihr Einzug in Mittel= und Südamerika: Mexiko 1873, Brasilien 1890, Kuba 1902, Ecuador 1904; 1905 zum andernmal in Frankreich; endlich vom 1. Januar ab in Genf nach Gesetz vom 30. Juni 1907.

Die Vereinigten Staaten von Nord=Amerika.

Kein Land wird neben Frankreich als Heimat der „Trennung" mehr genannt, als die nordamerikanische Union.

Kühn dürfen wir aber hier gleich den Satz aufstellen: „Wenn die Trennung, so wie sie in den Vereinigten Staaten besteht, bei uns eingeführt werden sollte, so würde keiner sich mit größerer Wut dagegen stemmen, als die heutigen religionsfeindlichen Trennungsfanatiker."

Die Trennung in Nordamerika ist nämlich kein Kulturkampf, sie ist **ehrlich gemeint** und **gleichsam von selbst aus den tatsäch= lichen Verhältnissen herausgewachsen.**

Die große Union entstand gegen Ende des 18. Jahrhunderts. Die Bundesverfassung, die heute noch gilt, datiert vom 17. September 1787. Dieser eigenartige politische Körper ist eine Vereinigung von 46 Staaten (und einigen Territorien), von denen jeder seine eigene Verwaltung und Gesetzgebung hat, die aber alle zusammen die große Republik unter dem Präsidenten bilden. Vor der Bildung des Bundes hatte jeder Staat seine b e s o n d e r e K i r c h e n g e s e t z g e b u n g. Beinahe in jeder der 13 großen Kolonien war es irgend eine p r o = t e s t a n t i s c h e S e k t e, die von Gesetzes wegen Geldzuschüsse für den protestantischen Kultus und die Geistlichen aus der Staatskasse be= zog; die K a t h o l i k e n waren fast überall unterdrückt oder genossen wenigstens keine Unterstützung.

Als nun diese amerikanischen Staatskörper sich 1774 von England losrissen, sich selbständig erklärten und darauf die Union schlossen, fügten sie in diese Bundes=Versammlung nur folgende zwei kurze Verbots= bestimmungen hinein: „Keinerlei Religionsbekenntnis darf als Quali= fikation zur Erlangung eines S t a a t s a m t e s gefordert werden." (Art. 6, Paragraph 3) und: „Der Kongreß darf durch kein Gesetz eine Religionsgesellschaft etablieren oder die freie Religionsausübung behindern" (Zusatz vom 15. Dezember 1791.)

F r e i h e i t für alle Religionen, G l e i c h s t e l l u n g von Katho= liken und Protestanten, das ist der Grundton dieser Reform. Den Namen „Trennung von Kirche und Staat" kennt das amerikanische Recht gar nicht (siehe Kahl a. a. O.) Man wollte eben eine Art von **Gleichförmigkeit in dieser Hinsicht einführen, und weil die verschiedenen Staaten bis dahin so gänzlich verschiedene kirch= liche Rechtsverhältnisse gehabt hatten,** ging das Bestreben der Gesetzgebung immer mehr dahin, die Privilegien der einen Staats=

kirche (die sehr oft nicht mehr die Mehrzahl der Bürger als An=
hänger besaß) aufzuheben. Wo also bisher die eine oder andere
protestantische Sekte die offizielle Religion gewesen, da ward nach
und nach eine Art von Trennung eingeführt, indem man die Kirchen
einander gleichstellte und auf diese Weise die Vorrechte der bis=
herigen Staatsreligion abschaffte. Diese Bewegung dauerte von 1776
bis 1844, also beinahe 70 Jahre. Für die Katholiken brachte die
Umwälzung das Ende vielfacher Verfolgungen — mit einem Worte:
die Freiheit. (Wer sich über die interessante Entwickelung der
amerikanischen „Trennung" genau unterrichten will, lese bei Rothen=
bücher, Trennung von Staat und Kirche, München 1908, S. 128 u. ff.;
ferner die populäre Schrift „La séparation aux États-Unis", von
Prof. F. Klein, Paris, Bloud & Co., Preis 1,20 Fr.)

Das Wesen der französischen Trennung haben wir in drei
Worten zusammengefaßt:

1. staatlicher Abfall von Gott und Kirche;
2. Raub im Großen;
3. Knebelung und Knechtung der Kirche.

Die amerikanische „Trennung" ist keines von diesen dreien.

1. Kein Abfall von Gott.

Fürs Erste: Keine Trennung des Staates von der Religion.
Der offizielle Unglaube, die staatliche Gottesleugnung kennt man in
Nordamerika nicht. Im Gegenteil: Gerade in den Vereinigten
Staaten, wo der Materialismus so vielfach das persönliche Leben
der einzelnen Bürger durchseucht hat, fordert die gesamte Nation,
daß der Staat bei den feierlichsten Gelegenheiten seinen Glauben an
Gott in aller Form kundgebe.

Dr. Rothenbücher, den man sicher nicht als „klerikal" anspre=
chen kann, bemerkt u. a.: „Die kirchenpolitische Vergangenheit der
amerikanischen Kolonien vor der Gründung der Union ist bemerkens=
wert, weil sie **die Eigentümlichkeit der nordamerikanischen Tren=
nung erklärt, nämlich die im öffentlichen und rechtlichen Leben
zum Ausdruck kommende Hochschätzung der Religion überhaupt.**"
(Trennung v. St. u. K. S. 131.) „... **die christliche Religion
nimmt tatsächlich, aber auch rechtlich einen hochbedeutenden
Platz im Staatsleben ein.**" (S. ebendas. S. 135.) „Der Satz,
daß der amerikanische Staat — im Gegensatz zu dem französischen
Ideal des „laizisierten" Staates — auf die Religion überhaupt und
die christliche ganz besonders in seiner Rechtsordnung **Rücksicht**
nimmt, ohne hierbei notwendig in Beziehungen zu den religiösen
Organisationen zu treten, wird durch eine Reihe wichtiger Rechts=
sätze und Einrichtungen bestätigt." (ebendas. S. 136. Der Fettdruck
rührt von mir her. D. Verf.)

Daß die nordamerikanische Trennung keinen offiziellen Abfall
von Gott und Christentum bedeutet, dafür nachfolgend eine Reihe
von Belegen:

1. Eine der größten Feierlichkeiten, die die Vereinigten Staaten kennen, ist die Einführung eines neugewählten Präsidenten (alle 4 Jahre) in das „Weiße Haus" (Palast des Präsidenten) zu Washington. Bei diesem Anlasse werden die herrlichsten Paraden, Volksfeste usw. gefeiert; der Höhepunkt des Ganzen ist aber die offizielle Rede, womit das neue Oberhaupt der Union sein Amt übernimmt und dabei sein Lebensprogramm vorlegt. Immer beruft sich dabei der Präsident auf Gott und die göttliche Vorsehung.

Noch am 5. März 1909 hat William Taft seine Antrittsrede zu Washington, die sich als ein bedeutender politischer Akt darstellt, mit den Worten geschlossen:

„Indem ich eine Übersicht über die Fragen gegeben habe, die wahrscheinlich während meiner Amtszeit vorkommen werden, erbitte ich die Sympathie meiner Mitbürger und **rufe die Hilfe des Allmächtigen zur Erfüllung meiner verantwortungsvollen Pflichten an.**"

2. Gemäß einem durch Franklin eingeführten Brauch beginnen alle Sitzungen des Kongresses (allgemeines Parlament der Union) mit einem Gebet, welches einer der Kapläne verrichtet, die vom Kongreß bezahlt sind. Auf dem Kapitol zu Washington, also im Brennpunkt des gesamten politischen Lebens, befindet sich eine Kapelle, in welcher sonntäglich ein offizieller Gottesdienst für die Mitglieder des Kongresses gefeiert wird. Auch die gesetzgebenden Versammlungen der einzelnen Staaten werden mit einem Gebete, das ein Geistlicher spricht, eröffnet, und dieser schöne Brauch ist so in die Sitten eingedrungen, daß auch alle größeren Partei-Versammlungen sich daran halten. (Nach Jannet=Kämpfe, Die Vereinigten Staaten, S. 410).

3. Bei allen wichtigen Angelegenheiten schreibt ferner der Präsident der Republik durch eine feierliche Proklamation religiöse Fast= und Bußtage, oder auch Danktage vor. Der kürzlich verstorbene Präsident Cleveland hat z. B. am 2. November 1885 ein Dekret erlassen, dem wir folgende Sätze entnehmen: „Das amerikanische Volk hat jederzeit überaus zahlreiche Ursachen, dem allmächtigen Gotte dankbar zu sein, welche ihm seine Fürsorge und seine gnädige Leitung auf jeder Entwickelungsstufe seines nationalen Lebens gewährt hat, indem er dasselbe in Zeiten der Gefahr schützte und behütete und in der Stunde der Trübsal sicher führte. Es ist also natürlich und geziemend, daß eine so augenscheinlich begünstigte Nation an einem Tage **jeden Jahres**, welcher diesem Zwecke besonders gewidmet ist, die Güte Gottes öffentlich anerkenne und ihm für alle seine Gnadengaben Dank darbringe.

Deshalb bestimme ich, Grover Cleveland, Präsident der Vereinigten Staaten von Amerika, und setze besonders den 26. des gegenwärtigen Monats November als einen Tag des öffentlichen Dankes und Gebetes fest, und ich rufe das Volk des ganzen Landes auf zur Beobachtung dieser Vorschrift . . . . ."

Die Gouverneure der einzelnen Staaten erlassen ihrerseits gleich=
falls ähnliche Proklamationen, und so geht denn gleichsam ein
großes, von einem Ende des Landes bis zum andern widerhallen=
des Glaubensbekenntnis durch das unermeßliche Gebiet der Union.
(Jannet=Kämpfe, ebendaselbst).

4. Auch bei allen übrigen nationalen Feierlichkeiten widmet
das amerikanische Volk Gott öffentliche Verehrung und gibt der
Vorsehung die Ehre als der Quelle aller Kultur und aller Fort=
schritte. So wurde z. B. die letzte große Weltausstellung zu St. Louis
mit einem offiziellen Gebete des Kardinals Gibbons eröffnet. Der
Jahrestag der nationalen Unabhängigkeitserklärung, der 4. Juli, wird
überall als ein religiöses Fest begangen.

Der Gedanke, der die Amerikaner bei diesen religiösen Kund=
gebungen erfüllt, ist sehr gut in den folgenden Worten eines Gou=
verneurs des Staates New=York ausgedrückt:

„In unserer Eigenschaft als Nation haben wir alle Arten von
Beweggründen, dem höchsten Spender alles Guten erkenntlich zu
sein und ihn für die Gunstbezeugungen zu preisen, welche seine Vor=
sehung nicht müde wird, über uns auszuschütten . . . . . . Wir wer=
den der Welt das großartige Schauspiel einer ganzen Bevölkerung
bieten, welche sich an einem bestimmten Tage aller Arbeit enthält,
um sich ganz dem Dienste des Höchsten zu weihen, und wir werden
uns ohne Aufhören daran erinnern, daß die Gerechtigkeit die Natio=
nen erhöht.“ (J.=K., ebendaselbst).

5. Wir könnten noch eine ganze Reihe von religiösen staat=
lichen Einrichtungen aufzählen, von dem Eid, den die Beamten auf
die Bibel ablegen, von den religiösen Inschriften auf den Münzen
usw. Erwähnen wir nur noch einige Tatsachen, die Prof. Kahl
aufzählt:

6. Es besteht, beschränkt allerdings im neuesten Entwurf, **ein
weitgehender strafrechtlicher Schutz der Religion**, auch gegen
Gotteslästerung.

Dazu sagt Dr. Rothenbücher (S. 137): »Das religiöse Gefühl
der zur Erbauung oder zum Gottesdienst versammelten Anhänger
irgend welchen Bekenntnisses wird gegen Störungen in allen Staa=
ten strafrechtlich geschützt. Die Störung einer gottesdienstlichen Ver=
sammlung besteht nicht nur darin, daß religiöse Versammlungen „durch
profane Reden, durch rohes und unanständiges Betragen, durch Er=
zeugung von Geräusch am Versammlungsorte selbst oder in dessen Nähe
gestört, unterbrochen oder beunruhigt werden“. Es ist auch weiter=
hin verboten, in der Umgebung eines Gotteshauses während der
Zeit des Gottesdienstes geistige Getränke auszuschenken oder einen
Kramladen offen zu halten, Tierkämpfe zu veranstalten „oder zu
Wetten und Spielen Veranlassung zu geben“. Die Abgrenzung der
Umgebung schwankt zwischen einer Meile und drei Meilen.«

7. Die bürgerliche Sonntagsheiligung ist allgemein, ver=
einzelt fast noch puritanisch (und zwar nicht aus materiellen, son=
dern aus religiösen Gründen. S. Rothenb. S. 138).

8. In den staatlichen Organisationen des Heeres, der Marine
und kultureller Anstalten ist Vorsorge für Religionspflege getroffen.
(Durch staatlich besoldete Geistliche. D. Verf.)

9. Die Ehe kann gültig in kirchlicher Form geschlossen
werden. Ueber diese weite Auffassung des Eherechtes sagt Rothen=
bücher (S. 139): „Das Recht fast aller Staaten erfordert keine weitere
Form der Eheschließung, als daß die Parteien in **Gegenwart des
Kultusdieners oder** der Behörde vor Zeugen erklären sollen, daß
sie sich zu Gatten nehmen . . . . Das Aufgebot hat weltlich oder
kirchlich zu erfolgen. Der Kultusdiener hat innerhalb einer bestimmten
Frist ein »Zertifikat« der erfolgten Eheschließung dem mit der Füh=
rung der Personenstandsregister beauftragten weltlichen Beamten zu
übermitteln. Es ist bemerkenswert, daß ein Gemeinwesen, dessen
religiöse Organisationen ungleich mehr vielgestaltig sind, als die irgend
eines europäischen Staates, ohne jede Teilung von bürgerlicher und
kirchlicher Eheschließung auskommt. Der Grund hierfür kann . . .
nur darin liegen, **daß in den Augen des amerikanischen Volkes
die Ehe wesentlich religiösen Charakters ist.**“

10. Die staatliche Volksschule kennt keinen Unterrichtsgegenstand
der Religion, aber die Bibel spielt eine große Rolle, und vielfach
wird der Unterricht mit religiösen Akten (Gebet) begonnen.

11. Die meisten (Einzel=) **Verfassungen** bringen einleitend in
irgend einer Wendung die Notwendigkeit und den Wert der
Religion zum Ausdruck. Man betet an sehr verschiedenen Altären.
Aber daß es an einem geschehe, wird vorausgesetzt.

In einer Reihe von Verfassungen der Einzelstaaten wird auf
die Güte Gottes hingewiesen, in 31 Verfassungsurkunden heißt es
in der Einleitung: „Dank dem allmächtigen Gott“; es wird betont,
daß „Sittlichkeit und Frömmigkeit“ die besten Grundlagen eines
Staates sind, und daß es Pflicht eines jeden Menschen ist, das höchste
Wesen, den Schöpfer des Weltalls, zu verehren. (Rothenb., S. 135).

Ein wertvolles Zeugnis sei hier noch angeführt. Claudio
Jannet, in seinem großen Werke über die nordamerikanische Repu=
blik, schreibt (Les Etats-Unis contemporains, t. II, p. 1): „Weil
es in den Vereinigten Staaten keine offizielle Kirche gibt und
die Geistlichen kein Staatsgehalt beziehen, glaubt man gewöhnlich,
daß dort die **Religion Privatsache** sei, und daß die öffentlichen Ge=
walten bei der Ausarbeitung der Gesetze und der Verwaltung han=
delten, als ob es keine wahre Religion gäbe. **Nichts ist aber fal=
scher,** als dieser Gesichtspunkt; jener traurige Grundsatz, daß das
Gesetz atheistisch sei und sein müsse, der seit 1789 beinahe allein die
französische Gesetzgebung inspiriert hat, hätte in Nordamerika nicht
ausgesprochen werden können, ohne eine allgemeine Entrüstung her=
vorzurufen.“

2. Kein Raub.

Zweitens: **Die nordamerikanische sogenannte „Trennung"
hat nicht den Charakter eines Kirchenraubes.** Die einzelnen
Staaten haben zwar, sobald sie das frühere protestantische Staats=
kirchentum aufhoben, sich auf den Standpunkt gestellt, daß die An=
hänger jeder Religion selber für die Auslagen ihrer Kirche aufkommen
sollen. Die „Trennung" hat aber **keiner Kirche irgend ein Gut
abgenommen.** Alles Eigentum der religiösen Institute wurde stets
aufs Gewissenhafteste geachtet. Eine einzige Ausnahme bildete der
Staat Virginien. Die Reform wurde dort zuerst eingeführt (1776).
In dieser Kolonie hatte die englische (protestantische) Staatskirche
einen wahren Despotismus gegenüber den andern Bekenntnissen
ausgeübt. Im Unabhängigkeitskriege hatten überdies zwei Drittel
der Prediger dieser Staatskirche für England Partei genommen.
Darüber herrschte große Erbitterung. Die Folge war, daß, als
man die Trennung von Kirche und Staat verwirklichte, die englische
Kirche ihrer Güter beraubt wurde, die dann dem Staat zugeeignet
wurden. Diese revolutionäre Maßregel und Rechtsverletzung in
Virginien wurde aber später nie nachgeahmt. Als kurze Zeit nach=
her die gesetzgebende Versammlung von Maryland die Entstaat=
lichung der englisch=bischöflichen Kirche erklärte, erkannte sie deren
Eigentumsrecht auf ihre aus Stiftungen herrührenden Güter an,
und ebenso geschah es in allen andern Staaten, sobald sie die Tren=
nung aussprachen. (Jannet=Kämpfe, S. 397).

Im Gegensatz zu Frankreich umgibt **Nordamerika gerade
das Kirchengut mit den größten Garantien.** Wenn drüben Geld=
stiftungen für den Unterhalt der Kirche gemacht werden, wenn die
Katholiken Kirchen, Klöster und Schulen bauen, die Kirchenfabriken
beschenken, so hat der amerikanische Staat immer dieses Eigentum
aufs ängstlichste behütet und der Kirche in der Erwerbung und
Verwaltung ihres Vermögens vollste, unumschränkteste **Selbständig=
keit** gelassen.

Es würde dem Amerikaner auch nicht im Traume einfallen,
ein wohlerworbenes Eigentum **darum** mit Beschlag zu belegen,
weil dieses Eigentum der Kirche gehört. Geschähe ein Gewalt=
akt in dieser Hinsicht, die ganze Nation würde sich mit größter Ent=
rüstung dagegen auflehnen.

Sogar **Vergünstigungen** in materieller Hinsicht gewähren die
Vereinigten Staaten den einzelnen Konfessionen.

Die Verfassungen der Nordamerikanischen Staaten **befreien die
Kirchen von Auslagen,** und viele gehen so weit, selbst die den
Kirchen gehörigen Besitztümer davon zu befreien. (Jannet=Kämpfe,
S. 404.)

An Extrasteuern für Klöster z. B. denkt wirklich niemand.
Seminarien, Pfarrhäuser, Schulen, ja, sogar Vereinshäuser, soziale
Wohltätigkeitsanstalten, ja, sogar Erziehungsinstitute haben meist

keinen Heller Steuern zu bezahlen, einerlei welcher religiösen Rich=
tung sie dienen.

Der Amerikaner ist eben vor allem **praktisch**, er ist Geschäfts=
mann. Sich aus antiklerikalem Fanatismus schädigen, erscheint ihm
einfach unbegreiflich. Der große soziale Nutzen der Religion leuchtet
ihm sofort ein, selbst wenn er persönlich religiös gleichgültig ist.
Die Kirche arbeitet für das moralische Wohl des Menschen, sie ist
die festeste Stütze für den öffentlichen Frieden, sie bildet das Volks=
gewissen heran und leistet in dieser Beziehung dem Staat mehr
Dienste, als eine ganze Armee von Polizisten, Richtern und Ge=
fängniswärtern. Gerade wegen dieser sozialen Arbeit gewährt ihr
darum der Amerikaner sehr gerne die weiteste Selbständigkeit und
Steuerfreiheit.

3. Kein Attentat gegen die Freiheit.

Zum Dritten: Die kostbarste Gabe, die Nordamerika den Kirchen
bietet, ist die **Freiheit**. Von Quälerei und Tyrannei keine Spur!

1. „Die Kirche in Nordamerika ist vollkommen **frei**. Der Staat
mischt sich nicht in die Gründung religiöser Gemeinden, noch in die
Wahl ihrer Vorsteher, noch in die Abfassung ihrer Statuten", schreibt
P. Baumgartner, der sich lange in den Vereinigten Staaten
mit Seelsorge befaßte, in den Stimmen aus Maria=Laach (Jahr=
gang 1877, S. 158).

Vollkommen unbehindert und frei ernennt also der Papst die
Bischöfe, und diese hinwiederum die Pfarrer. Von irgendwelchem
Druck der Regierung ist nirgends eine Spur zu finden.

2. Zurücksetzung der Katholiken im öffentlichen Leben, Ueber=
wachung der Predigt, des Gottesdienstes, Kanzelparagraph,
„Kultuspolizei", wie sie die französische Trennung vorsieht,
kennt man in den Vereinigten Staaten nicht.

3. Vielfach besteht in der „Union" der sog. Schulzwang;
die Eltern sind also verpflichtet, ihre Kinder in irgend eine Schule
zu schicken. Aber den einzelnen Kirchen steht es **vollkommen frei,
religiöse Schulen zu gründen**, die unter der Aufsicht der Bischöfe
stehen und vom Staate als vollständig gleichberechtigt an=
gesehen werden. „Die Gesetze befreien sämtliche dem Unterrichte
gewidmeten Baulichkeiten **von jeder Auflage**, und ebenso unter=
liegen diese Anstalten **keiner Inspektion** von seiten der Vertreter
der Staatsgewalt", sagt Jannet (a. a. O., S. 505). Welche Weit=
herzigkeit!

Die Katholiken benutzen diese Freiheit im weitesten Maße, viel
mehr als irgend eine andere Richtung! Sie besitzen eine ganze
Reihe von Universitäten, unzählige Gymnasien und Primärschulen.
Für alle Kosten kommt der katholische Opfermut auf! Der Unter=
richt in diesen katholischen Schulen ist vorteilhaft bekannt; die höhe=
ren Schulen für Töchter und Jünglinge, die beinahe alle von Ordens=

leuten (die Universitäten meist von Jesuiten!) geleitet sind, werden
sehr viel, sogar von Protestanten, besucht! Wie tief muß dieses
Beispiel das alte Kulturland Frankreich beschämen! Wie sehr haben
diejenigen Unrecht, die von den katholischen „Dunkelmännern" und
„Feinden der Aufklärung und der Volksbildung" reden!

4. Um die Heranziehung guter Priester nicht zu gefährden,
gewährt die Gesetzgebung allen Geistlichen völlige **Freiheit von der
Pflicht des Kriegsdienstes.** Der junge Priesterkandidat braucht
also nicht — wie in Frankreich — die gefährlichen Kasernenjahre
durchzumachen. Ein reines Privileg zum Schutz der Religion!

5. Die **Klöster,** überhaupt alle religiösen Vereine, bilden sich
ohne staatliche Erlaubnis, ohne polizeiliche Überwachung. Ihre
Tätigkeit im Lehramt, in der Presse, ihre Vermögensverwaltung ist
völlig ungehindert.

6. Wie einfach ist in Nordamerika die **Bildung eines Bis=
tums oder einer Pfarrei!** Vermittelst leicht zu erfüllender Bedin=
gungen ist es der Kirche ermöglicht, die Rechte einer j u r i s t i s c h e n
P e r s o n zu erlangen; in einigen Staaten genügt es hierfür, ge=
regelte Statuten zu haben. Als solche gesetzliche Körperschaft aner=
kannt, wird die Kirche (resp. die Pfarrei usw.) vom Staat nicht nur
in all ihren korporativen Rechten beschützt, sondern sie genießt so=
gar volle **Befreiung von der Besteuerung** ihrer Güter. Durch
dieses Privilegium anerkennt der Staat tatsächlich die Kirche als
eine Gesellschaft, die von eminentem ö f f e n t l i c h e n Nutzen ist, die
weit über das Niveau einer gewöhnlichen Privatvereinigung hin=
ausreicht, und die ihm selbst vermöge ihres höheren Zweckes geistige
und sittliche Güter vermittelt, welche er sich selbst nicht verschaffen
kann. (Siehe Baumgartner, S. 159.)

Die Gesetzgebung der einzelnen Staaten hatte anfangs als
offiziellen Vertreter der Pfarreien einen Vorstand vorgesehen, der
von allen Pfarrgenossen g e w ä h l t wurde, also nicht direkt von der
kirchlichen Obrigkeit abhing (die sogen. trustees). Als die Bischöfe
erklärten, daß diese Einrichtung sich nicht mit der Verfassung der
katholischen Kirche vertrage, kamen die Gesetzgeber ihnen in weit=
herzigster Weise entgegen und ä n d e r t e n diese Einrichtung derart
um, daß die Kirche vollkommen zufrieden sein konnte. (Vergleiche
damit das Benehmen Frankreichs!)

So hat im Jahre 1863 die Legislatur von New=York ein Ge=
setz angenommen, welches sich dahin resümieren läßt: Jede Pfarrei
ist eine juristische Person, die über ihre Güter verfügt, für ihre
Schulden haftet und von einem Fabrik=Rat uneingeschränkt verwaltet
wird. Dieser Rat besteht aus dem Bischof, welcher in jeder Pfarrei
Präsident desselben ist, einem vom Bischof ernannten Generalvikar,
dem Pfarrer und zwei Laien, welche von diesen drei Geistlichen
unter den Pfarrkindern ausgewählt werden. So hat der Bischof
die oberste Leitung, ohne aber allein die Verantwortung zu tragen.

Die Laien üben eine Art von finanzieller Aufsicht aus. Um eine solche gesetzliche Korporation zu gründen, sind wenige Formalitäten zu erfüllen: der durch den Bischof konstituierte Fabrik=Rat unter= zeichnet eine Erklärung, die besagt, daß er sich dem Gesetz gemäß konstituiert hat, und die den Namen der Pfarrei samt ihrem Inventar über ihren Besitz enthält. Diese Erklärung wird doppelt ausgestellt und bei den staatlichen Behörden hinterlegt. Von da ab besteht die Pfarrei zu Recht und genießt alle Freiheiten und Privilegien. (Nach Jannet=Kämpfe, S. 438.)

Dr. Rothenbücher schreibt zu diesem Sonderrecht, das die kath. Kirche in New=York genießt, u. a. noch folgende Sätze: „.... Das Recht anerkennt hiermit die katholische Hierarchie, zugleich aber auch die rein kirchliche Gebietseinteilung." (S. 158.) „Keine Handlung der trustees (Fabrik=Rat) ist gültig ohne die Sanktion des Bischofs der Diözese, zu der die Kirche gehört ..." (S. 159.) „... Die trustees einer römisch=katholischen Korporation sollen dem Gerichts= hof keinen Antrag auf Genehmigung der Verpfändung, Verpachtung oder Veräußerung des kirchlichen Grundeigentums vorlegen ohne Zustimmung des Bischofs der Diözese ... Nachweis über die Zu= stimmung dieses Organs muß dem Gericht vorgelegt werden" ... „Nimmt nun schon der römisch=katholische Bischof auf diesem Ge= biete **eine viel bedeutendere Machtstellung nach amerikanischem bürgerlichem Rechte ein, als nach europäischem öffentlichem Rechte,** so zeigt die Regelung des Verhältnisses der ihm unterge= ordneten Geistlichen, daß er innerhalb seiner Diözese eine völlig ab= solute, nur durch das kanonische Recht beschränkte Autorität besitzt. Er ernennt die Pfarrer und Hilfsgeistlichen auf Grund seiner Auk= torität" ... (S. 160.)

Die Bischöfe können sogar an verschiedenen Orten die ganze Verwaltung der Pfarreien den Pfarrern übertragen (also o h n e Fabrik=Rat); sie selbst können dort p e r s ö n l i c h für ihre Bistümer Korporationsrechte erlangen, so daß sie die sämtlichen liegenden Güter der Diözese besitzen können (z. B. in Kalifornien). Auf diese Weise ist also die P e r s o n des Oberhirten vom Gesetze als offizieller Rechtsvertreter des Bistums anerkannt (corporation sole). Wenn er stirbt, so geht das Eigentum der Kirche ohne jede Erbschaftssteuer auf den Nachfolger über.

Rothenbücher zitiert folgendes Beispiel (S. 162 u. 163): „Schon früh gewährte das Recht von Michigan die Möglichkeit, den Orga= nen der katholischen Hierarchie (also der Person des Bischofs. D. Verf.) Schenkungen, Vermächtnisse mit Wirkung für die von ihnen vertretenen kirchlichen Anstalten zuzuwenden. Es sind Schen= kungen zulässig an Personen, die z. B. den Namen oder Titel eines römisch=kath. Bischofs von Bardstown führen, damit diese Personen den Gegenstand zum Gebrauch und Nutzen einer religiösen Kongregation von Katholiken oder zum Unterhalt von Spitälern,

Kirchen, Pfarrhäusern usw. verwenden. Hierbei genügt die Be=
nennung des Bischofs der zuständigen Diözese .... Im Falle
des Todes des jeweiligen Inhabers geht das ganze Vermögen von
selbst auf seinen Nachfolger im Amte über. Auch hier also ist die
katholische Hierarchie als solche anerkannt, und ihre Organe gelten
als bürgerlich=rechtliche Vertreter der ihnen kirchlich untergeordneten
Anstalten ..."

**Wie weit ist diese „Trennungs"gesetzgebung in Nordamerika
von der kulturkämpferischen Auffassung der Franzosen entfernt!**

Gerade das **Unerträgliche** in der französischen „Trennung",
die Nichtbeachtung der katholischen Hierarchie, die Verleug=
nung der kirchlichen Verfassung, ist drüben vollkommen ver=
mieden — ja, man räumt dort den Bischöfen wahre Privilegien
ein, die sie in europäischen Ländern mit regelrechten Konkordaten
nicht einmal besitzen.

*　　*　　*

Von schismatischen Quertreibereien kann ebenfalls gar nicht
die Rede sein. Ueber alle vermögensrechtlichen Streitsachen „ent=
scheiden die ordentlichen Gerichte", sagt Professor Kahl (a. a. O.).
„Mit der Verwaltungsorganisation des Staats kommt die Korpo=
ration (Kirchen=Rat) überhaupt nicht in Zusammenhang. Konflikte
zwischen Staat und Kirche im Sinne unserer Vorstellung kann es
hiernach allerdings nicht geben. Aber freilich mit zwei Folgerungen
der Rechtsprechung, welche diejenigen beachten wollen, welche von
einer Trennung jede Befreiung des Staates von der Gebundenheit an
das Kirchenrecht oder umgekehrt jede Freiheit der Kirche von staat=
lichem Einfluß auf Lehre und Dogma erwarten. Klagt ein wegen
Irrlehre abgesetzter Geistlicher aus seinem bürgerlich=rechtlichen An=
stellungsvertrag, so wird von den Gerichten gleichwohl **die Ent=
scheidung der geistlichen Behörde als bindend angesehen.** Spaltet
sich die Gemeinde in eine strengere und freiere Richtung, so bleibt
nach fester Judikatur (Rechtsprechung) diejenige im Eigentum des
Kirchenvermögens, welche die alte Lehre beibehalten hat. Darüber
entscheiden wieder die Gerichte. **Es ist der innerlichste Punkt, an
welchem auch bei Trennung eine Verbindung von Staat und
Kirche nicht auszuschalten ist."** (Siehe Rothenbücher, S. 154).

*　　*　　*

Religion im öffentlichen Verkehr.

Sehr lehrreich für die Beurteilung von Staat und Kirche in
Nordamerika ist der Abschnitt, den Jannet=Kämpfe über das An=
sehen der Religion im öffentlichen Leben schreibt. Zitieren wir hier
wenigstens einige Sätze (Seite 408 und 458):

„Vor allem hat die öffentliche Meinung bis jetzt überhaupt **den
christlichen Glauben** (als unerläßlich für das allgemeine Wohl

und für den Bestand der durch die republikanische Regierung ver=
bürgten Freiheiten betrachtet . . .

Auch sieht man in Amerika auf der Bühne nicht beständig
die Religion, die Sitte und die Familie verhöhnt, und es hat sich
ferner eine große Anzahl von öffentlichen Unternehmungen, wie die
Mäßigkeitsvereine und die Gesellschaften für gegenseitige Unter=
stützung und Hilfe, entschieden unter die Herrschaft der religiösen Idee
gestellt und die Mitwirkung der Geistlichen in Anspruch genommen.

Die politischen Parteien aber haben es . . . vermieden,
an die religiösen Fragen zu rühren, und die Presse ahmt ihre
Zurückhaltung nach! . . . . .

Was den Privatverkehr anbelangt, so erlegt die Überzeu=
gung von der Vortrefflichkeit und der heilsamen praktischen Wirk=
lichkeit der christlichen Dogmen den einzelnen Personen eine Art
äußerlicher Moralität auf, von der man sich nicht lossagen kann,
ohne seine soziale Stellung völlig zu zerstören. Ein Kaufmann z. B.,
der sich mit ehebrecherischen Verhältnissen brüsten oder systematische
Gottlosigkeit zu Schau tragen wollte, würde seinen Kredit unfehl=
bar verlieren. . . . .

In den letzten Jahren ist die amtliche Stellung der katholischen
Kirche im öffentlichen Leben der Vereinigten Staaten in besonderem
Maße bedeutender geworden . . . Die einfachen Priester werden
überall als Gentlemen ersten Ranges angesehen. . . . . ."

Wenn unsere europäischer „Antiklerikalen" sich doch in diesem
Spiegel besähen!

* * *

Daß übrigens in Nordamerika keine Trennung nach **französischem**
Muster besteht, hat der Schöpfer der französischen Trennung, Briand,
selbst zugegeben. In dem Bericht, den er über die Reform der
Deputiertenkammer vorlegte, zeigt er sich über die Vereinigten Staaten
sehr enttäuscht. Denn das amerikanische System habe ein rasches
Wachstum der moralischen und materiellen Macht der katholischen
Kirche zur Folge gehabt. Auch die Amerikaner, meint er, „werden
diese klerikale Frage (?!) kennen lernen, welche sie mit etwas ober=
flächlicher Geringschätzung, mit dem Vertrauen eines jugendlichen
Volkes, ohne bestimmte Erfahrungen (??) als eine solche betrachten,
die in der Politik der alten Welt eine zu große Rolle spielt." In
diesem Gedankenkreis — bemerkt dazu Kahl — sind ehrlich die
innersten Gründe und letzten Absichten des französischen Trennungs=
gesetzes aufgedeckt.

In der Tat, die amerikanische Union weiß nichts von „Anti=
klerikalismus", während Briand und sein Anhang ausschließlich von
sektiererischem Kirchenhaß getrieben wurden. Gerade weil die Union
„jung" und fortschrittlich und weitherzig ist, handelt sie anders
wie Frankreich, das an greisenhafter Engherzigkeit leidet. Die „Er=
fahrungen", von denen Briand redet, sind jedenfalls jenseits des

Meeres beſſer, als an den Ufern der Seine, Loire und Rhone. Denn während Nordamerika ſich in geradezu ſchwindelerregender Weiſe entwickelt, neigt Frankreich in mehr als einer Hinſicht dem Verfall zu.

Und doch kein Ideal!

Es wäre indes — wie bereits geſagt — verfehlt, die nordamerikaniſche „Trennung" als jenes Verhältnis zwiſchen Kirche und Staat hinzuſtellen, das alle andern an Vorzügen übertreffe und darum überall anzuſtreben ſei.

Der amerikaniſche Zuſtand iſt aus der dortigen geſchichtlichen Entwicklung herausgewachſen, wie wir dies bewieſen haben; in andern Ländern, die eine katholiſche Geſchichte und ein Bundesverhältnis von Kirche und Staat beſitzen, wäre er ein bedeutender Rückſchritt.

Uebrigens hat die „Trennung" in der Union auch heute noch Schattenſeiten und Unzuträglichkeiten, gegen welche die Kirche noch immer proteſtiert. Wir nennen nur die ungerechte Verfügung, daß die Katholiken trotz ihrer freien Schulen auch noch zum Unterhalt der neutralen Staatsſchulen beitragen müſſen. Kardinal Gibbons von Baltimore hat ſich unlängſt in ebenſo bündiger als intereſſanter Weiſe folgendermaßen zu dieſer Sache geäußert (zitiert nach dem „Katholiſchen Wochenblatt", Chikago, 17. Februar 1909):

„Ich glaube nicht, daß viele von uns ſich darüber klar ſind, welche ſchwere Laſt die Katholiken ſeit Jahren getragen haben infolge der doppelten Schulſteuer, der ſie unterworfen ſind. Sie zahlen für die ſtaatliche Schule und für die Pfarrſchule. Es ſei mir geſtattet, einige Tatſachen darzulegen, um zu zeigen, welche Summen die Katholiken aufbrachten und aufbringen für ihre Schulen, um ihre Kinder in der Religion unterrichten zu laſſen. Nach dem Bundeszenſus von 1899 bezifferte ſich im Staate New-York der Wert des Schuleigentums auf je 117 Dollars für jeden Schüler, der tägliche Durchſchnittsbeſuch der Schulen gerechnet. Die Koſten der Unterweiſung der Schüler beliefen ſich auf 21 Dollars per Kopf. D e Geſamtkoſten der Schulen betrugen 38,80 Dollars auf jeden Schüler.

Die Katholiken zahlen getreulich ihren Anteil daran, und trotzdem beſtreiten ſie um ihres Gewiſſens willen auch die Schulen, Bücher und Unterricht von 1 300 000 amerikaniſchen Schulkindern, die ſie in ihren Pfarrſchulen unterweiſen, ohne daß der Staat auch nur um einen einzigen Cent angegangen würde. Und welche Summen bedeutet das, wenn wir die für New-York geltenden Zahlen als Maßſtab nehmen? Da jedes Kind dem Staat New-York jährlich im Durchſchnitt 39 Dollars koſtet, und da die Katholiken 1 300 000 Kinder ohne die Mithülfe der Geſamtheit erziehen, erſparen die Katholiken den Vereinigten Staaten alljährlich über

50.000 000 Dollars. Mit anderen Worten: Sie schenken jedes Jahr der Regierung fünf Schlachtschiffe von der Klasse des »Dread= naught«. Und weiter! Nach dem Bundeszensus für 1899 ist der Wert des Schuleigentums im Staate New=York 117 Dollars per Schüler. Nehmen wir an, der tägliche Durchschnittsbesuch der katho= lischen Pfarrschulen wäre auch nur 1 000 000. Würden nun im kommenden September diese katholischen Schüler Aufnahme in den öffentlichen Schulen verlangen, so würde das Land 117 000 000 Dol= lars verausgaben müssen — einzig und allein, um die dadurch not= wendigen Schulgebäude aufzuführen! Und weiter! Multipliziert man die 50 000 000 Dollars, welche die Katholiken jetzt jährlich dem Lande ersparen, mit der Zahl der Jahre, seitdem das geschieht, sagen wir seit dem Bürgerkriege, und teilen wir selbst mit 2, so er= gibt sich, daß die Katholiken des Landes seit dem Bürgerkriege nicht weniger als 1 000 000 000 Dollars — ein tausend Millionen Dollars! — dem Lande erspart haben."

* * *

Gewiß wollen wir nicht behaupten, daß die amerikanische „Trennung" ein Ideal sei. Immerhin, wenn nun einmal die „modernen Ideen" ein enges Bündnis zwischen Kirche und Staat „nicht mehr dulden", wie man vorgibt, so ziehen wir amerikanische Freiheit und Gleichheit um jeden Preis französisch= freimaurerischer Kulturkämpferei vor.

Ein Privileg von seiten des Staates muß überhaupt die katho= lische Kirche nicht haben, um sich zu entwickeln. Sie braucht nur Luft und Licht, d. h. Freiheit und Recht.

Unter allen Bekenntnissen, die in Nordamerika vertreten sind, steht heute die katholische Kirche am glänzendsten da. Sie zählt 14 Millionen Anhänger (mit den Kolonien 24 Millionen); sie hat katholische Volksschulen mit 1,300,000 Schülern; das wärmste Leben pulsiert in ihren Adern. In relativ kurzer Zeit hat sich ihre Stärke wenigstens verzehnfacht. Dazu bemerkt der Protestant Kahl: „Die Kirchen selbst haben — bei der amerikanischen Trennung — alle Ursache zur Zufriedenheit. In ihrem Rechtsleben durch staatliches Wohlwollen vollkommen frei, unbehindert in der vollen Entfaltung der in ihnen gelegenen geistigen und wirtschaftlichen Kräfte, dabei getragen von allgemeiner religiöser Stimmung und Opferwillig= keit, führen sie im Schatten scheinbar privatrechtlicher Existenz ein blühendes öffentliches Leben als wahre Volkskirchen. Die prote= stantische Kirche, allerdings geschieden in zahlreiche, rechtlich getrennte Denominationen, wiewohl ohne Einbuße (?) an religiöser Stärke; die katholische Kirche aber kraft ihrer Assimilationsfähigkeit an alle Rechtsformen als einheitlich geschlossene Volkskirche, wie kaum in einem andern Staate der Welt."

Was sagen zu diesen Tatsachen die europäischen Freidenker? Dürfen sie sich mit ihren Plänen noch auf Nordamerika berufen?

„Es ist ein Verbrechen", sprach unlängst Präsident Roosevelt, „die Mithülfe derjenigen abzuweisen, die uns ihre Tätigkeit anbieten, wenn sie mit hohem Pflichtgefühl gegen Gott und den Nächsten arbeiten." (zitiert in „Missions catholiques", 5. März 1909). Da=mit ist das Urteil über die französische Trennung von einem der bedeutendsten Staatsmänner der Neuzeit ausgesprochen.

Den Abschnitt über den Geist der nordamerikanischen Trennung dürfen wir füglich beschließen mit den Worten, die Präsident Taft kurz nach seiner Wahl über sein Verhältnis zum Katholizismus gesprochen.

Vor der Abreise nach dem Panamakanal empfing Taft in Augusta (Georgia) die protestantischen Geistlichen, denen er nicht nur in einer Ansprache die **Bedeutung des Christentums auf die Zivilisation und die Entwicklung der Staaten** auseinandersetzte, sondern vor denen er auch der katholischen Kirche mit besonderen Ehrentiteln gedachte.

Der Neu=Präsident konstatierte, daß in den letzten vier Jahren „ein moralisches Erwachen" im Lande aufgetreten sei: „Das Volk hat eine **moralische Reorganisation** verlangt; **der Klerus hat den größten Teil dieses Werkes** durchzuführen. Im Laufe meiner Karriere habe ich reichlich Gelegenheit gehabt, im Norden wie im Süden der Insel, wie auf den Philippinen verschiedene Phasen der Zivilisation im **Zusammenhange mit dem Einfluß der Kirche zu studieren.** Das Studium der sozialen Entwicklung in jenen Landen hat mich die außerordentlichen Anstrengungen begreifen lernen, welche **die Kirche** machen muß, um unsern Fortschritt effektiv zu gestalten."

Taft zeichnete das wohltätige Wirken der katholischen Kirche auf den Philippinen: „Ohne ihren Einfluß wären wir **ohnmächtig** in unserm Zivilisationswerk. Diese Erfahrung hat mich von der Bedeutung überzeugt, **um jeden Preis der Kirche und ihrem Ein= fluß dienlich zu sein.**"

Der Präsident hat zum Schlusse auch daran erinnert, wie er gelegentlich seiner diplomatischen Mission beim hl. Stuhle dem Papst Leo XIII. Versicherungen geben konnte. Er habe dem Papste ge= sagt, daß trotz der **Trennung von Kirche und Staat der hl. Stuhl auf die Gewährleistung der Rechte der Kirche und die Hilfe des Volkes rechnen könne.** Die amerikanische Regierung wird stets die freundschaftlichsten Beziehungen zu den kirchlichen Stellen pflegen. „Ich selbst habe noch mehr Grund dazu. Jedesmal, wenn ich beauftragt bin, irgendwie eine schwierige Mission inmitten eines Volkes zu vollziehen, kann ich konstatieren, **daß uns die Hilfe der Kirche und ihres Einflusses unerläßlich ist.**"

Brasilien.

Von allen überseeischen Ländern wird nach den Vereinigten Staaten wohl am meisten die Republik Brasilien genannt, wenn von „Trennung“ die Rede ist.

Am 25. November 1889 wurde das brasilianische Kaisertum gestürzt, und das Land proklamierte sich als Republik unter dem Präsidenten Fonseka.

Durch Dekret der provisorischen Regierung vom ¦7. Januar 1890 wurde die Trennung von Kirche und Staat vollzogen. Die Verfassung (datiert vom 24. Februar 1891) der brasilianischen Union, die aus 29 Staaten (und einem Bundesdistrikt Rio de Janeiro) besteht, hat viele Anklänge an diejenige der Vereinigten Staaten Nordamerikas.

Die „Trennung“ war auch hier für die Katholiken die Befreiung aus einer unerträglichen Lage. Sie erfolgte in verhältnismäßig ruhiger und ehrlicher Weise und schuf einen Rechtszustand, der dem der Katholiken Nordamerikas sehr ähnlich ist.

Rothenbücher gibt den Inhalt des Trennungsdekretes kurz folgendermaßen an: „Die Einführung einer Staatskirche, die Unterhaltung einer solchen wird verboten (Art. 1). Vollkommene Kultus- und Vereinsfreiheit wird angeordnet (Art. 2 und 3), den Kirchen wird juristische Persönlichkeit unter Aufrechterhaltung der Amortisationsgesetze zugestanden, ihr bisheriges Vermögen wird ihnen belassen. (Art. 5.) Alle Einschränkungen der Freiheit der katholischen Kirche sind aufgehoben.“ (Art. 5 und 7.)

Diese Grundzüge einer Trennung entsprachen sowohl den Anhängern dieses kirchenpolitischen Systems, wie auch der Kirche. Denn diese erlangte, ohne ihres bisherigen Vermögens beraubt zu werden (für die Geistlichen war Fortbezug der Gehälter in Aussicht gestellt), die völlige Befreiung von dem Drucke des staatskirchlichen Rechts. (S. 365.) „In dem seit seiner Besiedlung durchaus katholischen Lande hat die Trennung mehr juristische als tatsächliche Bedeutung erlangt.“ (S. 362.)

Daß die brasilianische Trennung deswegen bis zu einem gewissen Grade auch annehmbar und vielleicht sehr wünschenswert war, erhellt unschwer aus einem Vergleich der späteren mit der früheren Lage der Katholiken in jenem Lande, wie der Jesuit Pater Karl Schlitz, der 22 Jahre in diesem Lande lebte, in den „Stimmen aus Maria-Laach“ (70. Band, S. 532 u. ff.) schreibt. Wir verweisen diejenigen, die die kirchliche Lage unter der brasilianischen „Trennung“ genau kennen lernen wollen, auf diesen interessanten Aufsatz, dem wir übrigens im wesentlichen hier folgen.

1. Freiheit.

Zwar verlor durch die „Trennung“ die katholische Kirche in Brasilien das lang genossene und durch die Konstitution des Kaiser-

reichs verbriefte Recht, die offizielle Landeskirche zu sein —
allein dieser Verlust war leicht zu verschmerzen, wenn man bedenkt,
daß dieser Staatsschutz allmählich in eine Bevormundung, ja, sogar
Bedrückung der Kirche ausgeartet war.

So verordnete die Konstitution in Titel 5: „Dem Kaiser steht
es zu, die Bischöfe zu ernennen und die kirchlichen Benefizien
zu vergeben." Und weiter Artikel 14: „Dem Kaiser steht das Recht
zu, allen Dekreten der Konzilien und apostolischen Schreiben und
jeglicher Art kirchlicher Verordnungen das Placet (staatliche Genehmigung) zu erteilen oder zu verweigern." Und endlich im Straf-
gesetzbuch, Teil 2, Titel 1, Artikel 8: „Es ist unter Strafe von 3
bis 9 Monaten Gefängnis verboten, ohne vorhergängiges Placet
geistliche Gnaden, Auszeichnungen und Privilegien in der kirchlichen
Hierarchie von einer auswärtigen Macht (gemeint ist der Papst)
anzunehmen oder zur Vornahme irgend eines religiösen Aktes
sich Vollmacht erteilen zu lassen."

Darum sagt auch das Kollektivhirtenschreiben, das die
Bischöfe gleich nach Veröffentlichung des Trennungsdekretes erließen,
unzweideutig und unumwunden wie folgt:

„Die unter dem Deckmantel des Patronates, d. h. Schutzes von
seiten des Staates geübte Bedrückung der Kirche war unter uns
eine der hauptsächlichsten Ursachen des Verfalls und der fast voll-
ständigen Erschöpfung des kirchlichen Lebens. Sie äußerte sich
nicht bloß durch eine sozusagen ununterbrochene Reihe von Eingrif-
fen, sondern noch mehr durch ein System der Kälte, um nicht zu
sagen der Verachtung, das fast immer zutage trat, so oft sich die
Vorsteher der Kirche mit Forderungen an die Regierung wandten.
Es war etwas Gewöhnliches, die Diözesen lange Jahre hindurch
ohne Hirten zu belassen und weder den Hilferuf des Volkes noch
den Schaden der Seelen dabei zu beachten. Es bestand bei uns
sogar eine offizielle Begünstigung der Mißbräuche, welche den Greuel
der Verwüstung an heiliger Stätte einführten. Ein wahrhaft eiser-
nes Joch lastete dazu auf den religiösen Instituten, die doch eine
notwendige Blüte des christlichen Lebens sind, indem man staatlicherseits teils das Noviziat verbot, teils jegliche Reform der Klöster
hinderte und mit niedriger Gesinnung auf den Tod des letzten
Mönches lauerte, um auf das Eigentum der »toten« Hand räube-
risch die lebendige Hand zu legen."

Durch das Dekret der Trennung wurde eine Art Sklaverei aufgehoben, die Jahrhunderte lang die Kinder der Kirche, Bischöfe und
Volk, niedergebeugt hatte.

Dank der Trennung der Kirche vom Staat war die Kirche
wieder frei geworden.

Frei wurde der Papst bei Ernennung der Bischöfe, der Gründung neuer Diözesen und der Berufung der Konzilien.

Frei wurden die Bischöfe in ihrem Verkehr mit dem Papste
und untereinander; frei ferner in der Regierung ihrer Diözesen und

der Gründung von Seminarien, wie Errichtung und Besetzung der
Pfarreien.

Frei wurden die Priester in der Verkündigung der Glaubens=
dekrete und Hirtenbriefe, wie in ihrer gesamten Verwaltung.

Frei wurden die religiösen Orden und Kongregationen, und
niemand war es erlaubt, sich in ihre Angelegenheiten einzumischen.

Kraft der freiheitlichen Konstitution der Republik nahm sodann
der Klerus teil an allen bürgerlichen wie politischen Rechten. Alle
Geistlichen, mit Ausnahme der Ordensmänner, die das Gelübde des
Gehorsams ablegen, besitzen aktives und passives Wahlrecht und
können zu allen staatlichen Würden gelangen.

Allen Ausländern, selbst wenn sie Ordensleute sind, steht daher
fortan das ganze Land offen. Sie können Grundbesitz erwerben,
sich eines eigenen Gewandes bedienen, das Bürgerrecht erwerben
und jede Tätigkeit ausüben, die das Grundgesetz den eigenen Lan=
deskindern gestattet. Um diese Rechte und Freiheiten in ihrer ganzen
Bedeutung zu erfassen, genügt es, auf andere Länder, selbst katho=
lische, hinzublicken und einen Vergleich anzustellen.

Wie manche Länder gibt es, in denen die Freiheit der Bischöfe
durch eine „hohe Regierung" gehemmt und beschränkt ist! Wie viele
andere, in denen entweder nur weibliche Orden oder von männlichen
nur bestimmte Gruppen zugelassen werden! Brasilien kennt nichts
von dergleichen engherzigen Beschränkungen.

Wie viele andere, in denen der Unterricht der Jugend Staats=
monopol ist, und wo selbst für Errichtung von Wohltätigkeitsanstalten
eine Genehmigung einzuholen ist!

Nach dieser Seite hin ist die Kirche in Brasilien viel vorteil=
hafter gestellt. Sie kann Elementarschulen gründen, wo und
wie sie will. Sie kann Mittelschulen und selbst Universitäten
errichten, ohne daß sie dazu die Zustimmung der Regierung be=
nötigte, einfach auf Grund der von der Verfassung zugestandenen
allgemeinen Unterrichtsfreiheit. Und kraft eines anderen Gesetzes
können Privatanstalten, sobald sie es verdienen, den Regierungs=
schulen gleichgestellt werden und das Recht erlangen, das Abiturien=
tenzeugnis und andere Grade und Titel zu verleihen, die von der
Regierung, wie jene der Staatsanstalten, als gültig und ebenbürtig
anerkannt werden.

2. Eigentum.

Ein Zweites, was der Katholizismus durch die „Trennung"
verlor, waren die sogenannten „Subsidien", wie man dort die
Priestergehälter und Zuschüsse für Kirchenbauten nannte. Diese
„Subsidien" waren nicht sehr bedeutend; sie kamen durch die Tren=
nung in Fortfall. Doch ist hier festzuhalten, daß **das eigentliche
Kirchengut nie angetastet wurde. Was die Kirche bis dahin
besessen, blieb nach wie vor ihr unverletzliches Eigentum.**

Es verblieben ihr demnach alle Kultusgebäude nebst den etwa vorhandenen bischöflichen Palästen und Seminarien, und zwar selbst in dem Falle, daß sie ursprünglich aus Staatsmitteln waren hergestellt worden.

Es verblieben ihr ferner alle Ländereien, welche im Laufe der Zeiten durch Schenkung an Bischofssitze, Pfarreien, Bruder=schaften oder religiöse Institute gekommen waren und sich noch in deren Besitze fanden.

Neben diesem der Verwaltung des Diözesanbischofs oder des Pfarrers unterstehendem Besitztum wurden auch die Güter der kirch=lichen Bruderschaften für Eigentum der Kirche erklärt. Das Trennungsdekret beließ die Bruderschaften (Irmandades) zwar im Genuß ihrer Güter, unterstellte letztere aber vollständig der Diözesan=behörde in der Weise, daß sie gegen den Willen des Bischofs nicht veräußert werden durften und bei Auflösung der Bruderschaft an den Bischofsstuhl zurückfallen mußten.

Eine dritte Klasse von Kirchenvermögen bildete das Eigentum der religiösen Orden. Wurde dieses auch durch das Dekret nicht förmlich dem Bischof überwiesen, so galt es doch als eine Art Kir=chengut, dessen oberste Verwaltung der höchsten kirchlichen Behörde zustehe.

Wie man aus vorstehender Darlegung ersieht, hat die Kirche in Brasilien — die Subsi‿ien abgerechnet — alles behalten, was sie zur Zeit der Trennung besaß. Auch dem Erwerb neuen Be=sitzes wurde durch das Dekret keinerlei beengende Schranke gezogen, mit der einzigen Ausnahme, daß bei Erbschaften oder sonstigen Schenkungen die für alle derartigen Uebertragungen bestehenden Taxen zu bezahlen sind.

Es wäre auch durchaus verfehlt, anzunehmen, es sei das Kir=chenvermögen in der neuen Lage der Dinge schutzlos geworden, oder es könnten aufrührerische Pfarrer, Bruderschaften oder Ordens=leute das von ihnen besessene Kirchengut seiner Bestimmung ent=fremden. Dieselben Gesetze und Gerichtshöfe, die über dem Eigen=tum der Privatpersonen und Korporationen wachen, beschützen nämlich kraft der Konstitution auch das Kirchenvermögen; darum ruht letz=teres auf einer festen und rechtlich unanfechtbaren Grundlage, an die der Staat nicht rühren darf, ohne die ganze republikanische Ver=fassung umzustürzen. Daß er danach kein Verlangen trägt, zeigt schon das zuvorkommende Benehmen und selbst das Wohlwollen, das er bei vorkommenden Fällen unverhohlen an den Tag ge=legt hat.

Pater Schlitz bemerkt dazu: „Man sieht hieraus, daß die katholische Kirche in Brasilien für die Zukunft auf ihre eigenen Mittel angewiesen ist. Mag man nun auch den Wegfall der früheren Staatsleistungen beklagen, so muß man sich doch davor hüten, europäische Verhältnisse auf Südamerika zu übertragen und daraus Schlußfolgerungen zu ziehen, die keineswegs der Wahrheit ent=

sprechen. Man kann auch nicht sagen, die brasilianische Regie=
rung sei durch ein Konkordat oder wegen eingezogenen Kirchen=
gutes rechtlich verpflichtet, den Kirchendienern die früheren Ge=
hälter auszuzahlen; denn wie es kein Konkordat gab, so wurde
auch kein Kirchenvermögen in größerem Umfange eingezogen."

Von der französischen „Trennung" hebt also die brasilianische
Schwester sich sehr vornehm ab, da von einer systematischen Aus=
plünderung, wie wir sie in unserm Nachbarlande beklagen, in dem
ungeheuern südamerikanischen Reiche nicht geredet werden kann.

3. Oeffentliches Ansehen.

Endlich büßte die katholische Kirche bei der Verwirklichung der
Trennung in Brasilien die „Hilfe des weltlichen Armes" ein,
oder die Anwendung der staatlichen Zwangsmittel behufs Durchfüh=
rung der kirchlichen Gesetze und Strafurteile. Es steht jedoch fest,
daß der „weltliche Arm" weit öfter gegen, als für die Kirche in
Anwendung kam, wie der heiße Kulturkampf aus dem Jahre
1873 es klar genug bewies. Unter der Zeit des Kaisertums, also
vor der Trennung, hat der unerschrockene Senator Candido Mendes
de Almeida in seinem Werke über Zivil= und Kirchenrecht geschrie=
ben: „Die Kirche, die wir in Brasilien besitzen, ist eine Sklavin,
und eine solche ist der Spott des Jahrhunderts."

Ein Erfolg, den die Kirche in Brasilien seit der Trennung der
beiden Gewalten sich gesichert hat, ist die Wiederherstellung einer
achtunggebietenden Stellung und ein immerfort steigendes Ansehen
im öffentlichen Leben.

War unter dem Kaiserreich Bischof und selbst Primas nur ein
klerikal gekleideter Staatsdiener, so trat er nach Einführung der
Trennung als freier Mann und als Beamter einer gleichgestellten
Macht den Vertretern der Staatsregierung entgegen. Diese unab=
hängige Macht ist die große katholische Kirche und deren legitimes
Oberhaupt, der römische Papst. Auch als Republik anerkannte
Brasilien die Souveränität des Heiligen Vaters und unterhielt
mit ihm ständigen diplomatischen Verkehr. Und durch sie, d. h.
mit ihrer Zustimmung und zu gegenseitiger Befriedigung der beiden
Regierungen, wurde sogar die zu Rio de Janeiro bestehende Inter=
nunziatur zu einer regelrechten Nuntiatur erhoben.

Zu einem wahren Triumphzug gestaltete sich Ende 1904 und
Anfang 1905 die Reise des Apostolischen Nuntius nach den Nord=
staaten Bahia, Pernambuco, Maranhao, Ceara, Para und Ama=
zonas. Wie man es nicht für möglich gehalten hatte, wurde auf
ihr der Papst als der geistliche Vater Brasiliens in seinem Abge=
sandten gefeiert, und zwar nicht nur von seiten des gläubigen Volkes,
sondern auch, und mit noch größerem Glanze, von seiten sämtlicher
Behörden. Den Höhepunkt freundschaftlicher Gesinnung erreichten
aber die Kundgebungen der Regierung bei Gelegenheit der Ernen=

nung des ersten brasilianischen Kardinals. Nicht nur wurden ihm auf Staatskosten in Rom Quartiere eingerichtet und zur Verfügung gestellt, sondern auch der herzliche Empfang in Rio de Janeiro nahm einen durchaus offiziellen Charakter an, so daß man sich nicht genug darüber wundern konnte, in einem Lande, wo die Kirche vom Staate getrennt war, ähnlichen Veranstaltungen zu begegnen. Trennung von Kirche und Staat war somit nicht gleichbedeutend weder mit Abneigung und Feindseligkeit, noch mit Gleichgültigkeit und Kälte, und am allerwenigsten mit Geringschätzung und Verachtung.

Außer diesen Tatsachen, die wir dem Aufsatz des ausgezeichneten Brasilien-Kenners Schlitz entnehmen, lassen sich noch anführen der Besuch, den Präsident Campos Salles 1891 bei Leo XIII. machte, ehe er sein Amt antrat, die feierliche Einsegnung des neuen Hafens von Rio de Janeiro, wo der Erzbischof neben dem Präsidenten Rodrigues Alves amtierte, endlich ein Beschluß der Deputiertenkammer aus dem Jahre 1903, wo ein Kulturkampfantrag (Verfolgung der Klöster, Militärdienst der Geistlichen und Aufhebung der Botschaft beim Vatikan) abgelehnt wurde. (De Mun, Contre la séparation.)

* * *

Eine „Trennung" Brasiliens von der Religion, wie wir sie in Frankreich finden, **gibt es also gar nicht.**

Im Gegenteil ist gerade in diesem Lande ein sehr starkes, beinahe wunderbares Emporblühen der katholischen Kirche zu verzeichnen. Es tut sich dort eine Schaffensfreudigkeit kund, die alles fortreißt. Die Fortschritte auf dem Gebiete des kirchlichen Lebens, der Schulen, der Presse und Literatur, der Vereins-Organisation sind in den letzten Jahren großartige gewesen — und die Brasilianer haben gewiß dreimal Recht, wenn sie sich einen Vergleich mit dem gottesräuberischen Frankreich aufs entschiedenste verbitten.

Die Republik Genf.

Von allen Staaten der alten Welt genießt (neben Frankreich) der schweizerische Bundesstaat Genf als „Trennungs"domäne die meiste Berühmtheit. Am 15. Juni 1907 nahm der Genfer „Große Rat" (Parlament) das Gesetz über „Trennung von Kirche und Staat" im Prinzip an zugleich mit der Bestimmung, daß dasselbe einer Volksabstimmung unterworfen werden solle. Das allgemeine Referendum fand am 30. Juni statt. Mit 7656 gegen 6822 Stimmen ward die Vorlage auch vom genferischen Volke genehmigt. Artikel 1—4 des Gesetzes enthalten die materiellen allgemeinen Trennungsbestimmungen; Art. 5 Geltungstermin und Uebergangsvorschriften; Art. 6 und 7 Zusätze über den protestantischen und katholischen Kultus; Schlußartikel 8 Aufhebung bisheriger Gesetze. (Kahl, a. a. O.) Es trat in Kraft am 1. Januar 1909.

Auch die Trennung von Genf darf mit dem französischen Kul=
turkampf nicht auf eine Stufe gesetzt werden. Sie bedeutete für
die Katholiken in dem schönen Schweizer Südkanton eine wahre
Erlösung aus unwürdigen Fesseln und eine feierliche Wiedererstat=
tung von zahlreichem geraubten Kirchengut. Gerade weil diese
Trennung für die katholische Kirche bei weitem das mindere Uebel
war, haben die Katholiken in der großen Mehrzahl f ü r die Reform
gestimmt — also gewiß ein himmelweiter Abstand vom französischen
Verfahren.

Genf ist die Heimat des Calvinismus, der strengsten, intran=
sigentesten Form des Protestantismus. Bis 1798 durfte in der
Stadt kein öffentlicher katholischer Gottesdienst abgehalten werden.
Im Jahre 1815 wurden 21 katholische Gemeinden vom König von
Sardinien an Genf abgetreten. Aber schon damals wurde durch
den Wiener Kongreß (Protokoll vom 29. März 1815) und den
sogen. Turiner Vertrag (16. März 1816) ausdrücklich bestimmt, daß
die Katholiken des auf diese Weise mit Genf vereinten Gebietes
nie schlechter gestellt werden dürften, als in ihrem bisherigen Vater=
lande; man wollte verhindern, daß diese 21 Gemeinden auf Gnade
oder Ungnade der protestantischen Herrschaft ausgeliefert würden.
Die katholischen Kirchen, Schulen u. s. w., alles war völkerrechtlich
geschützt.

Ein heftiger Kulturkampf gegen die Katholiken entbrannte trotz
alledem im Jahre 1870, als der bekannte Minister C a r t e r e t ans
Ruder kam. Man suchte die Kirche durch die sogenannte „altkatho=
lische" Sekte, die um jene Zeit aufkam, zu ersetzen, resp. zu erdrücken.
Die „Altkatholiken" waren eine kleine Schar von Abgefallenen, die
sich von der römischen Mutterkirche angeblich wegen der „Unfehl=
barkeitserklärung des Papstes" getrennt hatten.

Diese Schismatiker wurden offiziell als „christkatholische Kirche"
vom Staat anerkannt, als im Jahre 1873 Genf vom Papst zum
selbständigen Bistum erhoben wurde (Msgr. Mermillod war der erste
Bischof). Die herrschende Partei in Genf, die ihre Vaterstadt um
jeden Preis als den traditionellen Hochsitz des calvinistischen Pro=
testantismus erhalten wollte, erkannte die Gründung des Bistums
nicht an; dem Bischof Mermillod wurde die Ausübung kirchlicher
Funktionen verboten, und später wurde der Kirchenfürst sogar aus
dem Gebiet der Schweiz ausgewiesen (S. Rothenbücher, S. 391).
Der „christkatholischen" Sekte, die auf der Seite des Staates gegen
den Bischof Stellung genommen hatte, übergab man die Kirchen,
die den Katholiken mit Gewalt weggenommen wurden; die recht=
mäßigen Geistlichen wurden von ihren Seelsorgestellen vertrieben,
der „Altkatholizismus", d. h. die Apostasie, rücksichtslos vom Staate
der Bevölkerung aufgedrängt, das k a t h o l i s c h e (aber n u r dieses!)
Kultusbudget wurde abgeschafft — alles flagrante Verletzungen der
Verfassung und der völkerrechtlich vereinbarten Vertragsbestimmun=
gen. Gegenüber diesen umstürzlerischen Maßnahmen des Genfer

Radikalismus mit Hülfe der protestantischen, demagogisch geleiteten Volksmehrheit gab es keine Rechtshilfe bei den eidgenössischen Behörden, die zwar gerne auf die Wiener Kongreßbestimmungen sich berufen, wenn es sich um die Garantie der ewigen Neutralität der Schweiz handelt, die aber den Verletzungen der Erklärungen desselben Kongresses, soweit die Interessen der katholischen Kirche in Betracht kamen, teilnahmslos gegenüberstanden. (Nach Universitätsprofessor Dr. Lampert in der „Schweizerischen Kirchenzeitung".)

Als der Rausch des Kulturkampfes vorüber war und der nüchterne Blick das hier angerichtete Unheil übersehen konnte, war man noch nicht ehrlich genug, das begangene Unrecht wieder gut zu machen, sondern ließ dasselbe auf sich beruhen. Auf diese Weise mußten die Katholiken zusehen, wie der Staat aus dem allgemeinen Steuergeld den Kult der Protestanten und des altkatholischen Häufleins bezahlte, während sie selbst für ihre sämtlichen Auslagen aufkommen mußten. Zwar rafften seit 1887 sich die Gemeinden selbst auf, um den Katholiken die ihnen entrissenen leeren Kirchen, welche der „christkatholischen" Sekte zugeteilt, aber von dieser in liederlichem Zustande gehalten wurden, wieder zu den gottesdienstlichen Uebungen einzuräumen (22 von 27 Kirchen), aber im übrigen blieb bis zum 30. Juni 1907 alles beim früheren Unrecht, trotzdem die katholische Bevölkerung allmählich die protestantische an Zahl überwog (allerdings nicht an der Abstimmungsurne, wegen der vielen nichtstimmberechtigten ausländischen Katholiken.)

Vor vier Jahren hatte der jetzt verstorbene Führer der Katholiken, Fontana, den Versuch einer Lösung der Kultusbudgetfrage gemacht, wobei **ohne Trennung** von Staat und Kirche der Staat für den Unterhalt sowohl der Landeskirche, als auch derjenigen freien Kirchen, die es verlangen, durch Erhebung einer Spezialsteuer bei den betreffenden Angehörigen dieser Kirche zu sorgen gehabt hätte. Allein die ler Fontana erhielt nicht die erforderliche Mehrheit im gesetzgebenden Großen Rate. Doch diente die Diskussion über diesen Gesetzentwurf dazu, die Ungerechtigkeit gegenüber den Katholiken ins rechte Licht zu stellen. Der Stein war doch ins Rollen gekommen. Das Wort „Trennung von Kirche und Staat" war in den Debatten auf fruchtbaren Boden gefallen.

Der Bewegung zu Gunsten der Trennung schlossen sich dann neben einem großen Teil der Katholiken auch ein Zweig der Protestanten an, die sog. „Pietisten" (oder Mômiers, wie man sie spottweise nannte), die sich 1834 von der kalvinistischen Nationalkirche abgesplittert hatten und dabei Verzicht auf allen Mitgenuß an dem Kirchenvermögen leisten mußten. (Lampert, a. a. O.)

Vor der Volksabstimmung kämpften die Kalvinisten am eifrigsten gegen die „Trennung", weil sie befürchteten, ihre Kirche werde, wenn sie einmal nicht mehr Nationalkirche sei, leicht sich in verschiedene Richtungen und Bekenntnisse spalten — ein Uebel, dem jede proteſtantiſche Religion, die nicht vom Staat zuſammen gehalten wird, auf die Dauer zum Opfer fallen muß!

Bei der Abſtimmung im Hohen Rat am 15. Juni 1907 gaben die radikalen Führer rückhaltlos zu, daß man im Kulturkampf von 1873 den Katholiken ſchweres Unrecht zugefügt habe, und daß man ihnen eine Genugtuung und eine **Wiedererſtattung** ſchuldig ſei. Aus dieſem Geiſte heraus — im ſchneidenden Gegenſatze zu Frank= reich — votierte man die ſog. „Trennung".

Auch Rothenbücher, der **nicht** auf katholiſch=kirchlichem Stand= punkt ſteht, muß anerkennen: ... „In Genf haben ſich die Katho= liken mit jenen Parteien (Radikalen und Sozialiſten) verbündet, um die Trennung von Kirche und Staat zu verwirklichen, während ſie das von denſelben Parteien in **Frankreich** durchgeführte Syſtem auf das Entſchiedenſte bekämpft haben. Es erklärt ſich dies einfach daraus, daß in Genf nicht die katholiſche Kirche (die war längſt mit Gewalt bei Seite geſetzt worden. D. Verf.) vom Staate getrennt werden ſollte, und daß **nur die Trennung die Mög= lichkeit gewährte, das tatſächlich beſtehende Mißver= hältnis** zwiſchen der numeriſchen Stärke der Katholiken (1905 zählte Genf 64 000 Proteſtanten und 75 000 Katholiken. D. Verf.) und der Behandlung ihres Kultes im Vergleich mit den andern Konfeſſionen zu **beheben."** (S. 393.)

*   *   *

Im neuen Geſetze wird übrigens die katholiſche Kirche förmlich genannt und anerkannt. Sie bleibt Beſitzerin ihrer Gotteshäuſer, ihrer Prieſterwohnungen uſw., die den Gemeinden zugehörigen Kirchen können ihr von dieſen abgetreten werden. Die ſchismatiſchen „Altkatholiken", deren man ſich 1873 bedient hat, um den Katho= lizismus zu unterdrücken, werden nicht mehr unterſtützt. **Eine ganze Reihe von geſtohlenen Kirchengütern kehrten aus den Händen der Apoſtaten in jene der rechtmäßigen Kirche zurück.** Außer= dem iſt beſtimmt, daß die Katholiken alle Güter, die heute noch den Schismatikern belaſſen ſind, zurückerhalten, wenn letztere ihren Kul= tus einſtellen. Die Sekte iſt bekanntlich am Ausſterben; es wird alſo wohl nicht lange mehr währen, bis der Katholizismus wieder in ſeine Rechte getreten iſt. Nun ſehen alſo die kirchentreuen Gläu= bigen endlich den Tag gekommen, wo ſie **tatſächlich gleichwertige Bürger** geworden ſind; denn bisher mußten ſie in ihren allgemeinen Staatsſteuern zur Unterſtützung der Proteſtanten und der Altkatho= liken beitragen, ohne ſelbſt auf Staatshülfe Anſpruch machen zu dürfen. Und doch iſt — wie geſagt — die Stadt Genf über die Hälfte katholiſch!

„Auf Grund der Verſammlungsfreiheit und des Vereinsrechtes kann der Kult ausgeübt werden und können ſich die Kirchen orga= niſieren." .. (Art. 2, Abſ. 1 des Trennungsgeſetzes.) Die Kirchen können die juriſtiſche Perſönlichkeit erlangen durch einfache Eintra=

gung in das Handelsregister, wo Namen, Sitz, Zweck, Organisation und Vorstand des Kirchenvereins angegeben werden. „Es bestehen keine zwingenden Vorschriften für die innere Organisation, über die Rechnungsablage und die Bekanntgabe der Bilanzen; auch sind die Vereine keinen besonderen Beschränkungen hinsichtlich des Vermögenserwerbs oder einer eigenen Staatsaufsicht un= terworfen. Auf Grund dieses gemeinen Vereinsrechts haben sich alle Freikirchen in der Schweiz organisiert und hat sich auch die katholische Kirche durchaus befriedigend eingerichtet.“ (Rothen= bücher, S. 394.) „Der Religionsunterricht wird in den öffentlichen Schulen auf Grund des Unterrichtsgesetzes vom 5. Juli 1886 als fakultativer Lehrgegenstand durch die Kultusdiener erteilt.“ (Rothen= bücher, S. 393.) Bei alledem denke man an Frankreich!

Ist also die „Trennung“, die der herrliche Schweizer Kanton eingeführt, eine Kirchenverfolgung oder etwa eine feierliche Absage an Gott und Religion? Mit nichten. Dieser kleine Staat hat sich sogar das Recht ausbedungen, auch in Zukunft die nationalen Zeremonien in der (protestantischen) St. Peterskirche ab= zuhalten; er hat die protestantisch=theologische Fakultät an der Staatsuniversität beibehalten. Also keine offizielle Gottesleug= nung! **Man „trennte“ eben, um soviel wie möglich den Ungerech= tigkeiten und unwürdigen Verhältnissen, die aus dem Kultur= kampf herübergekommen waren, ein Ende zu machen!**

Dieser neue Zustand der „Trennung“ ist als Befreiung bei weitem der früheren Feindschaft vorzuziehen, und deshalb allein begrüßte sie die katholische Kirche, obwohl sie grundsätzliche Geg= nerin der „Trennung“ ist.

Also auch hier kein Vergleich für Frankreich, kein Vorbild für unsere Freidenker!

Basel.

Aehnlich wie in Genf liegen auch die Verhältnisse im Kanton Basel. Auch dort hat man früher katholischen Kirchenbesitz zu Gunsten der Altkatholiken beschlagnahmt. Als staatliche „Landes= kirchen“ sind nur die Protestanten und die „Christkatholischen“ (Altkath.) anerkannt. Nur diese erhalten Staatszuwendungen; die Römisch=Katholischen, die beinahe ein Drittel der Bevölkerung aus= machen, beziehen keine Unterstützung aus der Staatskasse; sie bil= den lediglich eine „Freikirche“, müssen aber wohl durch ihre Steuern zum Unterhalt der beiden staatlichen Konfessionen beitragen.

Lange Jahre haben die Baseler Katholiken nach einer paritäti= schen Behandlung der Konfessionen verlangt. Wolle Basel nicht das Beispiel Genfs befolgen und dem Staatskirchentum den Ab= schied geben, so sei es eine elementare Forderung der Gerechtigkeit, daß es nicht die sämtlichen Steuerzahler die beiden „Landes=

kirchen" unterhalten lasse, zu welchen nur zwei Drittel der Bevölke=
rung sich nominell bekennen. Die Vertreter der Katholiken im
Baseler Großen Rate stellten deshalb am 1. November 1906 den
Antrag, der römisch=katholischen Kirche von Staats= und Rechts=
wegen ebenso eine Subvention zu gewähren, wie die beiden anderen
Konfessionen eine solche erhalten. Die Subvention solle mit Rück=
wirkung auf das Jahr 1907 in jährlicher Höhe von 40 000 Franken
gezahlt werden als ungefähre Rückerstattung derjenigen Beträge,
welche die Katholiken bis jetzt für die Kultuskosten der beiden
„Landeskirchen" zahlten. Ueber die Verwendung wollten die Katho=
liken der Staatsbehörde alljährlich Rechnung vorlegen.

Dieser Antrag wurde im Januar 1909 mit großer Mehrheit
gegen die Katholiken und einige wenige Freisinnige abgelehnt, da=
gegen wurde der Antrag der Regierung auf eine Revision der
Verfassung, d. h. eine Aenderung des verfassungsmäßigen Ver=
hältnisses zwischen dem Kanton und den „Landeskirchen" angenom=
men, auch mit den katholischen Stimmen. Diese Revision bedeutet
nicht die Trennung, sondern eine losere Verbindung, wobei die
„Landeskirchen" im Wege der Gütertrennung finanziell selbständiger
gemacht werden sollen. Den Katholiken mußte dann aber doch
mindestens eine Entschädigung für die so lange zu Unrecht gezahlten
Beiträge zugunsten fremder Kulte gezahlt und eine Ablösungssumme
für den Kirchenbesitz, der an die Altkatholiken verloren ging, ent=
richtet werden.

Die Regierung von Basel hatte übrigens bereits im September
vorgeschlagen, der römisch=katholischen Gemeinde als Entschädigung
ein Nutznießungsrecht an der St. Klarakirche unentgeltlich zu be=
stellen und ihr die Summe von 150 000 Franken aus Staatsmitteln
zuzuwenden. Denselben Betrag sollten die Altkatholiken erhalten.
Die entrechtete Kirche sollte also wenigstens, was die finanzielle Do=
tierung angeht, der einen privilegierten Landeskirche gleichgestellt
werden.

In pekuniärer Hinsicht wollte man also den Katholiken
wenigstens einigermaßen entgegenkommen. Anders war es, was
die öffentlich=rechtliche Stellung der Kirchen angeht.

Die Fraktion der katholischen Großräte hatte im Einverständnis
mit der Vorsteherschaft der römisch=katholischen Gemeinde an den
Großen Rat eine Reihe von sehr gewichtigen Abänderungsanträgen
zur Neugestaltung des Verhältnisses von Kirche und
Staat in Basel eingereicht, durch welche die Regierungsvorlage in
ihrer Hauptsache beiseite geschoben wird. Nach diesen Anträgen
sollten die reformierte, die altkatholische und die römisch=katholische
Kirche als öffentlich=rechtliche Korporationen anerkannt werden, wäh=
rend die Regierungsvorlage nur der reformierten und der altkatho=
lischen Kirche öffentlich=rechtlichen Charakter verleihen wollte. Diesen
drei Kirchengemeinschaften sollte — nach den katholischen Vorschlägen
— der ungestörte Besitz der von ihnen bisher benützten, im Staats=

eigentum stehenden Kirchen, Kapellen, Pfarrhöfe und Siegristen=
wohnungen zugesichert werden, wogegen diese verpflichtet wären, für
den Unterhalt selber zu sorgen; dem Staat war hierüber ein Auf=
sichtsrecht vorbehalten. Durch die Gesetzgebung sollte festgelegt wer=
den, daß den drei genannten Kirchen eine Kapitalausstattung zu=
kommen solle, nach Maßgabe der Zahl ihrer Bekenner. Durch
Gesetz sollte ferner das Gehalt der an öffentlichen Anstalten wirken=
den Geistlichen festgelegt werden, während andere Kultus= und reli=
giöse Zwecke vom Staat nicht mehr unterstützt werden sollten. Alle
anderen religiösen Gemeinschaften unterständen den Gesetzen des
Privatrechts, auch ihnen sollte eine einmalige Unterstützung zuge=
wiesen werden. Während die Regierungsvorlage das Gesetz bereits
im Jahre 1910 in Kraft treten lassen wollte, beantragte die Fraktion
der katholischen Großräte eine Verschiebung bis zum 1. Januar
1912, von welchem Tag an alle Kultusausgaben aus dem Staats=
budget wegfallen sollten, mit den bereits von der Regierung vorge=
schlagenen Ausnahmen. Sollten diese Vorschläge abgelehnt werden,
so schlug die Fraktion vor, es sollten die drei genannten Kirchen
nur privatrechtlichen Charakter erhalten. — Nach diesen Vorschlägen
wäre es also auch der römisch=katholischen Kirche möglich gewesen,
öffentlich=rechtliche Persönlichkeit zu erlangen. (Straßburger Post,
19. Dez. 1909. 3. Morgen=Ausgabe.)

Am 13. Januar 1910 verhandelte der Große Rat von Basel
über die Kultusvorlage. Auf die Anträge der Katholiken hin hatte
die Regierung vorgeschlagen, daß in Abänderung von Artikel 19 der
Basler Kantonalverfassung der protestantisch=reformierten
und altkatholischen Kirche öffentlich=rechtlicher Cha=
rakter verliehen werden solle, mit dem Recht der Steuererhebung
für ihre Kultusbedürfnisse und der vollständig selbständigen Verwal=
tung, während alle anderen Kirchen den Grundsätzen des Privat=
rechts unterstehen sollten. Die Möglichkeit, auch den Katholiken
den Charakter der öffentlich=rechtlichen Persönlichkeit zu sichern, sei
gescheitert — so behauptete der Sprecher der Regierung —, weil die
Katholiken sich nicht der einstweilen noch unentbehrlichen Oberauf=
sicht der Regierung unterstellen wollten.

Dr. Feigenwinter, der Wortführer der katholischen Frak=
tion, wendete sich in langer Ausführung gegen die Vorlage, die in
ihren Grundzügen für die Katholiken unannehmbar sei. Er stellte
noch einmal den Antrag, der Große Rat möge die Vorlage dahin
ergänzen, daß er auch der römisch=katholischen Kirche den Charakter
der öffentlich=rechtlichen Persönlichkeit verleihe.

Von freisinniger und liberaler Seite wurde die Zustimmung zur
Kabinettsvorlage erklärt, die sozialdemokr. Partei ließ die Erklärung
abgeben, daß sie grundsätzlich auf dem Boden der völligen Trennung
von Kirche und Staat stehe; im gegenwärtigen Augenblick halte sie
die Regierungsvorlage für eine praktische Lösung; sie sei dafür, daß
den römisch=katholischen Gemeinden der Charakter einer öffentlich=

rechtlichen Persönlichkeit nicht verliehen werde, denn sonst würden diese für eine spätere endgültige Trennung nicht zu haben sein. (!) Bei der grundsätzlichen Abstimmung über die Vorlage wurde letztere mit 104 gegen 18 Stimmen angenommen.

Ueber die Ungerechtigkeit, die in diesem Beschluß enthalten ist, schrieb damals die „Köln. Volkszeitung" (17. Januar 1910, Morgen= Ausgabe):

„Von den 40 000 Katholiken, einem Drittel der Kantonsbevöl= kerung, wurden im Hinblick auf diese Neuordnung Anträge gestellt, welche von der Erwägung ausgingen, daß sie es der Bedeutung und dem Ansehen der katholischen Kirche (auch in Basel) schuldig seien, ihre Konfession und Kirche nicht geringer und minderwertiger einschätzen zu lassen, als es Protestanten und Altkatholiken von ihrem Standpunkte aus für ihre Kirchen mit Recht tun. Das wäre aber der Fall gewesen, wenn sie sich nach dem regierungsrät= lichen Entwurf ohne Widerrede auch in Zukunft hätten als religiöser Privatverein behandeln lassen. Man denke die Mon= strosität: 40 000 Seelen, ein Drittel der Kantonsbevölkerung, ein gewöhnlicher Verein, während 3—4000 Altkatholiken öffentlich=recht= liche Korporationsqualität erhalten sollen!

Die Baseler Katholiken können sich bei ihrer Forderung auf einen Vorgang in St. Gallen und auf eine höchste gerichtliche Entscheidung berufen. Die St. Gallische Verfassung sieht nur die römisch=katholische und die evangelische als staatlich anerkannte Kirchen im Kanton an. Nun stellte die altkatholische Ge= meinde, als freie Gemeinde, das Begehren, als öffentlich=rechtliche Korporation anerkannt zu werden; denn, sagte sie, wenn sie auch nicht eine staatlich anerkannte Kirche sei, schließe dies die Berech= tigung auf den Anspruch als öffentlich=rechtliche Korporation nicht aus. Sowohl die Regierung, als der Große Rat von St. Gallen wiesen das Begehren der Altkatholiken ab, u. a. mit der Begrün= dung, daß, wenn man der altkatholischen Gemeinde die Anerken= nung als öffentlich=rechtliche Korporation verleihen wollte, trotzdem sie nicht staatlich anerkannte Kirche sei, man alsdann die gleiche Anerkennung auch jeder Sekte zu gewähren hätte. Die altkatho= lische Gemeinde St. Gallen rekurrierte hierauf an das Bundes= gericht, und dieses schützte trotz der obigen Einwendungen ihren Anspruch, der dann erfüllt werden mußte. Sachlich liegen die Ver= hältnisse in Basel gleich, nur daß dort bisher die evangelische und die altkatholische Kirche staatlich anerkannte Kirchen waren, dagegen die römisch=katholische freie Gemeinde.

Nachdem die Forderung der Baseler Katholiken vom dortigen Großen Rat abgelehnt ist, bleibt ihnen der Rekurs an das Bundes= gericht übrig.

Warum aber will die so überaus „liberale" und „freisinnige" Mehrheit den 40 000 Katholiken die öffentlich=rechtlichen Korpora= tionsrechte nicht gewähren? Sie verlangt Eingriffsrechte in die

innere Organiſation, die als eine Gewaltwillkür, als ein Hohn
auf den Katholizismus gekennzeichnet werden müſſen. Die
Neuen Zürcher Nachrichten erinnern an die Stellung der proteſtan=
tiſchen Kirche in einigen katholiſchen Kantonen, wie Freiburg und
Solothurn. In Freiburg iſt die Unabhängigkeit und Selbſtändig=
keit der proteſtantiſchen Kirche verfaſſungsrechtlich und geſetzlich ga=
rantiert. Das Geſetz für die reformierte Landeskirche von 1874
beſtimmt in Art. 2: »Die reformierte Kirche ordnet innerhalb der
Grenze des gegenwärtigen Geſetzes ihre auf Dogmen, Disziplin
und Organiſation bezüglichen Angelegenheiten ſelbſt.« Und Art. 3
fügt bei: »Der Staat übt keine anderen Rechte über die Kirche aus,
als diejenigen der öffentlichen Ordnung und der Oberaufſicht.
Er ſchützt die Kirche in der Ausübung ihrer Rechte und in der Er=
füllung ihrer Pflichten.« ...

Die wahre Toleranz, die größte Weitherzigkeit in religiöſen
Dingen zeigt ſich unter anderem alſo im katholiſchen Freiburg ....

Sollte es alſo keine Form und keine Formel geben, welche
es auch der katholiſchen Kirche erlaubt, ohne Verzicht auf ihre be=
ſondere Organiſation und ihr innerſtes Weſen ſich in ein öffentlich=
rechtliches Verhältnis zum Staate zu ſtellen? Nur ein wenig guten
Willen!" —

Unter dem 20. Januar 1910 ward dann der „Frankfurter Zei=
tung" aus Baſel berichtet:

„Der Große Rat beendete heute die erſte Leſung der Kir=
chenvorlage. Es wurden nur unweſentliche Abänderungen der
Regierungsvorlage vorgenommen. Die Dotation der römiſch=katho=
liſchen Kirche wurde auf 200 000 Fr. geſetzt (ſtatt der vorgeſehenen
150 000). Die Vorlage tritt am 1. April 1911 in Kraft."

Wir dürfen alſo die Lage in Baſel dahin reſumieren, daß eine
teilweiſe „Trennung" dort beſteht; vollſtändig iſt dieſe „Trennung"
nicht, weil der Staat ſich ſehr ſtarke Oberhoheitsrechte über zwei
öffentlich=rechtlich anerkannte Kirchen vorbehalten hat. Für die Ka=
tholiken hat dieſe „Reform" inſofern eine Beſſerung gebracht, als
ſie für frühere Benachteiligungen zum Teil entſchädigt worden ſind.
Weil aber der römiſch=katholiſchen Kirche der öffentlich=rechtliche
Charakter verſagt iſt, wird ſie dieſe Zurückſetzung immer als eine
Ungerechtigkeit empfinden. Das Ganze iſt nur eine halbe Maß=
regel, um aus den unhaltbaren Verhältniſſen, die ſich ſeit dem Ent=
ſtehen des Altkatholizismus gebildet hatten, herauszukommen. Die
Entwickelung der Dinge iſt übrigens noch nicht abgeſchloſſen. Man
darf wohl vorausſagen, daß ſpäter, wenn größere Toleranz ein=
getreten ſein wird, das Beiſpiel von Genf auch in Baſel nachge=
ahmt werden wird.

*   *   *

In der Schweiz beſtehen noch vielfach alte Ueberreſte von kul=
turkämpferiſchen Maßnahmen gegen die Katholiken; aber die

Trennung von Staat und Kirche ist außer in Genf und Basel noch nirgends vollzogen worden. Im Kanton Neuenburg ist eine dahingehende Vorlage am 20. Januar 1907 vom Volke **abgelehnt** worden.

Holland, Belgien, Italien.

Auch Holland wird manchmal im Zusammenhang mit der Separatistenbewegung genannt. Nachstehend, was der protestantische Universitätsprofessor Kahl (a. a. O.) bemerkt:

„Was hier (in Holland) am meisten den Eindruck einer Trennung hervorrufen konnte und verstärken mag, ist das Fehlen eines landesherrlichen Kirchenregiments über die protestantische Kirche. Auch sonst ermangelt es nicht an Zügen des Systems, namentlich im Schulwesen. Seit 1876 gibt es auch keine staatlich unterhaltenen theologischen Fakultäten mehr. Weiterhin finden wir nur mäßige Ansprüche einer staatlichen Kirchenhoheit und endlich überhaupt **eine Luft der religiösen Duldsamkeit, welche man tief und gern atmet.** Diese haben die Niederländer aus ihrer Geschichte sich bewahrt, einer Geschichte schwerster Kämpfe um die Freiheit von Kultus und Gewissen. **Jenen Anzeichen der Trennung stehen aber viele andere Tatsachen einer innersten öffentlichen Verbindung des Staates mit dem Kirchen= und Christentum zur Seite, welche das System im ganzen völlig ausschließen.**"

„Eine Luft der religiösen Duldsamkeit, welche man tief und gerne atmet" — wollte Gott, daß diese Luft auch in französischen Trennungskreisen herrschte!

Der Klerus ist in Holland vom Staat bezahlt, und durch Gesetzesbestimmung von allem Militärdienst befreit. Wenn es auch heißt, die Schule sei „neutral", so ist dieselbe doch nicht religionslos; sogar der Wortlaut der Gesetzgebung verfügt ausdrücklich, daß der Unterricht die Heranbildung der Jugend zu allen christlichen und sozialen Tugenden anstreben müsse.

*   *   *

Das kirchenpolitische System Hollands wird durch das Schlagwort „freie Kirche im freien Staat" bezeichnet.

Dieselbe Rechtsordnung liegt im großen ganzen auch in den Ländern **Belgien und Italien** vor. Die Gesetzgebung von 1830 hat in Belgien „nicht die Trennung von Staat und Kirche, sondern nur die Trennung der beiden Gewalten ausgesprochen. Im Grunde bedeutet das belgische System nur die Beseitigung der Eingriffe des Staats in die Gesetzgebung und innere Verwaltung der Kirche. Daneben ist die öffentlichrechtliche Organisation der Kirche sowie deren Unterhaltung aus öffentlichen Mitteln aufrecht erhalten worden. Es ist bekannt, daß in Belgien die katholische Kirche bei der größten Freiheit die glänzendste Stellung genießt" ...., sagt Rothenbücher (S. 400).

In Italien ist nach Art. 1 der Verfassung der Katholizismus Staatsreligion. Der Religionsunterricht wird von Lehrern (unter Aufsicht der kirchlichen Oberbehörde) in den Primärschulen erteilt, soweit dies von den Eltern verlangt wird, und bildet einen Gegenstand der Prüfung. Die Gemeinden und der Staat (Kultusfonds) kommen teilweise für den Unterhalt der Priester und des Kultus auf.

„Es ergibt sich aus dem Gesagten", schließt Rothenbücher seine diesbezüglichen Untersuchungen, „daß man von einer „Trennung von Kirche und Staat" in Italien nicht sprechen kann. Was bedeutet nun das Schlagwort von der »freien Kirche im freien Staate«? Es bezeichnet ein politisches System, nach dem das Recht der Gewissensfreiheit anerkannt ist, die aus dem strengen Staatskirchentum sich ergebenden Eingriffe des Staates in das Gebiet der geistlichen oder innern Kirchenangelegenheiten mehr oder weniger beseitigt sind, nach dem aber auch im übrigen der Staat, entsprechend der liberalen Staatsauffassung, freiheitlich organisiert ist, eine Reihe von Individualrechten, Vereins=, Versammlungs=, Preßfreiheit u. s. w. anerkennt, vor allem aber eine repräsentative Verfassung hat." (S. 424.)

Irland und England.

Die „grüne Insel" Irland war Jahrhunderte lang ein Schauplatz für Katholiken=Entrechtung und =Verfolgung. Man drängte dem katholischen Lande mit Gewalt die anglikanisch=protestantische Hochkirche als offizielle Staatsreligion auf, der man die reichsten Unterstützungen zuwandte und alle Privilegien einräumte, während die Katholiken ausgesogen und wie Parias behandelt wurden. Die Erbitterung des katholischen Volksteils gegen den Druck der englischen Hochkirche ist also erklärlich. Die Emanzipation der Entrechteten begann gegen Ende des 18. Jahrhunderts, aber erst im Laufe des 19. Jahrhunderts trat eine ernste Erleichterung ein.

Der Ungerechtigkeit auf kirchenpolitischem Gebiete wird endlich besonders durch die „Trennung" ein Ziel gesetzt, die hier im katholischen Irland nichts anders bedeutet, als die Aufhebung der englisch=protestantischen Hochkirche (durch Gladstone im Jahre 1869). Es ist also hier keine große, das Volk beherrschende Volkskirche entstaatlicht worden, sondern es wurde lediglich eine staats=kirchliche, protestantische Organisation, die mit den Interessen der großen Mehrheit des Volkes in Widerspruch stand, beseitigt. Der protestantische Klerus wird nicht mehr staatlich besoldet, und die anglikanische Kirche wird auf den Boden des freien Vereinsrechts gestellt, auf dem die katholische Kirche, die weitaus die meisten Irländer umfaßt, sich schon längst eingerichtet hat.

Aber auch diese Trennung von Staat und protestantischer Kirche ward nicht nach französischem Muster durchgeführt. Die Anglikaner erhielten als Entschädigung für das Kultusbudget die Summe von 75 Millionen Mark, die 1869 amtierenden Prediger behielten ihr volles Gehalt; die Kirchen, Schulhäuser, Friedhöfe und Kirchen= ländereien wurden beinahe alle dem Kultus erhalten. Für Religion und Gottesdienst herrscht eine weitherzige, wohltuende Freiheit.

Die irische „Trennung" war für die katholische, so lange tyran= nisierte Insel eine wirkliche Wiedergeburt, die Beseitigung eines schweren Joches. Die Verbindung zwischen Staat und Religion ist aber hier — wie Prof. Kahl a. a. O. sagt — **keineswegs grund= sätzlich gelöst.** In Staatsschulen unterrichten vielfach Ordensleute, das kirchliche Eherecht hat bürgerliche Wirkung, die Friedhöfe sind meist konfessionell u. s. w. u. s. w.

*　　*　　*

England und Schottland haben auch heute noch ein offiziel= les Staatskirchentum, England zugunsten der anglikanischen (protest.) Kirche, Schottland zugunsten der presbyterianischen (eben= falls protest.) Kirche.

Zwar besteht besonders in England eine Strömung, die die „Trennung" herbeiführen will; sie ist vor allem vertreten durch die sogenannte „Liberation Society". Diese Bewegung bezweckt die Abschaffung der englisch=protestantischen Kirche als Staatsreli= gion. Aber selbst wenn dieses Ziel je erreicht würde — was jeden= falls bei dem konservativen Charakter des Volkes noch in weitester Ferne liegt —, so würde sich daraus nie eine „Laizifierung" des englischen Staates entwickeln. Der Engländer ist tief religiös, der offizielle Abfall vom Christentum erschiene ihm als eine Unge= heuerlichkeit. Gerade der Katholizismus hat in den letzten Zeiten so großartige Fortschritte in diesem toleranten und konservativen Lande gemacht, daß von einem Rückgang des religiösen Geistes nicht gesprochen werden kann.

Es bleiben uns als „Separations"=Länder mit christlicher Be= völkerung nur noch einige amerikanische Republiken, die man aber schon nicht mehr als moderne, fortgeschrittene Reiche an= rufen kann.

In

Mexiko

wurde 1873 (nach der Erschießung des Kaisers Maximilian) bei der Gründung der Republik auch die Kirche vom Staate getrennt. Schon vorher, besonders im Jahre 1856, waren sektiererische Berau= bungsmaßnahmen gegen die Kirche ergriffen worden. Die „Tren= nung" von 1873 war das Resultat einer antimonarchischen Revolution, die mit der Brutalität der mittelamerikanischen Aufstände durchge= führt war. „Auch hier . . . . entspringt die Ignorierung der reli= giösen Tatsachen jener Geistesrichtung, die hierin ein wichtiges Kampf= mittel gegen die katholische Kirche erblickt", sagt Rothenbücher (S. 357). Religiöser Unterricht darf in den Schulen nicht erteilt

werden. Man lehrt dort „Moral" ohne Beziehung auf irgend eine
Religion. Die religiöse Betätigung außerhalb der Kultusgebäude ist
verboten. Den Kultusdienern ist es untersagt, außerhalb der Kir=
chen eine besondere Tracht oder besondere Abzeichen zu tragen. An
Stelle des Eides kann das einfache Versprechen, die Wahrheit zu
sagen, mit denselben Wirkungen treten, dazu eine strenge Kultus=
polizei. Das ganze frühere Kirchenvermögen ist der Kirche verloren
gegangen; die Möglichkeit, Eigentum an Grundstücken u. s. w. zu
erwerben, ist ausgeschlossen. Dazu Kanzelparagraph, Entrechtung
der Orden u. s. w.

Die Revolutionäre von 1873 haben hier eine Arbeit geleistet,
die derjenigen der heutigen französischen Jakobiner würdig an die
Seite gesetzt werden kann. Mexiko ist sogar das einzige Land,
dessen „Trennungsgesetzgebung" wirklich mit dem Werke Briands
gewissermaßen gleichgestellt werden kann. Die Franzosen haben ge=
wiß keinen Grund, auf diesen Umstand stolz zu sein. Mexiko ist
gewiß kein Reich, das in der Zivilisation hoch dasteht; ein ent=
wickeltes Kulturland ist es nicht. 32 Jahre lang stand das Bei=
spiel der mexikanischen Revolutionsmänner vereinzelt da, bis es von
der französischen Loge nachgeahmt wurde.

Einen weitern Nachfolger haben bis heute diese beiden Gesetz=
gebungen noch nicht gefunden.

Sonderbarerweise sah man in Mexiko in der Trennung einen
ersten Schritt zur spätern Abschließung eines — Konkordates mit
Rom. Die Republik erklärte sich bereit, einen Vertrag mit dem
Papst einzugehen, doch fand bis heute eine vollkommene Verstän=
digung noch nicht statt.

Die Mexikaner scheinen also in dieser Hinsicht doch den entgegen=
gesetzten Weg: Von der Trennung zum Konkordat! gehen zu wollen
wie die Franzosen. (De Mun, Contre la Séparation p. 117.)

Die Republik Ecuador,

die unter dem katholischen, energischen Präsidenten Garcia Moreno
(ermordet am 6. August 1875) so rasch emporgeblüht war, bietet in
den letzten Jahren nur mehr ein Zerrbild ehemaliger Größe. Nach
1895 begann dort ein furchtbarer Kulturkampf mit Ausweisung der
Orden, Zerstörung der Missionen. Die „Trennung" besteht dort
formell seit 1904. Die Staatsschulen sind verweltlicht; doch besteht
Unterrichtsfreiheit. Das bestehende Kirchengut bleibt erhalten und
untersteht einer staatlichen Verwaltung, die weitgehende Befugnisse
besitzt. Kanzelparagraph und Unterbindung der Orden fehlen natür=
lich nicht.

Eine eigentlich vollkommene „Trennung" liegt dadurch nicht
vor, daß der Staat das Kirchengut seinem Zweck gemäß verwaltet
und so gewissermaßen für die Bedürfnisse des katholischen Kultes
durch öffentlich=rechtliche Normen sorgt. Doch ist die gesetzliche Or=

ganisation der Kirche beseitigt. (Siehe Rothenbücher, S. 372 und 373.)

Das arme Land, das schon so viele Bürgerkriege gesehen hat, ist übrigens von Korruption und Anarchie zerrissen.

Ein europäisches Volk hätte gewiß Unrecht, aus diesem halb= wilden Lande seine Muster herzuholen. —

Sollen wir noch die heidnischen Länder behandeln, die hier angeführt werden?

Japan,

das ostasiatische England und der Besieger Rußlands, ist im Be= griffe, mit den übrigen Nationen in Wettbewerb zu treten.

Immerhin besteht auch dort keine Trennung von Staat und Religion. Der Shintoismus, Buddhismus, Konfuzianismus durch= dringen das ganze öffentliche Leben. Was aus diesem eigentüm= lichen Lande später noch werden soll, läßt sich noch nicht voraus= sagen. Alles ist dort noch in Gährung, das Volk selbst steht kulturell noch nicht auf der Höhe Europas; zwei Drittel der Kinder erst besuchen die Schulen. Der Werdegang Japans ist also noch nichts weniger als abgeschlossen.

Seitdem Japan den russischen Koloß niedergerungen hat und in kraftvollem Aufstieg nach der Führerschaft und Herrschaft über die ostasiatische Welt strebt, ist es der vielgepriesene Liebling der westeuropäischen Schwärmer für eine religionslose Kultur ge= worden. Dieser unvergleichliche Aufschwung Japans soll ja die Ueberflüssigkeit der Religion, ganz besonders des Christentums, für die wirtschaftliche Kultur dargetan haben.

Alle äußere Zivilisation ist jedoch hinfällig, falls nicht zu der= selben die innere Kultur tritt, die sittliche Veredlung der Menschen. Hierzu sind die religiösen und sittlichen Ideale des Christentums von unersetzlicher Bedeutung. Auch für die ostasiatischen Völker, Chine= sen und Japaner, wird es vor allem darauf ankommen, ob sie diese kennen lernen und in sich aufnehmen.

Wer behauptet, man empfinde in jenen Völkern nicht das Be= dürfnis nach solchen Idealen, der lasse sich belehren von einem der größten geistigen Führer des japanischen Volkes, dem Grafen Okuma, dem frühern Minister des Aeußern. Auf dem Gebiete des Unterrichts, der Schule und der Erziehung ist Okuma als einer der großen Reorganisatoren Japans ebenfalls eine der ersten Auto= ritäten seines Volkes. Bei ihm aber sehen wir nichts von jener sicheren Selbstzufriedenheit, welche westeuropäische Freidenker dem modernen Japan in Sachen der Religion nachsagen. Trotz aller äußeren Erfolge, ja, selbst angesichts des glänzendsten Schau= spiels hingebendster Pflichttreue, das der japanische Soldat gegeben, redet dieser Mann von dem Mangel eines moralischen Maß= stabs, der gerade auf dem Gebiete der Erziehung schmerzlich empfunden werde. Unter den Mängeln der japanischen Erziehung führt er auch folgendes an:

„Eine dritte große Schwierigkeit der japanischen Erziehung liegt in dem Mangel eines moralischen Maßstabs. Physischer und literarischer Maßstab ist vorhanden, aber die Restauration hat die einheitliche Religion zerstört. Für die oberen Schichten blieb wohl die chinesische Philosophie; aber für die große Masse des Volkes besteht in Wirklichkeit nichts mehr. Da erhebt sich die schwere Frage, was an die Stelle des Alten treten soll. Im Abendlande gibt das Christentum die moralische Richtschnur. In Japan möchten einige zum alten nationalen Glauben zurückkehren, dem der Patriotismus zuzugesellen wäre, andere wollen das Christentum annehmen, und wieder andere lehnen sich an Kant und andere Philosophen an. **Alles befindet sich in einem Stadium der Verwirrung.** Wenn uns ein großer Mann und ein Führer der Menschheit erstände, würde uns eine Entscheidung leichter fallen. Ein solcher Mann, sei er von daheim oder von außerhalb, tut uns not. So wie die Verhältnisse jetzt liegen, scheint die Schwierigkeit fast unüberwindlich." (bei Dahlmann, Indische Fahrten, Freiburg 1908, II, 427 f.)

Was sagen zu diesem Urteil die Wortführer einer religionslosen Moral, einer „Trennung" von modernem Staat und Religion? Das ist ja der Freidenker ewiges Geschrei, daß der Maßstab für das sittliche Tun des Menschen von selbst gegeben sei, daß dieses „selbstverständlich" sei, jedenfalls die Religion nicht in Frage kommen dürfe; jetzt bestätigt ihnen ein Mann, der geistige Führer eines Volkes, das sie als Beweis für die Richtigkeit ihrer Anschauung auszugeben pflegen, das Gegenteil; dieses Volk leidet unter dem Mangel eines moralischen Maßstabs und es empfindet diesen Mangel gerade auf dem Gebiete des Unterrichts und der Erziehung.

Für die Wortführer einer religionslosen Moral und Erziehung, für die „Trennung" der modernen Gesellschaft und Gott eine empfindliche Enttäuschung! Denn wo der moralische Maßstab fehlt, ist alle Moral in Frage gestellt. (Apologet. Korrespondenz, M.-Gladbach, 1908, Nr. 46.)

Ueber die religiöse Frage, speziell über die brennende Unterrichtsfrage in Japan, bemerkt auch ein protestantisches Blatt, die „Allgem. evang.-luth. Kirchenztg." (1909, Nr. 23):

„Dort hatte man in den Schulen nur Moralunterricht eingeführt, aber das Fazit war negativ. Die Märznummer der C. M. S. Gazette schreibt darüber: »Es besteht eine nicht unbegründete Aussicht auf Einführung von Religionsunterricht in den japanischen Schulen. Der Unterrichtsminister hat vor kurzem in einem Bericht offen zugegeben, daß der bisher in allen Regierungsschulen erteilte Moralunterricht sich als völlig ungenügend erwiesen und den Zweck einer moralischen Erziehung verfehlt habe. Begreiflicherweise hat sich an diese Aufsehen erregende

Erklärung eine lebhafte Erörterung in der japanischen Presse, in pädagogischen Vereinigungen u. s. w. angeschlossen, und mit wenigen Ausnahmen stimmt man überall dem Minister zu, daß bei den sehr unerfreulichen sittlichen Zuständen etwas mehr als Moralunterricht nötig sei und Religionsunterricht, buddhistischer oder christ= licher, eingeführt werden müsse.« ... Man verlangt in christlichen Landen die Entfernung des Religionsunterrichts aus der Schule, und in einem heidnischen Lande, wie Japan, gesteht man offen, daß man mit der religionslosen Schule Fiasko gemacht hat." —

Es wäre also sehr verfehlt, wenn man aus Japan, das erst im Anfang seiner Entwickelung steht, ein Exempel für unsere Verhält= nisse herbeiziehen wollte.

* * *

Wir dürfen also behaupten, daß jenes Attentat, das Frankreich mit seinem Trennungsgesetze an der katholischen Kirche begangen, ohne Beispiel in allen entwickelten Kulturländern dasteht.

Es wird ewig das Schandmal an der französischen Freimaurerei hängen bleiben, zuerst in dieser Hinsicht mit einer ganzen christ= lichen Vergangenheit und zugleich mit den Grundsätzen staatlicher Gerechtigkeit gebrochen zu haben.

Das war die These, die wir in diesem Kapitel nachweisen wollten.

Schluß.

Lernet von Frankreich!

Die ganze katholische Welt schaut seit einigen Jahren auf das schöne, reiche Land an der Seine, Loire und Rhone. Bitterkeit befällt jedes Herz bei diesem Anblick; denn man gewinnt den Eindruck, als ob die große, ritterliche Nation, die sich stolz die älteste Tochter der Kirche nannte, im religiösen Leben hoffnungslos und rasch dahinsieche. Schlag auf Schlag ist ja in neuerer Zeit gegen die unglückliche Kirche dieses Landes erfolgt.

Es kamen Wahlen zum Senat, zur Deputiertenkammer, zu den Gemeinderäten. Diese Wahlen standen ganz unter dem Zeichen der kirchenpolitischen Fragen, die Wähler mußten sich für oder wider die Verfolgungsministerien aussprechen, und wohl die meisten Zuschauer im Auslande hatten erwartet, daß bei dem fanatischen Kulturkampf, bei all den Ungerechtigkeiten von seiten der Regierungsleute, die ja ganz offen der Freimaurerloge folgen, ein Rückschlag zum Bessern im Volke sich geltend machen würde, und daß in dem Maße, als der barbarische Kloster- und Kirchensturm fortschritt, das Ansehen der leitenden Männer abnehmen würde. So war es in Deutschland im Kulturkampf gegangen; dasselbe erwarteten die Meisten auch hier.

Heute muß ein Jeder sich eingestehen, daß dem nicht so ist. Die Wahlen **fallen immer schlechter aus.** Die letzten Jahre haben dafür Belege genug gebracht.

Immer mehr Abfälle, mehr politische und soziale Verflachung! **Woher diese Erscheinung?**

Die Hauptschuld tragen daran die voltairianischen und liberalen Ideen, die alles Gute, alle kirchliche Organisation pulverisierten und die tiefe Kluft zwischen Klerus und Volk hervorriefen. Die Grundsätze der Revolution von 1789 arbeiteten im 19. Jahrhundert mit furchtbarer Sicherheit immer weiter; langsam, aber hartnäckig griff der Indifferentismus der Gelehrten vom 18. Jahrhundert in die breiten Schichten der Nation ein.

Ganze Gegenden sind längst dem Glauben entfremdet, in sehr vielen Ortschaften lebt kaum noch ein Prozent der Männerwelt nach

katholischer Lehre, die Arbeiter sind zum größten Teil der Religion
verloren gegangen.

Gewaltige Anstrengungen machte die Kirche, um dem Verderben
Einhalt zu gebieten. Man denke nur an die unerreichte Opferwil=
ligkeit auf dem Gebiete der Charitas, an die unzähligen katholischen
Primärschulen, Gymnasien und Universitäten, an die großen Bischöfe
und eifrigen Priester, die im vorigen Jahrhundert in Frankreich
arbeiteten, und man wird nicht zu hart urteilen. Daß heute nicht
mehr Erfolg aufzuweisen ist, liegt vor allem daran, daß das Volk,
Bauern und Arbeiter und Bürger, in entsetzlichen Massen abgefallen,
bezw. gleichgültig ist, und diese Erscheinung ist vor allem auf die
Verheerungen des wie ein langsames Siechtum wirkenden Liberalis=
mus und Freigeistertums zurückzuführen.

Zwei Uebel haben das Land langsam unterwühlt, ehe man an
einen Kulturkampf dachte: die Entweihung des Sonntags und
der Ehe! Die schlechte oder die farblose Presse überwucherte ferner
allmählich das ganze Land; wenn jetzt noch die Generation der
Staatsschulen heranwächst, dann möchte man beinahe den Mut
und den Glauben an ein katholisches Frankreich gänzlich verlieren!

Nicht früh genug haben sich die Franzosen gegen die Ueber=
schwemmung des Unglaubens, gegen die Brachlegung des priester=
lichen Einflusses im öffentlichen Leben gewehrt; auch heute noch fehlt
eine Aktion, die alle Guten zusammengeschlossen hat, ein ausreichen=
des, geschultes Führerkorps, kurz: genügende Organisation.
Freilich wird es schwer sein, jemals in einem Lande, das nur mehr
zu einem Viertel praktisches Christentum übt, eine Organisation zu
schaffen, die auf die politischen und sozialen Geschicke entscheidenden
Einfluß gewinnen könnte.

Und doch heißt die Losung: Nie verzweifeln! Im Episkopat
und Klerus, im treugebliebenen katholischen Volksteil regt sich neue
Tatkraft, frischer Mut. Die vielen, herrlichen Diözesankongresse
legen von der Neubelebung ein Zeugnis ab. Ueber die weitere
Entwickelung der Dinge läßt sich jedoch schwer ein Urteil fällen.

Vielleicht wird erst, wenn die Nation am Rand des Ab=
grundes, des Verderbens angekommen sein und schwere Leiden
durchgemacht haben wird, die Missionstätigkeit der nie ver=
zagenden Kirche gerade wieder unten im Volke einsetzen und ein
warmes, lebenskräftiges Christentum wieder einführen können; — —
vielleicht auch wird die Verfolgung, die ja voraussichtlich **noch lange
nicht zu Ende ist,** endlich doch viele Laue wieder aufrütteln und
offenbaren, daß doch noch ein gesunder Kern von Männern vor=
handen ist, die mit Energie die Regeneration ihres Vaterlandes
in die Hand nehmen. —

An die Katholiken Deutschlands

Alle christlichen Völker haben heute die Pflicht, gegen die Flutwelle des neuen Kulturkampfes, der unter dem Namen „Trennung von Kirche und Staat" von Frankreich sich heranwälzt, starke Dämme zu errichten.

Auch in Deutschland gibt es Leute genug, die mit süßlicher Miene der Bevölkerung vortäuschen, durch die „Trennung" beginne eine Zeit des „nationalen Fortschritts", eine „Periode allgemeinen Aufschwungs", eine „Aera des Friedens zwischen Staat und Kirche"!

Ein Narr, der das glaubte! Es hat ja längst Frieden gegeben. Warum kommen heute Sozialisten und Freidenker, um dieses hehre nationale Gut zu vernichten?

Darüber darf sich kein Katholik Illusionen machen, daß die Radikalen, die so laut nach „Trennung" schreien, eine amerikanische Trennung nicht einführen wollen. Eine solche ist übrigens auch **gar nicht möglich**, weil der Staat ewige Verpflichtungen gegen die Kirche hat, und eine „Trennung" immer auch eine Ausraubung sein müßte.

Es ist gewiß nicht uninteressant, die Stellung der deutschen **Sozialdemokratie**, jener Partei, die über die größte Zahl Wähler im deutschen Reiche verfügt, ins Auge zu fassen. Der Sozialismus hat auch diese Forderung der „Trennung" vom Liberalismus, seinem geistigen Vater, übernommen. Das Erfurter Programm fordert in Punkt 6 „Erklärung der Religion zur Privatsache, Abschaffung aller Aufwendungen aus öffentlichen Mitteln zu kirchlichen oder religiösen Zwecken. Die kirchlichen und religiösen Gemeinschaften sind als private Vereinigungen zu betrachten, welche ihre Angelegenheiten vollkommen selbständig ordnen". Nach Punkt 7 soll die Schule „verweltlicht" werden.

Schon diese beiden Punkte beweisen, daß die deutsche Sozialdemokratie eine Trennung nach amerikanischem Muster nicht will. Denn in Nordamerika ist durch die Trennung kein Kultusbudget weggeräumt worden, was in Deutschland aber der Fall sein würde. Mit keinem Worte wird im Erfurter Programm erwähnt, daß man die Kirchen für das ausfallende Kultusbudget entschädigen will.

Die nordamerikanische Union ist seit Anfang ihren Bestehens „Trennungsland"; ihre eigenartigen politischen Verhältnisse zwangen sie gewissermaßen dazu, es zu sein. Deutschland aber hat eine andere Vergangenheit; das Verhältnis zwischen Kirche und Staat ist dort gemäß seiner geschichtlichen Tradition der „Trennung" wesentlich entgegengesetzt. Es müßte also ein gewaltsamer Bruch mit den säkularen Ueberlieferungen des Landes vollzogen werden; ohne schwere Beraubung und Vergewaltigung des Volksgewissens ließe sich die „Trennung" hier nicht ausführen. Eine solche Reform kann im deutschen Reiche nie durch eine andere treibende Kraft eingeführt werden, als durch den atheistisch-materialistischen Geist, der die Basis des Sozialismus bildet. Das Rezept zu einer deutschen „Trennung" wird also wohl aus Frankreich, nicht aber aus Nordamerika her bezogen werden müssen.

Daß die „Trennung" in Deutschland eine Kirchenverfolgung, einen Kulturkampf bedeuten würde, erhellt auch aus der Forderung der „Verweltlichung der Schule", ohne die sich kein Sozialdemokrat oder Liberaler die Reform denken kann. In diesem Punkte würde die „Trennung" noch gehässiger, als sie es heute selbst in Frankreich ist: denn Deutschland hat keine Unterrichtsfreiheit, wie Frankreich und übrigens alle Trennungsländer sie besitzen. Die Eltern hätten also für ihre Kinder keine Wahl zwischen einer ungläubigen Staatsschule und einer freien, christlichen Schule. Ein Attentat auf die Religion, wie es sich schlimmer nicht ausdenken läßt! Wenn schon die „Trennung" in Ländern mit staatskirchlicher Vergangenheit von sehr großem Nachteil ist, was soll man erst sagen von jenen Reichen, die mit dem Unterrichtsmonopol ein furchtbares Mittel an der Hand haben, um die Religion selbst in wenigen Jahrzehnten fast gänzlich auszurotten?

Freilich muß hier bemerkt werden, daß nicht alle Parteigrößen der Sozialdemokratie sich die „Trennung" in ihren Einzelheiten in gleicher Weise vorstellen. Karl Kautsky beabsichtigt, eine besondere sozialistische Kirchenpolitik zu entwickeln, die als eine Teilerscheinung des proletarischen Klassenkampfes ans ihm heraustritt und völlig unabhängig ist vom bürgerlichen Antiklerikalismus. Die Sozialdemokratie stehe der Kirche als einem Mittel der Klassenherrschaft (?) wie der Bureaukratie (!), dem Militarismus (!) feindlich gegenüber. Sie müsse vor allem die Aufhebung der „Privilegien des Klerus" (?), sowie die Beseitigung der Stellung der Kirche in der Schule anstreben. Doch muß man zugeben, daß Kautsky sich gegen jede Einschränkung der Vereinsfreiheit wendet, durch die die Kongregationen unterdrückt werden sollen. Desgleichen verwirft er die durch die französische Gesetzgebung vollzogene Ausschließung der Kongregationen von der Erteilung des staatlichen Schulunterrichtes. (Kautsky, „Die Sozialdemokratie und die katholische Kirche", zitiert nach Rothenbücher, S. 111.) Aber würde Kautsky so folgerichtig das Prinzip der Freiheit vertreten, daß er überhaupt das staatliche Unterrichtsmonopol verwirft? Wir sind der Ansicht, daß nie ein sozialdemokratisches Regiment den Kirchen das Recht einräumen wird, vollberechtigte christliche Schulen zu gründen. Eine solche, weitherzige Unterrichtsfreiheit verträgt sich nun einmal nicht mit der Idee des Zukunftsstaates, der nun einmal als eine Art Sklavenstaat gedacht ist, da ja alle Menschen in ihrer Individualität vom Staatsgebilde absorbiert werden und alle darum auch nach der Weltanschauung des herrschenden Staatsregimes erzogen werden sollen.

Der sozialdemokratische Führer Bebel sagt es überhaupt mit
herzerquickender Offenheit, daß seine Partei sich die Trennung nach
nordamerikanischem Muster bei weitem nicht als ein Ideal denkt!
Er schreibt:

„Gibt der Staat nicht nur die Freiheit der Gewissen zu, was
er soll und muß, sondern auch die Freiheit der Erziehung, wie dies
in Nordamerika der Fall ist, so ist die notwendige Folge, daß
die Kirche sich der Erziehung bemächtigt und ihren unheilvollen
Einfluß ausübt, wie sich das tatsächlich in den Vereinigten Staaten
Nordamerikas herausgestellt hat." („Glossen", Berlin 1902, 3. Auf=
lage, S. 28.)

Die Rechte der nordamerikanischen Kirche, vor allem ihr Ein=
fluß auf die Erziehung der Jugend, ist also dem sozialistischen
Atheisten ein Greuel. Damit reimen sich sehr schlecht die Phrasen von
„Freiheit der Gewissen" und „Toleranz". Das Ziel der sozialistischen
„Trennung von Kirche und Staat" ist zweifelsohne auch in Deutsch=
land eine öffentliche Absage an Gott, eine Beraubung und Entrech=
tung der Kirche, vor allem auch die zwangsweise, staatliche
Heranziehung eines ungläubigen Geschlechtes.

Also gewiß kein „schiedlich=friedliches" Verhältnis zwischen bei=
den Gewalten!

Zu dem Kapitel „sozialdemokratische Flunkereien" gehört die
Agitation mit einem Ausspruch Windthorst's, wonach dieser sich auch
für die völlige Trennung „nach amerikanischem Muster" ausge=
sprochen habe.

„Es wird dabei natürlich verschwiegen" — bemerkt dazu ganz
richtig die „Trier. Landesztg." — „daß Windthorst eine solche Tren=
nung nur für wünschenswert, für das kleinere Uebel, in den
Zeiten des Kulturkampfes hielt, wo die katholische Kirche
von dem preußischen Staat in unerhörter Weise verfolgt wurde. Es
liegt denn doch klar auf der Hand, daß die Freiheit, deren sich die
katholische Kirche seit langem in den Vereinigten Staaten von Nord=
amerika erfreut, dem traurigen Verhältnis zwischen Staat und kath.
Kirche in den Kulturkampfsjahren vorzuziehen ist. Es entspricht
der unehrlichen Kampfesweise der Sozialdemokratie, wenn sie nun
Windthorst als einen Anhänger der Trennung von Staat und Kirche
darzustellen sucht, wie sie von ihr erstrebt wird, und die, wie das
französische, von der Sozialdemokratie bejubelte Beispiel zeigt, das
Gegenteil von Freiheit, ja, vielmehr eine rücksichtslose Knechtung der
Kirche bedeutet. Die sozialdemokratische Presse muß die Intelligenz
ihrer Leser doch sehr gering einschätzen, wenn sie diesen vorflunkern
darf, daß Windthorst für eine solche Trennung von Kirche und
Staat zu haben gewesen wäre." —

Neben der Sozialdemokratie treten heute auch alle radikalen
Liberalen und „Demokraten" grundsätzlich für die „Trennung" ein,
wenn auch viele über das „Wann" und das „Wie" von der So=
zialdemokratie abweichen oder mit sich noch uneinig sind.

Dr. Rothenbücher — also kein „Klerikaler" — schreibt über die Stellung des modernen Liberalismus zur Trennungsfrage:

„... Im 19. Jahrhundert entwickelt sich (im Liberalismus) eine radikalere Geistesrichtung, die entschieden jene Forderung (nämlich die Trennung) aufstellt. Gegenüber dem Deismus, dem die Anhänger jenes ältern Liberalismus größtenteils huldigen, gewinnt der Materialismus in seinen verschiedenen Färbungen immer mehr an Macht. Die Vertreter dieser Weltanschauung sind, soweit sie sich dem politischen Leben zuwenden, kirchenfeindlich, antiklerikal. Die Trennung erscheint ihnen nicht nur als Befreiung vom Druck der Kirche, sondern **zugleich als Mittel zur Schwächung der feind-lichen Weltanschauung**, die in der Kirche, vor allem in der katho-lischen, eine glänzende Organisation besitzt, wie sie ihnen selbst natur-gemäß fehlen muß. In Deutschland hat in der Nationalversammlung des Jahres 1848 der Naturforscher Karl Vogt aus Gießen diese Gedanken entwickelt. Er führte bei der Beratung der Grundrechte aus: »**Ich bin für die Trennung von Staat und Kirche, allein nur unter der Bedingung, daß überhaupt das, was Kirche ge-nannt wird, vernichtet werde.** Jede Kirche steht deshalb schon, weil sie überhaupt einen Glauben will, der freien Entwickelung (?) des Menschengeistes entgegen. Jede Kirche ohne Ausnahme ist ein solcher Hemmschuh der freien Entwickelung des Menschengeistes, und weil ich eine solche Entwickelung will, nach allen Richtungen hin und unbeschränkt, deshalb will ich keine Beschränkung dieser Frei-heit, und deshalb will ich keine Kirche.«.. Vogt fordert unbedingte Freiheit auch für den Unglauben und völlige Befreiung der Schule von der Kirche. Diese Gedankengänge sind typisch für eine Geistes-richtung, die .... in der zweiten Hälfte des 19. Jahrhunderts in Deutschland weitere Verbreitung gefunden hat." .. (S. 105 u. 106.)

Es vergeht kaum eine größere radikalliberale Tagung, wo das Wort der „Trennung" nicht fiele; man beginnt allmählich in diesen Kreisen, sich mit der Frage ernstlich zu beschäftigen. Auch in der Presse taucht das ominöse Wort immer wieder auf.

Aus dem Stimmengewirr der jüngsten Vergangenheit erwähnen wir als Anhänger der kulturkämpferischen Trennungsmethode nur den sattsam bekannten Grafen Paul v. Hoensbroech, der sich auf dem deutschen Protestantentag in Bremen folgendermaßen ausließ:

„... Der Protestantentag muß den Liberalismus auf der Erde einen Ruck vorwärts bringen. Ich habe eine nichtliberale Vergan-genheit. Als ich zum Liberalismus kam, da habe ich es mir ganz anders gedacht. Ich habe an liberale Taten gedacht. Mit schönen Reden kommen wir nicht weiter. Die Taten des Liberalis-mus gehen bequem auf ein Quartblatt. Eine Tat des Libe-ralismus wäre z. B. die Trennung von Kirche und Staat. Um dahin zu kommen, müssen immer Politiker diesen großen Ge-danken in die Parlamente werfen. Frankreich weist uns den

Weg. Eine weitere Tat ist der liberale Kampf gegen den
Ultramontanismus, dieses machtvollste Antikultur= und politische
System. Von diesem Kampf war merkwürdigerweise bisher auf
dem Protestantentag überhaupt noch nicht die Rede. Auch die drei
Jahre der Blockpolitik sind vorbeigegangen, ohne daß sich der
Liberalismus zu einer entscheidenden Tat aufgerafft hätte. Ortho=
doxe und Konservative sind gewiß auch eine verbohrte Gesellschaft.
Aber verglichen mit dem Ultramontanismus, sind es kleine Kinder.
Wenn der Liberalismus politisch und religiös nicht die Macht hat,
obwohl er die Mehrheit im Volke hat, so ist seine Zersplitterung
daran schuld. Mögen sich daher alle Liberalen zusammenfinden zu
einem großen Gesamtliberalismus. Das Schillersche Wort:
»Seid einig, einig, einig!« — sollten wir Liberalen deshalb an die
Wände unserer Wohnungen schreiben." (Bericht an die „Köln.
Volksztg." aus Bremen unterm 23. Sept. 1909.)

Wer des Nähern einsehen will, wie weit der Exjesuit und seine
Schule für Trennung nach französischem Muster schwärmt, lese in
dessen gehässigem Machwerk „Moderner Staat und römische Kirche"
(Berlin, 1906, S. 211) nach.

Gestehen wir es nur offen ein: Der fanatische Katholikenhaß,
der aus den Worten eines Hoensbroech hervorleuchtet, der sogen.
„Antiklerikalismus", beherrscht sehr weite Kreise des Liberalismus
und feiert wahre Orgien in der Kulturkampf= und Judenpresse.
Zum goldenen Ziel aller modernen Antiklerikalen bildet sich aber
mehr die französische Trennung von Kirche und Staat aus! Das
ist die Art des Kulturkampfs, die heute „Mode" ist!

Am 30. Oktober 1909 ließ ein edler Vierbund, die Gesellschaft
für ethische Kultur, der Monistenbund, die freireligiöse Gemeinde
und der Freidenkerverein von Frankfurt a. M., im dortigen Kauf=
männischen Vereinssaal durch den hinlänglich „berühmten" Professor
Wahrmund einen öffentlichen Vortrag zugunsten der Trennung von
Kirche und Staat abhalten. Der Vorsitzende, Redakteur Max Hen=
ning, schloß seine Eröffnungsrede mit den bezeichnenden Worten:
„Alles, was wahrhaft vorwärts will im Volk, muß den Ruf er=
heben: Los die Schule von der Kirche, los den Staat von der
Kirche!" (Stürmischer Beifall.) („Frankf. Ztg.", Nr. 302, 4. Mor=
genblatt.) Einen ähnlichen Vortrag hat Wahrmund später zu
München gehalten.

Diese Sprache werden wir in Zukunft immer häufiger von
jener Seite vernehmen können, und der Katholik, der die Zeichen
der Zeit verfolgen will, wird auf keinen Fall achtlos daran vorbei=
gehen können. —

Es gibt — wir wollen so gerecht sein, dies nicht zu verschwei=
gen — auch besonnenere Elemente im deutschen Liberalismus, die
über diese Frage anders denken, als ein Graf Hoensbroech.

Gegen das Schlagwort „Trennung von Staat und Kirche"
wandte sich z. B. der nationalliberale „Schwäb. Merkur" in Nr.

307, Abendblatt, 1909 (zitiert in der „Trier. Landesztg."): »Die
Kirche sei da und lasse sich nicht auf die Seite schieben. Auch nicht
durch Streichung des Budgets. Die katholische Kirche werde trotz=
dem existieren können. Wenn der Ruf nach Trennung in kirchen=
feindlichem Sinn erhoben würde, wäre ein engerer Zusammenschluß
der Anhänger der Kirche die Folge, und aus der Trennung ergebe
sich erst recht eine feindliche Stellung zum Staat. Nicht Friede, son=
dern Kampf wäre die Folge. Uebergriffe würden nicht aufhören,
die Kirche würde sich erst recht Geltung zu verschaffen wissen. Die
Kontrollierung des kirchlichen Finanzwesens würde dem Staat be=
nommen. Die Abschließung der kirchlichen Gemeinschaft vom mober=
nen Leben würde noch enger, der Riß, der durch unser Volk geht,
noch mehr vertieft werden. Die Frage der Trennung werde durch
die Weiterentwickelung bestimmt. Erst wenn das Verhältnis zwischen
Kirche und Staat unleidlich werde, möge man an die sog. Trennung
denken. In Wahrheit handelte es sich dann nicht um Trennung,
sondern um Kampf. Im Anschluß an ein Referat des Dekans
Andler=Besigheim wird dies des Näheren begründet. Solange die
Kirchen sich dem Staatsorganismus angliedern (?) lassen, bestehe
kein Grund, „Trennung" herbeizuführen. „Wir hätten dann den
Kampf, die evangelische Kirche würde ihn freilich nicht führen; sie
könnte schon gar nicht; denn sie ist nicht die kraftvolle und selbst=
ständige Organisation, die mit dem Staat konkurrieren könnte; sie
hat sich von jeher an den Staat angelehnt." Um so energischer
würde der Kampf seitens der katholischen Kirche geführt werden.«
Eine solche Stimme der Vernunft verdient Beachtung.

Viel Aufsehen hat auch der Umstand erregt, daß der „Evange=
lische Bund" gegen eine Trennung von Kirche und Staat, welche
doch das Lieblingsziel der Liberalen aller Länder ist, auf seiner Ge=
neralversammlung in Mannheim 1909 aufgetreten ist. Der Pro=
fessor des Staatsrechts, Mayer (Leipzig), hielt dort einen
bemerkenswerten Vortrag über die Frage: „Ist eine Aende=
rung des Verhältnisses zwischen Kirche und Staat an=
zustreben?" Er führte laut „Berl. Lok.=Anz." aus:

„Die ernstesten Wirklichkeiten drängen zu der Frage, Erschei=
nungen mit dramatischer Schlagkraft. Von Nordamerika aus hat
die Trennung von Kirche und Staat ganz Amerika und Frankreich
erobert. In England gibt es eine Bewegung in dieser Richtung
und ebenso in der Schweiz. Was sollen wir tun? Um Gemeinwesen
zu bilden und zusammenzuhalten, eignen sich die Menschen nicht
von selbst, am wenigsten die Deutschen, wie ihre Staatsgeschichte
beweist. Würden sie ganz unvermittelt vor die Frage der Trennung
gestellt, so würde eine Vielheit kleiner Vereine entstehen, ein
großer Rest des Volkes würde ohne jede Kirche bleiben und
verwahrlosen. Wir wollen darum eine Trennung von
Kirche und Staat nicht anstreben." (Zitiert „Trier. Landes=
zeitung", 29. Sept. 1909.) —

Täusche sich das deutsche Volk aber nicht über die Zeichen der Zeit! Wenn auch die brüske, unvermittelte Einführung der Tren= nung heute noch ein Ding der Unmöglichkeit ist, so muß man sich doch Rechenschaft darüber geben, daß dieser Kulturkampf vom heu= tigen Freidenkertum und Sozialismus zielbewußt vorbereitet wird. Hat man z. B. einmal die Simultanschule, welcher notwendig die sog. „neutrale" oder religionslose Schule folgen wird, so wird ein Geschlecht heranwachsen, mit dem man spielend einst die Trennung durchsetzen kann.

Alle christlichen Völker — Deutschland nicht ausgenommen — stehen vor einer bedeutungsschweren, sagen wir vor einer verhäng= nisvollen Zeit!

Es wird nach und nach überall einen Kampf um die höchsten nationalen Güter geben, um das Eigentum der Kirche, um den christlichen Charakter der Schule, um die Freiheit des Gewissens, den Schutz und die Rechte der Religion. Drüben in Frankreich sind infolge der „Trennung" alle Elemente der Sicherheit für die Kirche geschwunden, die Eingeweide der Nation sind zerfleischt durch das furchtbarste aller Staatsübel, durch den Religionskrieg. Sollen wir Nichtfranzosen in stummer Resignation diese entsetzlichen Zustände auch über unsere Heimat hereinbrechen lassen? Nein, und tausendmal nein!

Hier heißt es handeln! Wir sind ja gewarnt! Handeln zu= nächst, indem wir vor allem andern die katholischen Ueberzeugungen und reges katholisches Leben immer fester im Volke zu begründen suchen. Eine „Trennung" wird überall — wie die Liberalen übrigens zugeben — erst dann möglich sein, wenn die Mehrzahl des Volkes kein praktisches Christentum mehr übt, die Kirche nicht mehr besucht. Da liegt die Hauptgefahr, die auf alle Fälle vermieden werden muß.

Um den katholischen Glauben zu retten, müssen die Priester eifriger denn je am Volke wahre Seelsorge üben, allen alles sein, durch Wort und Beispiel die christliche Tugend, das Evangelium der Liebe und Wahrheit in jede Seele pflanzen. Wo der kirchliche Geist abhanden gekommen, wo der Katholizismus nicht mehr die Seelen ganz durchdringt, wo der Indifferentismus, die öffentliche Unsittlichkeit eingerissen sind, da helfen alle anderen Mittel wenig mehr!

Mit dem Aufgebot aller, auch der letzten Kräfte heißt es so= dann, das Christentum in unsern Schulen, sowohl den höheren, als den Primärschulen, zu schützen! Auch nicht ein Fuß breit Ter= rain darf hier preisgegeben werden. Es handelt sich da um Tod und Leben!

Eine weitere, dringende Aufgabe besteht in der Zurückdrängung der antiklerikalen Hetz= und Verleumdungspresse, die fortwährend alles Katholische herunterreißt und die öffentliche Agitation gegen

den christlichen Glauben mit System betreibt! Der frivolen Kultur=
kampfzeitung kann dauernd nur durch eine katholische, schlagfertige,
ausgezeichnet bediente und weitverbreitete Presse entgegengearbeitet
werden!

Ein letztes Mittel ist endlich die Organisation. Ohne das
große Prinzip der Disziplin, des Zusammenschlusses kommen wir
nicht mehr aus! Eine festgefügte, energisch und doch taktvoll geleitete
soziale und politische Doppelorganisation müssen wir haben! Aber
wie vieles bleibt da noch zu tun, nach innen und außen.

Die deutschen Katholiken wollen ihr Vaterland blühend und
einig und glücklich erhalten. Sie erreichen dies nur, wenn sie zum
Schutz der alten christlichen Traditionen sich fest wie eine Mauer
zusammenschließen nach den Worten des Dichters:

> Männer, wacht auf! — Strafender Blick
> Sage dem letzten: Schweiß' dein Geschick!
>
> Höher den Flug! — Tiefer die Saat!
> Menschen erheben, sei Losung zur Tat!
>
> Männer, glückauf! Schließet den Ring,
> Daß er die Lüge, das Unrecht bezwing!
>
> Fesseln entzwei, — frei seid Ihr, frei!
> Aber — der Ordnung Schranken dabei!
>
> Kündet der Freiheit strahlendes Wort!
> Rohen Gewalten seid nimmer Hort!
>
> Männer geeint, sendet den Schwur:
> Dem Wohl und dem Glücke des Ganzen nur!

Inhaltsverzeichnis.

Erster Teil.
Trennung von Kirche und Staat in Frankreich.

Zweiter Teil.

Trennung in andern Ländern.

CPSIA information can be obtained
at www.ICGtesting.com
Printed in the USA
BVHW04s0915140918
527534BV00019B/319/P